マルクスを日本で育てた人

評伝・山川均 Ⅰ

著 石河康国

社会評論社

日本でマルクスを育てた人　評伝・山川均Ⅰ＊目次

第一話　早熟な青年　11

第二話　飛躍　59

Ⅱ　目　次

第一二話　歴史のうねりを俯瞰

第一三話　晩年

あとがき　その後の「山川均」と現代

第一話　早熟な青年

プロローグ　肩書きのない人生

山川均は日本の社会主義運動史にはかならず登場する人物である。しかし二〇巻にのぼる『山川均全集』（勁草書房　以下『全集』）を別にして、今日、彼にかんする文献は手に入りにくい。『山川均自伝』（一九六一岩波）は絶版になって久しい。この二〇年近くというもの、山川を論じた一般に入手しやすい書物はほとんど世に出ないのである。

一方、山川と並び称せられ、同時代に活躍した幸徳秋水、堺利彦、大杉栄、荒畑寒村にかかわる著作は、二〇一一年に大逆事件百年をむかえたこともあり、今日でも多く上梓されている。堺、大杉、荒畑の自伝は今でも書店にならんでいる。最近では、故・黒岩比佐子さんの『パンとペン』が堺を活写しておもしろい。彼らはその生涯のどの側面を切りとっても「絵」になる。その生き方は現代のわたしたちに大いに刺激となる。ただ、あくまで特定の時代の輝きであることは否めない。個人の役割が大きい、社会主義運動のいわば「英雄時代」の輝きなのである。

一方、山川の人生は、その一齣だけを切りとってもあまり「絵」にはならない。若き日を記した『山川均自伝』は前記の三人の「自伝」に劣らずおもしろいが、社会主義運動が大衆化した時代における自画像は、本人の筆によってもそうおもしろくは描けなかったにちがいない。一九五五年に同志社大学でおこなった講演「私のあゆんできた道」では、青年時代で話を終えている。大正時代からは「私はただ運動の波にゆられて動いていた一本のワラシベにすぎませんでした。それから離れてはどうということもないといっていいほど、単調な生活をしてきました」とだけ語っている。しかし、「英雄」の陰にあった山川の真価が発揮されるのは、「大衆」の時代であって、謙遜するほど「単調」ではなかった。それでも本屋さんの売りあげに寄与するようなものは、山川を相手では描きにくいのである。

「山川均」の三文字だけが印刷されている山川の名刺がある。彼の名刺はこれだけだろう。山川の人生で、肩書きらしきものがあったのは、戦前の「売文社理事」と戦後の「社会主義協会代表」の二つだけである。「英雄時代」の面々も強烈な個性をもった役者であって、肩書きなどは要らなかった。だが運動が大衆化する時代に活躍した著名人の多くは、××委員長とか〇〇大教授などの肩書きがつきものだった。

役者でもなく、肩書きもぬきで、七七歳の人生を閉じるまでの六〇余年間にわたり社会主義運動に大きな精神的な影響を与えてきた点で、山川は類稀な人物である。「英雄時代」の活躍だけでなく、社会主義運動が民衆のものになってからは「一本のワラシベ」であったが、この海原のワラシベがどちらを向くのか、多くの人から気にかけられたのである。

普通、人は、青年時代は感情に流れやすく、また加齢によって思い込みに左右されやすくなる。しかし『全集』をひもとけばわかるが、一九〇七年にはじまる第一巻の文章の調子と、一九五七年末の最後の著作を収録した第一九巻のそれとは、さしてちがいがない。誰にでもわかる、衒学のかけらもない平明さは、半世紀のあいだすこしの曇りもみせないのである。山川の頭脳は、文章を世に問いはじめたときにはすでにある程度の成熟をみせ、かつ半世紀もの間硬化せず、最後まで進化しつづけ、そして「ふつう」の人たちにむかって具体的に語りかけた。卓越したジャーナリストでもあった。

山川の文章の特徴は、彼の生活様式にも由来していると思われる。彼はある時期以降は努めて「ふつう」の人びとと同じ生活態度をめざした。職業的革命家をめざした若き鈴木茂三郎にも「高利貸しでもいいから安定した職業を持って運動しろ」と諭したという。生活の自立を心がけるのは小ブルジョア的とみなされる「主義者」の中ではめずらしかった。自分や家族の健康維持のためでもあったが、あまりに世間の人びとからかけはなれた生活態度では、「ふつう」の人びととの共通の言葉、共通の感覚を失うと自省していたのではなかろうか。社会主義運動とは特殊なエリートのものではなくして、民衆じしんのものだという、山川の信念の帰結である。

その時どきの論文自体には、後世の者が後知恵で読めばあたりまえのことが書かれていると感じるだろう。しかしその時どきには多くの者が袋小路に迷い込んでいたのである。にもかかわらず、都度、簡明な表現で、理にかなった認識と進路を示しえたのが山川であった。

山川はマルクス主義の一筋を歩みぬいたが、その歩みは決して一本調子ではない。急峻な山にも挑むが、途中で嵐がくれば洞窟に幾日でも身を潜めた。川にぶつかれば馬を捨て船に乗りかえた。迂回も足踏みも何でもありだった。

その進路がつねに正しかったわけではない。セザンヌの名画には、迷いのない骨格と細部のメリハリがあるが、緻密に対象のすべてが描きこまれているわけではない。本質は示しながらも塗り残しがある。山川の示す指針にも塗り残しがたっぷりとあった。時々の条件に応じた迷いのない提起はするが、失敗したり、条件が変ればまた考えなおせるゆとりがあった。

けれども実際の運動の渦中にある者は、いったん思い定めてある方向に歩き出すと、そう臨機応変に向きをかえるわけにいかない。四苦八苦して中腹までいったとき、天候の変化を直視した山川が下山しろといい出す局面もすくなくなかった。また、四〇歳代に入って病気がちで動きがとれなくなると、大局的な方向は示すけれども、運動の現場にいなければわからぬ細部については口をつむぐようになった。

だから山川は、彼の支持者からすら、「冷たさ」や「物足りなさ」を感じられることも多かった。いきおい「神格化」された指導者に祭りあげられることもなく、エピゴーネンもあらわれなかった。それでも、山川をぬきにしては社会主義運動史は語れないのである。まことに異色な、肩書きのない社会主義者であった。

ただ山川の「凄み」をわかるためには、彼の思索と時代の諸相との関連を観なければならない。いきおい評伝の記述も長くなり、読者には一定の根気をお許し願いたい。

前おきはこのくらいにして、若き山川のスケッチからはじめよう。

山川の七七年間の人生のうち、生い立ちから一九〇五年ころまでの四半世紀の記録は自伝『ある凡人の記録』（一九五一朝日新聞社）につくされている。岩波から一九六一年に刊行された『山川均自伝』（以下『自伝』）は、これに没後に発見された「続　ある凡人の記録」などをくわえたものである。生い立ちと青年期までの山川は、『ある凡人の記録』に詳細に、かつおもしろく語りつくされており、つけくわえることはあまりない。しかし、若き日を知ることのできる未公刊の記録が二つある。ひとつは山川の先妻、大須賀里子の闘病を記した、山川の肉筆手記・「仰臥」（一九一三年秋）である。もうひとつは、人民戦線事件で東調布署に拘留されていたとき、山川自身が綴って特高第一課に提出した「手記」（以下「東調布署手記」）である。

これらに依って『自伝』を補いつつ、青年期までの山川をスケッチしていこう。以下出典明示なき「」内は、すべて『山川均自伝』からの引用であるり、『全集』とあるのは『山川均全集』をさす。また引用文献の出典は、下巻の「引用ならびに主要参考文献」を参照されたい。

〔1〕好奇心旺盛な少年

山川均は一八八〇年一二月二〇日、備中国窪屋敷郡倉敷村（現・岡山県倉敷市本町七）に生まれた。幼少のころは汽車は開通しておらず、二〇キロはなれた岡山市までは人力車であった。

倉敷村は豊かな村だった。山川の祖父・山川清左衛門は、維新で払い下げられた広大な代官所跡地をはじめ「かなりの田畑持ち」で家業をひろげていたが、子供に恵まれず、均の父となる清平を養子にとった。

山川が生まれた代官所跡地には、のちに倉敷紡績の大きな工場が建ち、今は工場の煉瓦造りを生かしたアイビースクエアというホテルになっている。生まれた家屋のあたりは大原美術館の別館が建っている。山川家の墓はアイビー・スクエアから数分の長連寺にある。

清左衛門は四六歳で没し、清平は一六歳で家業を継がねばならなかった。そこで祖父の妻が釆配をふるったが商才があるわけでなく、山川家は「急速度で落ち目に向かった」。

清平は二三歳で、一七歳の尚と結婚した。そして明治維新後の激動のなかで、あらたな農業経営に挑んだもののうまくいかず、家はかたむいていった。山川が生まれたのはそういう時だった。「父は三十九歳、母が三十三歳で、二人の姉が八つと五つだった」。一番上の姉は二歳で山川が生まれる前に病没しており、二女が山川次、三女が山川浦といった。

しつけは厳格だった。「子供が家のそとで、物を買って食べるということは、なによりも悪いこと、卑しむべきことのように教えこまれていた」。「しかしともかくも、必要なものはゼニをもって買って来る、ということだけは分かっていた。そうすると、そのゼニはどこから買って来るのだろう？　ふとこういう疑問がおきた。それであるとき、私を寝かせている母にたずねてみた。……寝んねして起きると、ゼニはカヤのそとに置いてあるのだという母の答えに満足して私は眠ってしまった」。幼少の頃から、「経済学者」の片鱗はあったようだ。

一八八七年一月、清平は糸物商をはじめた。店はある程度成功した。翌八八年三月、三女・浦は家の向かいの林家に嫁いだ。林家は旧くからの薬屋で、山川の義兄となったのは当主・林源十郎である。親戚の中では山川のもっともよき理解者となっていく。

一〇歳ころの山川の写真はいかにも利発そうだ。

山川は八歳で尋常小学校に入った。いつも二番で「不勉強だった割合には、成績は悪くはなかった」。高等小学校になって女子が一人入ってきたが、山川は彼女と二番三番をあらそった。「私はいつとはなしに、自分はこの少女を愛しているのだと意識するようになった」。とはいえ「五年間の共学のあいだに、私はこの少女とも、言葉を交えたことは一度もなかった」。山川が一二歳から一五歳ころにかけての初恋である。

山川は「好奇心だけは、人並み以上につよかった」。一一、二歳のころ、カラスの鳴き声でその日のできごとが占えると聞いて、一月くらい「毎日カラスのないた時刻や方角を、たんねんに書きとめてみた」。高等小学校時代の友人には、倉

10歳頃　尋常小学校時代

敷の町随一の大富豪の御曹司・大原孫三郎もいた。大原家の別邸の大広間は角力や鬼ごっこの遊び場だった。大原は山川が社会主義運動にかかわりだしてからも親交を持つ。

高等小学校を卒業するころになると、手織りをする家がだんだんなくなり、衣服も既製品が商品として一般化するにつれ、山川糸屋は競争に負けてさびれていった。客相手を清平からまかされた母親の苦労は、山川の心を痛めたらしい。山川菊栄はこう回想している。山川は漢字にうとかった母に、手製の「ごくありふれた普通の漢字だけかきぬいた字引」を与えた。「小さい和紙の帳面で……毛筆で、字数五、六十か七、八十もあったろうか。ふりがなつきの漢字がかいてあった。母はわが子の心をこめたこの手製の字引を心からよろこび、肌身はなさぬほど大切にして、それをたよりに漢字を習い覚えた」（『思いだすまま』）。

山川は、卒業したら東京へ遊学する夢をいだいていた。志望は、「物理学者」になることで、高等小学校時代に自己流で写真機をこさえたりもした。ところが父から猛反対され、一時は家出をしようと思いつめた。母は父をなだめ、義兄の林源十郎が助け舟を出した。彼は同志社に在学したことがあり、父親を説得したらしい。京都の同志社ならやってもいいということになったのである。「物理学者」の望みはかなえられなかったが、「自然科学への興味と愛着」は一生を通じ

て変わりなかった。

［2］同志社時代─妥協なきクリスチャン

同志社はキリスト教であった。山川はキリスト教については無知で、当時の素朴な国粋主義の風潮によって「ヤソ教に反対」だった。「私は将来、おおいにヤソ教と闘おう、そのためにはヤソ教を知る必要がある─私はこう考えて、わけもなく私の良心をなぐさめることができた」。

一五歳の山川が入学したのは高等小学校から二年制の「予備校」に進むための「補習科」だった。当時は全校で二百人足らずだったようだが、友達の中には、二二年後に再会し親しくなる足助素一（書店叢文閣の主人）もいた。

一年のちに学制改革があり、「教育勅語」が課目になった。山川は「勅語」に疑問をもたず、「国体の精華」についても「ただそれが国体の精華なるがゆえに神聖にして尊いものとして受け入れていた。ところがこの国体の精華が説明され、注解され、理屈づけられると、それは私の推理や判断の対象となる世俗的なものに引き下げられ、私はそれに疑問をもつようになった。そのうえこの神聖なものが、むりやりに口を割って押しこまれるように感じたとき、私は吐き出したくなった。……そこで倫理の時間には、必ず意地の悪い質問をして、先生をてこずらせた」。「聖書には、神と財宝とにかねつかえることはできないと書いてあるが、私は、神と天皇にかねつかえることはできないと考えた。そしてこの二つのものにかねつかえようとして、先生が必死に説明すればするほど、先生の良心を疑うようになった」。「それから数年の後には、私はもっと宗教的な情緒をもって聖書を読み、そしていくらか信仰らしいものに近づいたことがある。しかし教会のキリスト教にたいしては、この時以来、私の反感と不信とは、ますます強まるばかりだった」。

しかし当時においては同志社の学風はなお進歩的で、山川は、雑誌『国民之友』や『六合雑誌』、トルストイの著作、カーペンターの『現時の社会主義』などを読みあさり、「自由、平等、民権の思想、キリスト教的な人道主義の思想、社会主義的な思想、こういういろいろの思想の影響が入り乱れて交叉するところに立っていた」。そして一八九七年の春に、「小さな騒動」をおこし、二人の友人とともに退学届けを出してしまった。その内の一人は鹿児島出身の浜田仁左衛門である。

浜田は国分の武家の屋敷に育ち、その妻・浜田亀鶴（かつ）は山川の姉・浦の嫁ぎ先である林家の隣家・岡崎家の娘で、山川が「俺が見込んだ男」と直接亀鶴の両親を説得して浜田にひきあわせたという（『社会主義』九一年一月号　松永明敏「鹿児島の農民運動と山川均」)。

　浜田とは以降、終生の友となる。退学して浜田が鹿児島に帰るとき、「私は、浜田が船に乗る大阪まで送ってゆき、十年後にはかならず革命党の旗上げをしようと誓いの握手をして、ハト場で別れを告げた」。

　この波止場の誓いは、九年後の一九〇六年春に二人そろっての社会党入党として実行にうつされる。

　退学した山川は、強く反対する父親を説得し、当初の志どおり、一八九七年八月についに上京した。たよる先は倉敷の先輩で「二六新報」社を興した秋山定輔(のちに代議士)。し

16歳頃　同志社在校時　右が浜田仁左衛門

ばらく秋山家に下宿し、彼の紹介で近くの中学校四年に編入したが、この学校は精神主義的な一体感に満ちていた同志社とくらべて、まったく魅力がなく、はとんど授業に通わなかった。秋山にたいしても「品行は愚劣」と感じて、四カ月足らずで飛びだしてしまった。暮らしでも精神でも『放浪』がはじまったのである。ただ秋山家の下宿人に親しい友人ができた。守田有秋(岡山県児島出身)である。
　やはり秋山に反発して飛びだした守田と山川は同じ下宿に住み、転々としながら食うや食わずの共同生活を送ることになった。「物理学者」の夢は消え、三宅雪嶺らの東京政治学校に数カ月籍をおいたり、麻布中学受験をこころみたりしているうちに、学校からはますます縁遠くなっていった。そのうち同じような境遇の青年が二人の周りにあつまりはじめる。
　当時の山川の「気分」は、「東調布署手記」によれば、吉田松陰を「最も尊敬」し、「次の二分の一はキリスト教から来た人道主義、正義感、残りの三分の一が……西洋流の社会改良家の生涯に対する憬れ」で占められていた。そして、「社会主義の方向とキリスト教の方向のどちらもが、もっと明瞭になり、かつ、その影響がいっそう強まって」いく。山川が上京した年の七月には高野房太郎や片山潜によって「労働組合期成会」が、翌九八年一〇月には、片山潜、幸徳秋水、安部磯雄、木下尚江らによって「社会主義研究会」が発足し

ていた。『自伝』では「社会主義研究会にしても……有名人の団体で、私たちには近よれなかったが、関心はもっていた」。同時に「社会主義の行われる国とは、『御心の天に行われるごとく地にも行われ』ている状態、地上における天国の建設と同じ意味のものだった」のだから、「キリスト教的な信仰の方も、いっそう強まっていた」と回想していた。当時の「社会主義者」の多くがクリスチャンであった。

だが山川は「キリスト教社会主義と名づけていいものに安住する」ことができなかった。そこには山川の生涯をつらぬく誠実な思索のありようが早くも見受けられる。聖書の、現世の社会主義にとって都合のいい部分のみを信じて、「そうでない部分は切り棄て」ていいのか、「真の信仰は、聖書を全的に言葉通りに信ずべきものなのではないか?」と煩悶した。「そしてそういう信仰に到達しようと努力した」。「ところが聖書をそういう絶対的な天啓として信じようとしたために、……全き信仰がえられなかったために、全く信仰から離れさることになった」。

山川の煩悶には内村鑑三の影響も大きかったようである。山川は内村鑑三の学校であった同志社在学中より、むしろ退学してから内村鑑三に傾倒した。一九五四年に『内村鑑三著作集』の「月報一六号」でつぎのように回想している(『全集』一八巻)。

「私が内村鑑三のものを感激をもって読んだのは、私が同志社をやめた翌年に創刊された『東京独立雑誌』からその翌々年に創刊された『聖書の研究』の時期であるが……内村は私の求めていたものを満たしてくれたというばかりでなく、私は、私の信じているところのものの正しさが裏書きされたとさえも感じたのであった。と同時に、それよりもはるかに重要なことは、教会キリスト教をケイベツし、自分こそイエスの真実の使途であるとさえ信じていた私のキリスト教への信仰が、実は信仰の名にも値しないものだったことを、私は内村によって知らされたことだった」。

「妥協をゆるさぬ」内村の影響が、やはりあいまいさをゆるさぬ山川をして、かえってキリスト教から遠ざけさせたといってよい。同じように考えを徹底し、逆の方向におちついたのは、木下尚江である。木下は日本社会党を〇六年九月に離党し、社会主義とキリスト教の「二人の主に仕うる能わず」と宣言して隠遁する。

[3]「青年の福音」事件と父と義兄

山川と守田を中心に貧乏生活をつづけていた仲間たちのあいだで、「青年の覚醒をうながすための、何か出版物を出そうという話が」もちあがった。神田のキリスト教関係の本をあつかう本屋の主人の協力を得て、『青年の福音』というタブロイド八つ折、六～八頁のものを毎月千部ずつ発行することになった。初号は一九〇〇年三月。「ほとんど全部」売れた。五月に発行した第三号には守田が「人生の大惨劇」という一文を寄せた。五月一〇日にのちの大正天皇になる皇太子が九条公爵家の娘と結婚したこと（「御慶事」）が、政略的なものだと世間で話題となっていた。それを、固有名詞は使わずに一般論として批判したのである。ただ文章の最後に「国人は空間の一角に斯くの如き事実を見ずや」とあったのが、裁判で「御慶事をさす」証拠とされる。

青年之福音
THE GOOD TIDINGS FROM YOUNG MEN
明治三十三年四月一日
第貳號
目次
古雄逸談
聖書 基督教書類一切
各出版物、諸雜誌
賣
中庸堂書店

『青年の福音』第2号　1900年4月1日刊

無名の青年たちのわずか数百部の小冊子も、権力は見逃さない時代に入っていた。五月一二日、山川と守田は不敬罪容疑で留置所にぶち込まれた。初体験だった。法律知識もなく、「皇室に関する罪だから、そうとう重刑に処せられるものだろう、くらいには考えていた」。しかし「刑法を借りて読んでみると、不敬罪は最高五カ年の重禁錮とあるので……安心した」。はじめは、守田と口裏あわせて、投書だといいはった。だが家宅捜査で守田の原稿がでてきた。山川は「二三の箇所に加筆した」（東調布署手記）だけだったのだが、グループの責任者として守田をかばうために、筆跡が似ているのを幸い、自分の原稿だと主張した。ところが守田も自分の執筆と認めたから、二人とも「協議執筆」で同罪とされてしまった。第一審判決は五月三一日で、二人とも丁年未満で減ぜられても重禁錮三年六ヵ月、罰金一二〇円。控訴し未決監であった市谷の東京監獄に入った。そして夏には腸チフスにかかり重体となったため、弁護士が談判して二〇〇円の金を積んで治療のために保釈された。

監獄の門を出ると「そこには予期した友人たちの顔にまじって、まったく予期しなかった父が立っていた」。

父・清平と義兄・林源十郎の態度は立派だった。事件がおきてからというもの、郷里の山川家はもとより姉の嫁ぎ先の林家も「国賊」呼ばわりされ、父は林家から浦をひきとることまで考えた。普通なら、均は勘当である。それを保釈をむかえに出たのである。そして山川の健康状態を見定めたら帰郷し、九月に糸屋の廃業届けをだし、後始末をととのえたあと「父は死にいたるまで、土地ではほとんど一歩も門外に出なかった」。また、「勤王家を出したことで名門として尊敬されていただけに、苦しい立場に立たされた」林源十郎は、ひそかに裁判費用から入院費までを援助した。

山川家のすぐそばに、経済学者・宇野弘蔵の生家があったことは『自伝』にも触れられている。宇野は子供のころ山川家の「おウチの人を全然見かけたことがなかったので、子供心に不思議に思っていたのであった。兄から、あのウチは『社会主義者』が出たので、青竹を打って閉門したのだと教えられた」。そして旧制高校に入って、論壇を風靡している人物があの山川家の山川だと知っておどろいた。そして山川の義兄・源十郎からも宇野家は大変世話になったが、山川家との関係については、「私は全然知らなかった。私の父も、山川さんのことは一言も私にいわなかったのである」（宇野弘蔵「山川さんと私」）。村では山川家のことを話すことすらタブーになっていたことがわかる。

山川は療養のための保釈中に、父母や義兄の苦労をかみしめつつ「三年半の獄中生活にたえるために、ひたすら健康の回復につとめていた」。療養の下宿先は大森停車場の前の八景坂の入り口の安旅館。今もJR大森駅の西側正面に八景坂（石段）はある。

さて、「青年の福音」事件は初の不敬罪適用事件として、しかも未成年の行為として、世間も注目した。田中真人（『全集』月報15）によれば、『自伝』では「どの新聞にも超特大の大きな文字で『不敬漢』『非国民』『国賊』などという言葉が並んでいる」とあるが、多くの新聞は「論評なしの裁判報道のみ」であって、「直接当時の新聞を確かめて書かれたものではなく、ある種の思い込みによるものと思われる」。

しかし一部の僧侶・神官、国粋主義者たちは、山川、守田（洗礼を受けていた）をキリスト信者とし、ここぞとばかりにキリスト教を攻撃したので、キリスト教界も防戦につとめた。山川らを「自暴自棄の半狂人扱い」したり、プロテスタント三派代表の長老は連名の釈明文をだした。「此の不祥なる出来事を誤解し、基督教の精神に出ると見做すものあるは、皇室に忠良なる基督教徒の大いに悲むところなり」（「福音新報」一九〇〇・五・二三）というのである。

一方、幸徳秋水、堺利彦が在籍していた黒岩涙香の『万朝報』は反対の論陣をはった。「基督は独り正しき者の味方たらずして、正しからざる者の為にも亦味方たりき。罪悪に汚れたる者に向って満腔の同情を表し之が為に泣き且つ祈るは、基督教徒たる者の当に為すべき所に非ずや。而も何事ぞ、彼等は却て、跪ける者に向て石を投げつけるが如き無情の挙に出んとは」。

懐柔策もいろいろな方面から弄された。倉敷のいかがわしい人物が山川をたずねてきて、精神鑑定を受けさせ、「精神異常者」と認めさせるよう裁判に圧力をかけてやるともちこんだ。不敬罪が史上はじめて確定すれば名家や郷士はもとより、無比の国体に「拭うべからざる汚点をのこす」からというわけだ。弁護人にも「精神鑑定」を申請した者がいた。これらは山川の意思と理解のある弁護人によって阻まれた。

一方、山川は有名になった。堺は「万朝報」の「編集局で、初めて山川均、守田文治（有秋―引用者）という二青年の名を知った」（「大杉、荒畑、高畠、山川」）。

事件が世間に流布されたころはまだ一四歳くらいの少年・荒畑寒村も『自伝』で回想している。

「事件の両被告がヤソ教徒だというので、当時のヤソ教界が世界の終末でも来たように周章狼狽して、ヤレ破門ソレ除名と見ぐるしい騒ぎを演じた醜態が、大いに私の正義感を反発させたのである。その結果、私はいわば反動的にこの不敬漢の同情者となり、従って山川君の名がいつまでも忘れられなかった」。

［4］巣鴨監獄で「経済学者」に

山川は療養して年を越した。七月に控訴審の判決が一審と同じ内容で下った。弁護人は控訴を主張したが、二人とも上告せず服罪を申しでた。この辺りの事情を山川菊栄は、各種事件で「例外なく一審で服罪しているのは、どうせどこまでいっても同じことだから早くすませてしまおうという、当時の裁判に対する不信用からきた社会主義者一般のならわしでした」と語っている（『山川均自伝』あとがき）。

山川は入獄前夜「ほとんど徹夜して手紙を書いた」。鹿児島の浜田宛には秘密の通信方法を説いた。曰く「書籍の数ページに渉りて、仮名の右方に順次、点を附して言葉を綴れよ、……而して其仮名にて言葉を綴るや、いろは順を一字づつ後くらしめよ……かくせば一度び点に気付かるるも事項を知らるるの患ひなし……予が此手段のために宅下する場合には、同じ箇所に血点を附し置かん」。大逆事件までは社会主義運動の取りしまりも、一点集中的なきびしさはあったが、なおゆるやかな面が残っていた。刑事による尾行や、親書の開封検閲もあとになってからである。獄中への書籍のさしいれも比較的に自由で、社会主義関係の洋書をさしいれさせ獄中で翻訳することもあった。堂々と暗号通信方法を手紙で示唆し、実際に実行できたのである。山川は獄中で蚊に血を沢山すわせ、それをつぶしてインクとし、わらしべを筆にして、獄外に返す差入れの書籍に約束どおり傍点を附した。

一九〇一年七月一四日、山川と守田は巣鴨監獄の門をくぐった。獄中生活については、『ある凡人の記録』がおもしろく述べている。その中から、人生を定めた山川の獄中の勉強ぶりについてだけ紹介しよう。

「思い上がって独りよがりとなり、誰も彼もが低俗とるに足りない人間に見え、腐敗と堕落したこの世の中は、軽べつと罵倒にしか値しないものに思われてきた」ような「無軌道ぶりから私を引きもどしてくれるものがなかったなら、私はたぶん、一種とくべつの型の不良少年にでもなっていたろうと思う」。「このとき運命は、この思い上がった青年の首根っこをつかまえて、巣鴨監獄の独房にほうりこんだのである」。こう自省した山川は、「もういちど出直して勉強をはじめる考えをとりかえした」。そして「社会主義は、ただ正義や人道の観念から来るものではなくて、この社会の経済の原則の上によりどころをもつものでなければならない」と考え、経済学の勉強を志した。「しかし社会主義の経済理論をほんとに理解するためには、まずひととおり資本主義の経済学を勉強する必要があると考えた」。そして「経済学いがいの書物はただの一冊も読まなかった」。

とはいえ誰も教えてくれる人はいない。そこで丸善の洋書目録でさがし、イングラムの『経済学史』をとりよせて、英語力の不足を痛感しつつ読みはじめた。そして「イギリスの古典派経済学の代表的な書物をほぼ年代順に読む計画をたてた」。だがさらにもう一呼吸置いてその前に、マーシャルの二つの著作を読み、やっと、「アダム・スミス、シニア、マカロック、フォーセット、ミル、ジュヴァンスなどの代表的なものを読み、それからもう一度マーシャルに返って復習し、そのあとで、……ニコルソンの『プリンシプルス・オヴ・ポリティカル・エコノミー』を読んでみた。……そのあいだに社会主義的なものといっては、わずかにタムソンの『富の分配』と、ホジキンスの『労働の擁護』いがいには、つとめて何も読まなかった」。

二年目からはドイツ語の習得をはじめて、ドイツ歴史学派・ロッシャーの四巻本まで手を伸ばしたものの、「第一冊を半分も読み終わらぬうちに、残念ながら刑期のほうが終ってしまった」。これら書籍の購入費はほとんど義兄・林源十郎が負担したらしい。

後年、多くの経済学者が山川のこの勉強の仕方に言及している。

「わたくしは山川さんより八つ年下で、このときよりも十年もあとで東大で経済学を学んだ。しかしその学んだものが山川さんが監獄で自習したものよりも貧しいものであった。

何よりもこのとき山川さんが『資本論』に近づいて行く筋道の正しさに感服する」（大内兵衛「ある平凡でなかった社会主義者」）。

「二〇歳前後の青年で、このように経済学書を読破した人が、当時日本にいく人いたであろうか。ドイツ語をはじめて、あの大きなロッシャーを四冊差入れさせたなどという精力は感嘆する外ない。その大型一冊の頁数が五〇〇頁以上もあろう」（向坂逸郎「山川均」）。向坂によればイングラムの経済学史は、向坂の学生時代（山川の巣鴨時代から十数年後）にもなお経済学の入門書であったという。

山川の「努力と克己心には驚くほかない。……そしてその努力は無駄であるはずはない。マルクス経済学が古典経済学の正しい継承とその止揚のうえになり立っているとすれば、この時期の経済学の勉強が、のちのマルクス経済学の摂取にどれほど役立ったかは、計り知れないものがあるだろう。多くはイデオロギーからはいり、そこにとどまっていた同時代の他の社会主義者とちがって、山川が経済学を通してマルクス主義の理解を深めていこうとしたことは原則の正しい把握にもとづくかれの柔軟な、しかも適切な言動と無関係ではないだろう」（桜井毅「山川均」）。

なお、『資本論』第一巻英語版を巣鴨にとりよせながら「読みたくてたまらなかったが、まだまだ準備がたりないと思い、自制してこれは最後に残すことにした」という。NHKで放送した「私と読書」（五五年『全集』一八巻）では「手元に届いたときには、とてもうれしくて何度もアズキ色の表紙をなでまわしてみました」と語っている。だが、ロッシャーで手間どっているうちに刑期を終えた。

「私と読書」では、出獄してから「いよいよ『資本論』にかかりましたが、この準備のためにちょうど三年半を費やしたわけです。それで『資本論』の第一ページを読みはじめたときは、なんとも言えないうれしさで、胸がわくわくするようでした。そして私は初めて読書の楽しさを味わったような気がしたのであります」とも語った。

なお、途中で刑期が切れて半端に終ったドイツ語の習得については、一九〇八年の赤旗事件で千葉監獄に入った際にほぼマスターする。これらの読書の多くは、書斎ではなく独房でなされたのである。怠惰な勉強は身につかず、辛苦の勉強のみが身につくらしいが、まことにそのようである。

「朝は起床のカネで起きるのだが、ある季節にはまだうす暗いが、季節によっては、明るくなっても寝ていなければならなかった。……そういう季節には、書物をフトンの陰にかくして読み、夜は就寝のカネのなるまで、電気が暗いので立ちつくして読んだ。冬の夜は、指の感覚がなくなって本がささえきれなくなることもあった。第一年の冬はひどい凍傷にかかり、右の中指とクスリ指が腐ってあやうく落ちるばかりになった」。

未決の拘留と病気療養のための一時保釈、そして刑確定による入獄と、通算四年間強も自由を拘束されていた山川は、〇四年六月初に巣鴨監獄の門から解放された。満期より二、三カ月前の釈放だった（守田は四月に出獄して「二六新報」に勤めていた）。「能く獄則を遵守し、作業に精励し、改悛の情顕著なる」を認められたのである。「先輩」からも一目置かれ気に入られたらしい。たくさんの「獄友」もできた。前科何犯かで脱獄常習というつわもの（『自伝』ではMとされているが、戦後の別の回想では松島音平と実名で回想している）はとくに山川を好いたらしく、かたぎとなって三〇年後に、山川に手紙をよこした。

出獄の際、教誨師から「倉敷の大原孫三郎という人を知っているか」と問われ、「全く交わりの絶えていたこの旧友が訪ねてくれたこと、……しかし面会は許されなかったことを知った」。「獄中に私を訪ねることは……そうとうの勇気が必要だった。私は旧友の友情に心から感謝した」。

最初にあらたな運動の息吹にふれたのは、出獄時の所持品整理の際だった。差入れされたが「看読不能」とされていた「週刊平民新聞」を見つけたのである。「私ははじめて、わが国に社会主義運動の烽火があがっていることを知り、胸をおどらせた」。奇しくも一月半ほど前、堺は「平民新聞」での筆禍事件で、巣鴨の門をくぐっていた。この種事件では「社会主義者としては初の入獄」といわれていた。山川はまだ「社会主義者」とはいえなかったが、獄中生活にかけては幸徳や堺より先輩だった。最初の「不敬罪」受刑者の出獄と、社会主義者の最初の入獄が、〇四年初夏に交差したのである。そしてこの二人は終生変わらぬ同志となる。

山川は、郷里の父母や義兄と一刻も早く会いたかったにちがいないが、『青年の福音』のグループの仲間につれられて、数寄屋橋にあった平民社に立ちよった。ちょうど幸徳が講演をしていたところで、山川ははじめて「ほんのわずかの時間、幸徳さんの話をきいて深い感銘をうけた」。

堺は回想している。「守田君が巣鴨から出獄して平民社に尋ねて来た。そして山川君も近々帰ってくるという消息を伝えた。わたしらはその時はじめて二君が社会主義者であることを知って非常にうれしく感じた。しかし山川君が出獄してすぐ平民社に来訪した時には、わたしは不在で会わなかった」（「山川均君についての話」）。

山川は六月一一日の夕方に郷里についた。「私は世間をはばかって、わざと夜つくようにした。カヤから出て来た父も母も、過去のことについては一と口も言わなかった」。

［5］　初期社会主義者たち

山川が検挙されてから出獄するまでの四年間というもの、社会は大きく変わっていた。労働者の運動と、「社会主義」を名乗る団体の動きがはじまったのは、山川が同志社を退学し放浪生活をはじめるころだ。

労働者といっても、高い技術をもった職人か軍の工廠、鉄道などの上級労働者であり、指導者もクリスチャンや旧自由党系代議士、工場技師などだった。一方、自由民権左派の面々（中江兆民、幸徳秋水など）やクリスチャン（片山潜、木下尚江、安部磯雄など）が「社会主義者」と呼ばれた。一八九八年一〇月に社会主義研究会が、片山、幸徳、安部らによって設立され、一九〇〇年一月に社会主義協会に改組されるが、なおキリスト教社会主義と自由民権左派系の混合物だった。

山川がはじめてキリスト教青年会館での片山潜の演説を聞いたのは、一八九八年のことだった。「初めから終りまで、最大級の声でがなりつづけたので、何を言おうとしているのかよく分からなかった」。あまり感心しなかったようだ。

労働運動も初期「社会主義者」も、当時の支配者をおびやかすような存在ではなかったが、欧州の経験を早くから学んでいた明治政府は、一九〇〇年三月に治安警察法を公布した。治安警察法は、労働組合の組織化とその行動を事実上禁止するにひとしい悪法である。知識人らによって作られた労働組合期成会などの原初的労働組合は、以降急速に沈滞した。

だが初期「社会主義」の方はまだ本格的には規制されなかった。その内容が危険性を感じさせなかったのと、組織的な運動になっていなかったからである。労働組合の第一陣が後退しても、社会主義協会や労組の指導的知識人らは啓蒙活動をつづけ、〇一年五月に社会民主党を結成した。

中心は、幸徳、安部、片山、木下らである。政府も、実際運動となると黙認できず、翌日には結社の禁止で臨んだ。当局が禁止の理由としてあげたのは、そのドイツ社会民主党流の「社会主義」ではなく、「貴族院廃止」や「軍備の全廃」などの当面の民主主義的要求だった。

片山らは、社会民主党禁止のあとは、社会主義協会を拠点にした活動にこもった。

一方、一九〇〇年代はじめには大きな社会的変化がおきはじめていた。重工業がしだいに確立し、徒弟として技能を修得するのではなく、工場で職工として技能を身につけ、工場をわたり歩くような労働者がふえてきた。〇二年には小石川砲兵工廠などで大規模な争議がおきた。夕張炭鉱では数人の労働者の手で互助会的な労働団体・「至誠会」が組織され、その中心メンバーは足尾銅山に潜入し「至誠会」支部を組織する。

もう一つの変化は、日露戦争への態度をめぐって、初期「社会主義者」の間で分化がはじまることである。この分化作用の一方の軸となったのが堺であった。〇四年六月に、巣鴨監獄の出入りで山川とすれちがいになった堺は、一〇歳年上であるが、山川を語るには不可欠な人物である。

堺は九九年春までの二年余り、毛利家資料編纂所で『防長回天史』の編纂に従事しており、すでに文化人の素養を身につけていた。そして九九年七月、新聞社・「万朝報」社に入社した。そこで内村鑑三、幸徳、安部、河上清らを知る。とくに幸徳とは親しくなる。堺は、自由民権運動が政友会に身売りしてその革新性を薄め、藩閥政治に妥協する様を苦々しく感じはじめていた。そして中江兆民の弟子幸徳と接する中で意気投合した。社会民主党の結成には参加しようとしていたが、すぐに禁止されたため、社会主義協会に参加した。

また堺は、「万朝報」記者として活動し『言文一致普通文』などの著作で名を高めつつ、個人で由文社を設立し、『家庭雑誌』という小冊子を〇四年四月から発行して、家庭生活や慣習、男女関係などの分野で、民主主義的・近代的精神を説きはじめていた。堺が「青年の福音」事件で山川の名前を知ったのはこのころだった。

〇三年一〇月、堺と幸徳は「万朝報」に「退社の辞」を発表した。日露戦争開戦への機運が高まるなかで、進歩的新聞であった「万朝報」も当初の非戦論の旗をおろし、主戦論に転換したからである。

「ロシア撃つべし」の世論が作りだされるなかで、中江兆民などの民権左派もふくめ、進歩的であった著名人も対ロ強硬論をとなえるにいたった。これに反し、社会主義者は、非戦論をとなえた。彼らの活躍の場となったのが、〇三年一一月に幸徳と堺によって設立された平民社であり、その「週刊平民新聞」である。

なお、当時、横須賀の海軍工廠で職工として働いていた一六歳の荒畑寒村は、「万朝報」に掲載された「退社の辞」に感激し、三カ月後に社会主義協会に入会して平民社に出入りするようになる。山川より六歳若かった。

もっとも、平民社の面々も「自由・平等・博愛」をかかげ、ドイツ社民党流議会政策主義、キリスト教社会主義の混合物であった。しかし、「軍備を撤去し、戦争を禁絶せんことを期す」と、最重要国策に叛旗をひるがえし、週刊新聞を発行(第一号は八〇〇〇部印刷。以降は平均三五〇〇部)したことは画期的だった。平民社は、石川三四郎、西川光二郎も参加して、あらゆる傾向の社会主義者のたまり場となる。

〇四年二月に日露戦争が勃発すると、幸徳の軍事費増大を批判した「嗚呼増税」がとがめられ、発行・編集人の堺が巣鴨監獄に二カ月間ほど留置された。

〇四年八月には、第二インターナショナル・アムステルダム大会に「日本の社会主義者代表」として片山潜が参加し、「敵国」ロシアのプレハーノフと反戦の握手を交わす。「週刊平民新聞」は幸徳の筆になる「露国社会党に与うる書」を大きく報じた。だが政府は、一一月に『共産党宣言』を幸徳・堺の共訳で掲載した号を発行禁止にし、西川、堺、幸徳を起訴。社会主義協会に解散命令を下した。

堺、幸徳や西川の起訴と入獄、たびかさなる干渉と禁止処分で財政負担がかさみ、「週刊平民新聞」は〇五年一月に廃刊に追いこまれた。

堺らは、廃刊後、加藤時次郎の小冊子『直言』を引きとり『週刊直言』として〇五年二月から発行したが、それも九月には廃刊に追いこまれた。平民社の演説会も戦争が激化するにつれ開けなくなり、「茶話会」しかできなくなった。そして一〇月には、平民社自体が解散した。

解散は弾圧という外的な要因だけではなく、初期社会主義者集団の思想的な再編にも起因した。

「唯物論派」といわれた幸徳、堺らとキリスト教社会主義の木下、石川三四郎らとの相違が大きくなった。啓蒙や非戦であるならば、また、ドイツ社民党を範とする限りでは、両者の相違はあまり問題ではなかった。ところが〇五年ロシア革命の影響もあり、自ずと急進派と穏健派への分化が進んだ。

一方、幸徳は、〇五年一一月から約半年間訪米して、〇六年にはアナキストとして帰国した。「唯物論派」は幸徳と堺が絶対的な権威を有していたが、これを機に幸徳の無政府主義と堺の第二インター流マルクス主義に分岐してゆく。

こうして、『直言』が廃刊されたあと、〇五年一一月に『新紀元』と『光』という二種類の雑誌が発刊されたが、前者が木下、安部、石川の編集でキリスト教社会主義派、後者が山口孤剣、西川光二郎の編集で堺が肩入れする「唯物論派」と見なされた。

〇六年一月、藩閥の桂内閣が、政友会の西園寺内閣に代わった。藩閥・官僚はブルジョアジーへの譲歩を迫られ、西園寺と桂が交互に政権をとる「桂園時代」と呼ばれる政党政治への過渡期がはじまった。

西園寺公望自身が「穏健な社会主義は之を善導して国家の進歩に貢献せしむべき」と述べたように、日露戦争のあとには社会主義者の活動は伸びやかになった。そして諸潮流の分化も一時たなあげにして、力をあわせ政治運動に進出しようとの機運が強まった。それが結実したのが〇六年二月の日本社会党の結党である。結社届は、堺ら当事者の予測に違って当局に受理された。その中心は、堺、西川、森近運平ら『光』に拠ったグループで、『光』を党の機関誌にした。

二月二四日に開催された第一回大会には三五人が参加したといわれている。堺は開会の辞を述べた。大会で選出された評議員一三人の内訳は、金槲職人二人、活版工一人、あとは日露戦争に賛成した木下尚江もふくむ知識人であった。幹事には堺、西川、森近の三人が就いた。

岡山に引きこもっていた山川も何事かをなそうと考えはじめた時で、社会党結党の報を聞くやただちに鹿児島の浜田とともに岡山から入党を申し出た。

荒畑もすぐ上京し堺宅に寄食し『光』の編集に従事した。堺は三月には月刊の個人雑誌『社会主義研究』を発刊した。これは日本で初の本格的な社会主義の研究誌であった。しかし五号しかつづかず、八月には廃刊する。堺は組織面だけでなく理論面でもマルクス主義の第一人者だった。

さて、社会党はさっそく実際運動に乗りだした。三月からの東京市電運賃値上げ反対運動では、値上げを撤回させた。

意気盛んな社会党に大きな刺激を与えたのは、六月の幸徳の帰国であった。幸徳は、帰国するやゼネラルストライキによる「直接行動論」をとなえ、「足尾の労働者の三日間」が権力を「戦慄」させたのにくらべ「九〇人の議員を有するドイツ社会党ははたして何事をなしたりや」と喝破した。

第二インターナショナル流の議会政策を自然に受容し、普通選挙権要求にも疑問をいだかなかった日本の社会主義者は、〇四年ころからの政府の弾圧と第二インターナショナル内の改良主義的議会主義をめぐる論争に触れ、議会政策に疑いをいだくようになっていた。このもやもやした気分に、幸徳は喝を入れたのである。

[6] 薬屋の丁稚奉公

二〇世紀初頭、初期社会主義の流動化の三年間、山川は主には岡山で薬屋を営んでいた。

〇四年六月に倉敷に帰郷して目にしたのは、事件のために蟄居し糸屋を閉じた父母であり、収入を断たれた父母を気遣い、林家の敷地内の家に住まわせるなどする義兄・源十郎の親切だった。だが娘の嫁ぎ先に「寄り掛かるというようなことは、父の性格からは言うべからざる屈辱であり苦痛であった。それだけに私にたいする父の要望は、切なるものがあった」。「それで、ある時は、いさぎよく自分を捨てて年老いた父の心を救うことが人間の道ではないかという考えが、大きな圧力をもって私の胸に迫ってくることもあった」。

こういう懊悩のなかでも勉強はつづく。巣鴨で読み残した本も読みつくし、金がなくて本を買うわけにいかなかった。すでに郷里の若き名士になっていた高等小学校の同級生・大原孫三郎が『エンサイクロペディア・ブリタニカ』(大英百科事典）を貸してくれた。山川は朝から夜更けまで「社会主義」関係の項目などを順にたどりつつ三、四カ月をすごした。『自伝』ではふれていないが、巣鴨の読み残しの大著といえば、読みたくてたまらなかった『資本論』第一巻英語版があったはずである。時間的には『資本論』を読破する条件はあったと思われる。

そうこうするうちに、義兄が薬局の岡山支店を開設し、一〇月から山川が事実上の店主として働くことになった。店員は山川をふくめて三人。また山川が巣鴨で「獄友」となったMなる人物が仕事にあぶれていたのを店員として一時ひきとったこともある（「盟外交遊録」『全集』一六巻）。店員が外回りの際は留守番することも多かった。薬に無知の山川は「戦々恐々として、ひたすらお客が来なければいいがと、そればかりおそれていた」。まずは品名と仕入れ値を懸命におぼえたが、時には仕入れ値の一〇分の一も低く売ってしまったこともあった。しかし「どんな下らんことにもせよ、少なくともやっている間は何でも面白いのが私の性分」でメキメキと商売上手になり、サッカリンの値上がりを見こして岡山市中から買い占め、逆に値下がりを見こして売りはらい大いに儲けもした（「転向常習者の手記」『全集』一二巻）。

みっちり二年以上店の全責任を負って働いたのだから薬種の知識は相当のものになった。実際数年後には宇野で自力で「山川薬店」を開く。山川が去った岡山支店は数年後には三〇数名の店員を擁するまでになった。

その働きぶりを山川菊栄は当時の店員の話として、つぎのように紹介している。

「手織縞の着物に角帯を締め……腰には十幾つかのカギをブラさげ、朝は六時、夜は十時まで店員同様働いたから、『ご自分の勉強は夜は皆が寝てから、朝はおきないうちにでもなさったのでしょう。あの学問好きの方がようまああんなにお店のことに精をだされたものです』」（「思いだすまま」）。

深夜と早朝の時間は『資本論』第一巻にとりくんでいたらしい。「東調布署手記」では「ところどころ拾い読みした」と記している。また、このころ『自分は社会主義の信奉者であるといふ意識がだんだん判っきりとして来た』、「私の社会主義思想の中からキリスト教の要素がだんだん減じて来た」とも述べている。巣鴨の勉強で社会主義の直前までたどりついたものの、ひとまず帰郷し、一人静かに世の中の変化を遠目にみながら思索し、考えを固めていったわけである。こうして、「このころから（〇六年初春ころか――引用者）、ようやく私は、内心安からざるものがあった。現在の生活は、もはやこれ以上つづけていてはならない」。『私が帰ってから、ともかくも私の一家には平和がつゞいていた。この平和を破らなければならない時がきた。そしてそれが同時に義兄に背くことになるかもしれない。しかし、仕方がない。私は適当の機会の見いだせるのを待っていた」。

〇六年春にアメリカ行きを思い立ち、二年前にわずかばかり話を交わした幸徳（〇五年一一月から渡米しサンフランシスコに在）に訪米希望の手紙を出した。「すると幸徳さんから、アメリカなんか来るところじゃない、やめた方がよかろうという返事が来た。それで私は、アメリカ行きは思いとどまった」。

そのころ、岡山県庁の役人であった森近運平をはじめ、県下でも山川の知らぬ者たちが社会主義に関心を持って「いろは倶楽部」という集まりをはじめ、山川もさそわれた。彼らが山川に気がついたのは、『光』の〇六年九月号に公表された社会党党員名簿の岡山県下党員六名の内に、山川の名があったかららしい。〇六年二月に日本社会党が結成されたという報を聞き、山川はただちに鹿児島の「浜田仁左衛門と協議した上で、あいたずさえて入党したのである」。一八九七年春、大阪の波止場で帰郷する浜田を見送り「十年後には革命党の旗上げを」と誓ったのが現実となったのだ。

「中央のこういう形勢も、現在の生活に別れを告げるべき時が来たという、私の考えを強めるものだった。……これからどうして生活するつもりだという具体的な方法を示さないでは、一家の同意をうることは不可能と思われた。こういうディレンマのうちに……十月のある日のこと、……幸徳さんから手紙がとどいた」。社会党機関紙として日刊新聞を出すための編集部員に推せんしたいというものだった。「私はたちどころに承諾とお礼の返事を出した。そしてこのことを義兄に話すと、意外にも、義兄は即座に同意してくれ」た。

この義兄の心境については当時の山川は忖度できなかったが、四〇年ほどのちに自伝を執筆するために義兄の当時の日記を読んではじめて理解できた。日記を林家で読み終えたとき「そこまで自分を理解して庇って呉れて居たとは知らなかったと、目頭を抑えて居られた」と、ちょうど居合わせた親類が証言している（上田昌三郎『全集』月報14）。その日記の該当部分は『自伝』に三ページあまりにわたって引用されている。

［7］ 平民社と日本社会党で

こうして一二月一五日に山川は倉敷をたち、姫路に兵役短期召集で来ていた守田のところにより、大阪で一泊し、夜行で翌日新橋についた。すぐに築地新富町の平民社をたずね、堺とはじめてあった。下宿は神田錦町。新富町までは徒歩で一時間もあれば通えた。

山川二六歳の誕生日をむかえたばかり。粋なうわさのたたぬがおかしい年頃だった。上京の途中、大阪の梅田駅で、山川によれば「思いがけなく」顔見知りの若い女性と出あったのである。女性の名は久津見房子。岡山市の女学生で「いろは倶楽部」で山川と知りあい、社会主義に接し、のちに日本共産党幹部・三田村四郎と結婚する。福田英子を頼って家出をして上京するところだった。この出あいが「思いがけなく」だったかどうか。久津見房子の回想（『久津見房子の暦』）によれば、家出の決心をしたのは「山川さんから『今こそわれわれは力を中央に集中して働かなければならない』」といわれたからであった。梅田駅のホームで座っていた久津見の膝の上にビラが落ちてきたので「顔をあげると山川さんです」という、できすぎた話である。彼女は東京では当面の宿のあてがなく、山川は二日間だけ自分の下宿に同宿させた。これがさっそく「山川君は若い女性とカケ落ちして出て来たようだという評判」になった。

荒畑は初対面の様子をつぎのように回想している。

○六年の「大晦日の夜、私は深尾韶を誘って美土代町の下宿屋神田美土代町の万国館という下宿屋に山川君を訪い、はじめて眉目清秀なる彼の風丰に接したのである。談半ばにして若い婦人が来訪した。私たちは実は大いに粋をきかしたつもり、ひきとめられるのを固辞して帰って来たが、後に聞けばこの婦人こそ、山川君とは不敬罪の相棒たる守田有秋君の夫人なのであった」（『寒村自伝』）。よほど女性にもてそうにみえたらしい。

さて、「日刊平民新聞」の常駐編集部員は十余人。新聞の経験のあるのは幸徳、堺、石川三四郎だけ。山川もふくめ、荒畑、山口孤剣、西川光二郎、赤羽巌穴など他の面々は素人なりに何でもやっつけたらしい。とくに山川は、「行数の勘定のような、誰でもめんどうがる仕事、堺さんがじょうだんに『誰かこの奴隷の仕事を引受けないか』とか……言っていた種類の仕事を、進んで多くやっていた」。当時いったいどの程度の月給だったかは、山川は「多分二五円だったかと思う」といい、荒畑は自伝では「私の月給は十五円」と回想している。いずれにせよ、「下宿の夕飯の食べ残しをこっそりベントウ箱につめて持ってゆくこともあり」「月の終りころにはきっと、電車賃がなくなった」というくらいの給料だった。

○七年一月一五日に「日刊平民新聞」は創刊された。常駐編集部員一〇余人に森近運平、古川守圀ら庶務会計をあわせ社員としては二〇余人。さらに活版印刷部員三〇人を擁して出発した。発行部数は一三、〇〇〇部で、「週刊平民新聞」の約三倍以上と推測される。

さて、一号には山川のデビュー作が載った。「前半身に対す」（『全集』一巻）である。山川の活字になったもので現在確認できるものはこれが最初のものであろう（『青年の福音』には山川の筆になるものがあったはずだが、現在まで確認されていないようである）。

山川はいう。「『週刊平民新聞』──『日刊平民新聞』これ驚くべき社会党の発展をば最も明白に最も有力に反映せる者にあらずして何ぞ」。「友と……今より一〇年を期してねがわくは……東西において社会主義の旗旌を揚げんと誓ったことがある……かの時を去ること一〇年にして果たして社会党は顕れた。自分は無限の感慨のうちに、この友と謀り、同じ日、同じ時にその党籍に記入せらることができたのである」。友は言うまでもなく浜田仁左衛門である。浜田と誓い、巣鴨出獄時に「週刊平民新聞」を手にし、そして今みずからが「日刊」紙編集の一翼を担う。山川の踊るような気持が伝わる。

しかし、意気込んで大海原に出発した山川をまちうけたのは嵐であった。

〇七年二月、足尾銅山に暴動がおきた。足尾銅山には、平民社とも関係がある若干の坑夫がいて、彼らが前年から待遇改善の声を上げはじめていた。しかし多くの坑夫は組織的に鍛錬されていたわけでなく、二月六日には自然発生的に大暴動が勃発した。平民社は四日に西川光二郎を特派員として派遣したが逮捕され、同日中に平民社と堺、幸徳、石川らの自宅が捜査を受けた。実態は自然におきた行動を擁護したにすぎないのだが、労働争議ではじめて「社会主義者の策動」と喧伝され、政府は平民社と日本社会党をつぶしにかかる。

足尾の興奮もさめやらぬ二月一七日に開催された第二回日本社会党大会は画期的な論争の場となった。

大会の少し前、二月五日の「日刊平民新聞」に幸徳が衝撃的な論文を寄せた。ドイツ社民党流の議会政策を排し直接行動を採れと主張したのだ。これにたいし一〇日に堺が中間的な立場から論じ、一四～一五日には田添鉄二が「議会政策」重視の立場から幸徳に真っ向から反論した。

大会に臨むにあたって、執行部にあたる評議員会は堺の起草による最大公約数的な「評議員会案」をまとめていた。大会ではほかに「直接行動論」の幸徳案と、「議会政策論」の田添案が提出された。そして活発な議論の末、採決は、評議員会案二八票、幸徳案二二票、田添案二票で、評議員会（堺）案の可決となった。

大会五日後の二月二二日、日本社会党に治安警察法による結社禁止命令が下された。さらに「日刊平民新聞」には発行禁止があいつぎ、二カ月後の四月一四日の七五号をもって廃刊に追いこまれた。わずか三カ月の運命だった。

ところで第二回大会は社会主義者たちの大きな分化の開始点となった。それまで、ドイツ社会民主党は、かれらにとって最大公約数的な規範であった。議会に民衆の代表を送ることは当然の目標であり、普通選挙権の獲得は念願だった。第二回大会はこの常識をくつがえしたのである。そうさせたのは幸徳の熱弁だけではない。労働者の自然発生的な行動だった。

〇七年から労働争議が活発化した。二月の足尾暴動と三菱長崎造船争議、軍隊も出動した六月の別子銅山暴動など、いずれも社会主義者の関与はなかった。けれどもこれらの大規模な争議は、社会主義者たちに、普通選挙実現要求や議会よりも労働者の直接行動の方がはるかに有効だと思わせた。また、自分たちの指導とは無関係に労働者が大規模に行動をおこしたのも予想外だった。そしてかれらの中に、直接行動に対応するアナルコ・サンディカリズムが浸透してゆくのである。

［8］「直接行動」に共鳴

さて、山川は社会党第二回大会には書記として参加したが、「がんらい遅筆な私には、筆記など思いもよらなかったので、中途からはノートを取ることさえもあきらめて、この雄弁に聞き入っていた」。別の回想では、「その晩徹夜して、私の頭に残っていた印象と記憶をたよりに幸徳さんの大演説を再生し」、「演説の論旨ばかりでなくその用語をも、かなりのていど誤りなく、再生することができた」としている（「がんじがらめの言論の自由」『全集』一九巻）。

山川は、この論争に冷静な評価を下している。

「青年分子は、多くは直接行動派であった。……そこで直接行動論が圧倒的に強かった。党内のこういう空気のなかでは、議会政策論を主張するためには少なくとも直接行動論をとなえるばあい以上の、確信と勇気とを必要とした。あの十七日の大会の空気のなかで、ただ一人……議会政策論のために闘った田添の態度にたいして、私はいまも尊敬を払っている」。「三人の論文のなかで、この田添の論文は、当時の運動にとってはいちばん教訓的なものであり、また、そのうちには誤解にみちびきやすい点があったにもせよ、この年代のわが社会主義運動の思想水準からいえば、社会主義と社会革命についての最も深い理解がひらめいていたと思うが、当時多くの人々は（そして私も）田添説を公平に評価しなかった」。

しかしこれはあと知恵であるので、まずはそのときに山川がどう考えたかをみていこう。

山川は大会二日後に「社会党大会の成績」（『日刊平民新聞』〇七年二月二〇日）を執筆し、つぎのように論じた。

大会が、議会政策と直接行動の問題で「各個の自由行動に任ずる」とし、結論づけなかったことについて、「予は一日も早く事実によって議会論者を説服することを切望する。旗は陣頭に押し樹つべきものである。しかしながら旗持ちばかりが離れていっても仕方がない。予は日本現時の社会主義運動は、今あたかも議会政策と直接行動を自由問題とするの程度にありと信ずる者である。……問題は今回の大会で決したものではない。実は今度の大会で始まったものである。しかしてこの問題を決定するものは、終に大会ではなくして労働階級の自覚であらねばならぬと思う」。

これは幸徳への支持の表明である。しかしそれだけではない洞察がふくまれている。「現時の社会主義運動は……議会政策と直接行動を自由問題とするの程度にあり」という。つまり議会政策論者を口先で負かしたものの、それは労働階級から離れた「旗持ち」同士の議論にとどまっているというのである。問題を、大衆じしんによる咀嚼に委ね、その成長に委ねることを大事にする態度が早くもうかがえる。ただこの段階では山川はなお、直接行動こそが大衆に支持され成長をうながすと確信していたことはまちがいない。「日刊平民新聞」（三月八―九日）に掲載された山川の「ドイツ社会党の地位」（『全集』一巻）は社会党の議会活動よりストライキの方がはるかに成果をあげると論じ、幸徳の受け売りだった。

三〇年を経、山川はつぎのように回想している。「直接行動によって労働階級を一挙に解放するといふことが一片の夢にすぎなかったように、議会に労働階級の代表を送って改良的な方法を獲得するといふことも現実を離れた夢たることにおいて五十歩百歩であったので、人々は知らず識らず、唯だ観念的に急進的な方向へ方向へと走ったのでありました」（「東調布署手記」）。

さて、日本社会党が禁止されたのちも、幸徳、堺らは力をあわせて「日刊平民新聞」の維持に懸命になった。

山川は、廃刊については「いかにも残念で、悲壮の感さえもあったが、しかし一面、正直なところほっとした形でもあった。……じっさい私自身へトへトになっていた」。そして食うに事欠く生活が待っていた。下宿代も払えず、ひとまず家族もちの守田有秋の家にころがりこみ、しばらくして淀橋の柏木に守田家ぐるみで転居した。いまの新宿区新大久保駅の西側一帯（現在の北新宿のあたり）で、幸徳、堺、森近、大杉、荒畑など多くの「主義者」が身を寄せあうようにあつまってきた。彼らは「柏木団」と呼ばれるようになった。

このころ山川は鹿児島の浜田仁左衛門宛てにたくさんの手紙を出している（『全集』一巻）。その文面から山川の状況がうかがえる。

まず〇七年三月一〇日には「平民社の没落は残る所、時間の問題」と書いている。とにかく食うための仕事をつくらなくてはならない。そういう時にはいつも面倒見のいいのは堺であった。「八時から十二時までが定まった仕事の時間……

深尾君を誘って堺さんの所へ行く」、「仕事は……社会問題字彙とでも言うべきものの編纂」、「新聞では随分進んで無理な仕事もやって居たから、急にノンキな生涯に移って可笑しいようだ」（五月一二日）。

　ところが二カ月後には、「辞書を出版する筈」の出版社がつぶれたので「中止」、「さしあたり有楽社から平民科学という自然科学の叢書六冊ばかり出す計画」（九月一七日）とある。この「平民科学叢書」は翻訳もので、堺、幸徳、大杉らと分担し、山川はR・H・フランスの『植物の精神』をうけもった。クロポトキンの『動物の相互扶助』は当初は幸徳の分担だったが、病気のために、これも山川がひきうけ、〇八年春の巣鴨入獄中に仕あげた。そしてこの二冊の収入六〇円が、一年と四カ月にわたる収入のすべてであった。二冊とも自由闊達な訳で、原文にない山川の挿入文も多いという。楽しげな文体で、山川の動植物への思いいれがあらわれている。

「荒畑寒村の細君の妹も肺病に罹ったが、寒村も細君も朝から仕事に出るから薬の世話も碌にしてもらえないでトウトウ二一歳を最後に散ってしまった」（五月二六日）。この表現は荒畑にはすこしばかり酷で、『寒村自伝』ではそれなりの世話はしたと回想されているが、当時貧困から生まれる肺病は命取りだった。

　精神的余裕のないこういう状態でも、山川はなかなかの洞察力を社会に働かせていた。

　六月一〇日の手紙はこう述べている。

「日本社会主義運動は『平民新聞』の段落をもって、一段落を画したのである。社会新聞は最早、或る意味に於ける新時代の第一の産物だ。一寸見ては此の果が梅だか杏だか分からないが、今に段々見分けが附く。梅だか杏だか分からぬ内に貴様は梅で己れが杏だとは云い出せないが、梅と極まれば何所かの枝に杏がなるだろう。……社会主義運動が一段落を告げたと同時に日本政府の政策も一新紀元に這入って来たと思う。社会政策の実行即ちこれである」。「社会政策の実行も実は社会主義鎮圧の手段たり安全弁たるものである」。

　同時に労働者の「暴動を平和のストライキに代えて貰うためには、労働者の組合を造る外ないのである。……政府、資本家保護の下に労働組合が成立さるの日は最早決して遠くないだろう。労働組合一度成立すれば、社会主義と労働者が真に接触するの日だ。今の所労働者への伝達は常に間接たるを免れぬ。……然し此所迄で漕ぎ付けるのは実は前途尚頗る道遠しだ」。

　「社会新聞」とは、「日刊平民新聞」廃刊後に、片山、田添、西川ら議会政策派が中心になり六月に創刊されたもの。同じ六月に直接行動派によって大阪で「大阪平民新聞」が創刊されていた。第二回党大会の対立がこういう形で継承されたのである。ただ、「社会新聞」の方が「社会主義中央機関紙」と銘打って「帝都」で発行されていただけに、当初は「日刊平民新聞」の正系の継承紙のように受けとめられ、堺にも寄稿させていた。だが山川は、これを「梅」つまり議会改良主義を鮮明にするものと見通し、そうなれば「杏」つまり直接行動派の旗幟は「大阪平民新聞」などで鮮明になるだろうと予言した。実際に事態はそのように進行し、あとでみるような「分派闘争」が激化していくのである。八月二日の書簡では「社会新聞の旗色も鮮明になれば……吾々も愈々アナキストであるという宣言を」するとのべている。

社会政策の実施と労働組合の容認、一方における鎮圧策の関係も、時間差はあるが見通しとしてはするどいものだといってよい。しかしドイツなど欧州の運動の経験から類推したのだろうから、圧倒的に階級的力関係が労働側に不利な日本にはそのままあてはまらない部分もあった。山川も「此所迄漕ぎ付けるのは前途尚頗る道遠し」と直感していたようだが、労働組合法はついに帝国憲法下では制定されなかったし、工場法すらやっと一九一一年に最初の立法がされた。そして懐柔策より先に、大逆事件を頂点とする「鎮圧」がおそいかかったのである。山川も一年後に根こそぎ「鎮圧」の第一弾がわが身にふりかかるとは予測できなかった。

[9] 幸徳、堺の仲介役として

「社会新聞」と「大阪平民新聞」の二つの流れにわかれるなかで、幸徳、堺、山川、荒畑は「大阪平民新聞」（一一月から「日本平民新聞」に改題）の方に肩入れした。

山川は、「大阪平民新聞」に精力的に寄稿しながら、東京での運動の再建の中心人物の一人となっていた。「この時期は私の生涯中一番活発に実際運動に携はった時期でありました」（東調布署手記）。〇七年夏というとまだ二七歳。幸徳、堺の両先輩は別格として、山川とほぼ同年の深尾、森近、山口孤剣、五歳年下の大杉栄、六歳年下の荒畑に至るまで、運動の表舞台に登場した点では皆先輩であった。薬屋を廃業して上京し、幸徳、堺らの下で未経験の仕事をはじめ、運動の猛者たちから顔を覚えてもらってからまだ半年である。その山川がなぜ中心におしだされたか。森近、荒畑が大阪に、深尾が体調をくずし郷里へ、幸徳も高知に、山口、大杉が筆禍事件で入獄等々、主要メンバーが不在勝ちだったこともある。しかし何よりも山川の抜群の勉強の蓄積と、社会主義運動への洞察力が認められたのにちがいない。

実際、八月二九日に浜田に「愈々社会主義金曜講演会と言うのを、堺、幸徳、僕三人で発起した」と伝えたように、大先輩に伍して「金曜講演会」を発足させた。これは毎週金曜に三人を中心に講演会をおこなうもので、九月六日を第一回に、毎回三〇人から九〇人があつまり、幸徳・堺一派の拠点となる。幸徳は一〇月二七日に高知に帰省したが、一一月に出獄した大杉が代わって登場した。

金曜講演会の主宰、「大阪平民新聞」への寄稿はもとより、山川は多彩な活動を展開した。当時、中国や朝鮮からの留学生が大勢東京に来ており、民族革命の志に燃えている者が多かった。張継など中国革命派の留学生があつまる勉強会が〇七年八月から一年間ほどつづくが、山川は講師としてよく招かれた。また、堺とともに、「大阪平民新聞」号外として「労働者」という四頁のリーフレットを編集し、東京砲兵工廠や本所の工場街で配布した。

だが山川の大事な役割は、幸徳と堺の仲介役であった。「大阪平民新聞」を共有の活動舞台としていたとはいえ、無政府主義とマルクス主義は理論的には相容れず、両人の間には議論が絶えなかった。この理論上の対立は、「社会新聞」=議会政策派にたいして一応はまとまって向きあっていた集団の中に、微妙な隙間を広げた。そして理論的に明晰な田添は、ほんらい議会政策とマルクス主義は対立するものではないのだから、堺は幸徳と手を切って、議会政策派に合流してはどうかと働きかけていた。

山川は客観的には田添とまったく逆の方向から、幸徳と堺のきずなを切らすまいと努めていたわけである。

〇七年後半、堺と幸徳は毎日のように幸徳宅で「議会政策」と「直接行動」について議論をたたかわせていたが、よく山川が同席を請われていた。「立会人」に私が選ばれたのは、私の思想上の立場が、やや二人の中間にあったためだったかも知れぬ」と、山川は遠慮がちに述べているが、かなり意識的な「立会人」であっただろう。

一〇月二一日の浜田への手紙は、彼の意気込みをうかがわせる。

「僕の希望は無政府主義と革命的社会主義とを一致せしめて国家的社会主義に当たるにあり、分派問題以来の苦心は一つに此の為に注がれたのである。今秋来僕は、堺、幸徳両先輩と金曜講演会をはじめるも、未だ此形勢は明白になってはいなかった。然るに今度幸徳兄帰郷の為今度の運動方針を打ち合わせ置くの必要を感じたれば、昨夜、予は両先輩と合したり。其結果は愈々片山、西川一派と公然分離を発表する事に決したのである」。「昨夜」の会合についても『自伝』の方は「私はなんということなしに、その席にまねかれた」とひかえめに記している。

この間、「社会新聞」一派の西川・片山からの幸徳・堺への攻撃は強まり、ついには幸徳にたいして買収などのスキャンダルの捏造にまでおよんだ。そして「日本平民新聞」(「大阪平民新聞」改題）側も、西川の金銭疑惑を暴露するなど泥仕合の様相を呈してきた。こういう状態にたいし、「社会主義の運動方法に関する問題は……決して一、二の先輩諸兄の間の意見の相違感情の衝突等ではない。したがって感情の融和とか調停とか雅量というがごときもので解決せらるべきものではない」（「日本平民新聞」〇七年一〇月五日）として、山川が理性的に整理したことも、山川の重要な役割を物語っている。このあたりも『自伝』にくわしいが、やはりみずからの役割をひかえめに記している。

〔10〕『資本論』第一巻の紹介

山川は「大阪平民新聞」に森近にならぶ寄稿をしたが、アナキズムの紹介のほかに、「研究資料　マルクスの『資本論』」（『全集』第一巻）を、〇七年八月二〇日～一〇月五日にかけて連載した。これは一〇余年後に山川みずから『社会主義研究』一号（一九年四月創刊）に再録したくらいだから、内容にも一定の自信をもっていたと思われる。

その内容は一巻（英語版）に限られている。いまから見れば、平凡なものである。しかしさしさわりなく紹介できたことが偉いのである。一巻英語版（ムアとイヴリング訳）は一八八七年に刊行された。一九〇二年の巣鴨入獄中に山川がとりよせたのは〇二年二月に刊行された版である。

鈴木鴻一郎（「『資本論』と日本」）によれば、東大図書館には一巻ドイツ語版第二版が一八八七年に、国立最古の上野図書館には同第四版が一八九八年に、英語版が一八九七年に購入されているという。一巻だけとはいえ、手にしていた者は数えるほどであったろう。まして読みこなした者はどれくらいいたろう。やはり鈴木によれば、一八九〇年代に、「長谷川如是閑は東大法学院在学中すでに上野図書館で『資本論』英訳を読んでおられる。しかし『てんで歯が立たなかった』とのことである」。そして「原典に即してはじめて紹介した人」は「大阪平民新聞」における「山川均といってよいのではなかろうか」。

英訳は当時一巻のみだった。二巻の英訳は「多分先月あたり出版せられたるならん」と山川は述べているがだいたいあたっている。三巻の英訳は〇九年を待たねばならなかった。当時は英語しか自信がなかった山川にとって一巻しか紹介できなかったのはしかたない。だが、「商品」からはじまり、最後の方に「資本主義的蓄積の歴史的傾向」を置いた一巻は、それ自体で完結した小体系をなしており、二巻、三巻まで手をひろげず、二〇代なかばに一巻を熟読したことが、かえって『資本論』を身につけさせたとも考えられる。

紹介の内容をみてみよう。

まず、「資本論の由来」として、一巻は『経済学批評』（『経済学批判』—引用者）の「続巻」であり、二巻、三巻のほかに四巻に相当する『剰余価値の諸学説』（『剰余価値学説史』—引用者）がつづくことを、一巻のマルクス序文、英語版エンゲルス序文などをもとに紹介する。そして一巻は「内容において殆んど独立の一書」であるに反して「第二巻第三巻は連続してはじめて一書を成すものなり」と全体像を要領よく示す。この部分はエンゲルス序文にしたがったものだが、長い序文のなかで的確に要点を紹介できている。

つぎに「『資本論』の梗概」として「モリス、バックス両氏の解説に従いて……概観を示すべし」と簡略に述べる。「モリス、バックス両氏の解説」なるものがどういうものかは不明であるが、さらにサイモンス、ゾンバルト、ベルンシュタイン、福田徳三らによる『資本論』への論評が紹介されている。関連書もかなり目を通していたのだろう。

最後の「『資本論』の読み方」がおもしろい。冒頭の価値形態論は「前歯を折る」から、剰余価値の生産や原始的蓄積の項をまず読み、それからくりかえし第一章にもどれと示唆している。とくに原始的蓄積の項については熱をこめている。

「『二二章の資本家的蓄積の歴史的大勢』（二四章七節」のこと—引用者）に至りて全巻の勢力をこめて予言的の高潮に達せり。この部分は実に社会主義の古典と称せらるるものにして反対者がマルクスを難ずる所以もまたここにあり」。「最後に『資本論』を読む者の注意は平民階級の心理によらざれば『資本論』は遂に理解し得べからざることこれなり。……なお『資本論』の前に一読すべきは『共産党宣言』等なりとす」。

ここまで勘所をおさえるにいたった勉強をいつしたのか。山川振作による詳細な調査がある（「山川均と『資本論』」『唯物史観』六号）。それによると『資本論』をまとまって読んだのは〇五年春から〇六年秋までだという。ちょうど岡山で薬屋の主任として朝から夜遅くまで働いていたときだ。上京して「日刊平民新聞」で働いたときは、連日の強労働でへとへとになったというから、さほど読めなかっただろうが、新聞がつぶれてからまた時間ができたのか、〇七年六月一七日に浜田に「『資本論』読み終わった」と伝えている。

山川の功績は「最初に原典に即して紹介」したことだけではない。今日一般的に使われている主要な訳語をほぼ正鵠をえて考えだしたことである。やはり振作の調査によれば、山川が愛用していた第一巻への〇五年ころと思われる書きこみでは、「価格」（value）、「使用価格」（use-value）、「労力」（labour-power）とあったのが、すこしのちと思われる書きこみでは、それぞれ「価値」、「使用価値」、「労働力」へと適切に変えられていた。

田中真人（『高畠素之』、現代評論社）によれば、「『剰余価値』という用語は、従来『剰余価格』と誤って訳語があてられており、……深井英五編『現時の社会主義』以来、……日露戦争までの書物にはすべてこの語があてられていた」。のちに日本で初の『資本論』完訳をおこなう高畠素之は、みずからが〇八年五月に群馬県で創刊した「東北評論」紙上で「剰余価値」という訳語を使用したが、これは高畠が「山川論文を読んでいたことを証明するもの」という。

なお、山川は〇七年八月一日～一〇日にかけ、「社会主義夏期講習会」で『資本論』を講義している。

［11］反省の千葉監獄

「大阪平民新聞」、金曜講演会などを舞台とする山川の活躍にもう少しふれる。

〇七年八月五日の浜田への書簡に、大阪の森近が検挙されたら自分が下阪し「大阪平民」を「預かることに略々決定した」とあり、二一日には、森近は罰金ですんだので「下阪の必要なからんと思われる」とある。東京だけでなく、必要とあらば大阪まで行って、幸徳―堺派の機関紙を守ろうとしたのである。高知へ帰省する幸徳を堺と共に見送ってすぐ、一〇月二一日の書簡に「来春幸徳兄の上京の頃は大活動が初まるだろうが、それまでは金曜講演を以って大いに基礎を作るつもりである」と抱負を語った。幸徳が「大活動」の前に刑場の露と消えるとは、山川も思いもよらなかった。

「東京市中に倶楽部を開設する。これは余程前から堺兄と相談中の所、愈々着手に決定、一口毎月一円位の寄付を出し得る同志を常に維持し、不足分は吾々にて……稼ぎ出す」という計画も伝え、旧友の浜田に「運動者の無いので困っている」「十五円位あれば、食う丈はあるから」と上京をうながしている。翌〇八年には「日本平民新聞」に改題した「大阪平民新聞」発行所を東京に移そうという構想ももちあがっていた。

〇八年一月八日の書簡では、「日本平民新聞の東京移転に決定」、三月七日東京にて発行するに際して、「堺、幸徳、大石緑亭、其の他二三の人を相談役とでも言うものに！　森近と僕とが直接経営する」。創業費用で二五〇円は見込みはたっている、あと一五〇円を出資募集すると気炎をあげていた。

ところがこの手紙の一〇日のちの一月一七日、山川は堺、大杉らとともに検束されてしまう。金曜講演会で例によって臨検の官憲から「弁士中止！解散！」を命ぜられ、ちょっとした小競りあいがおきた。さわぎの最中、山川、堺、大杉は会場の二階の屋根から演説し気勢をあげたくらいの事件

（「屋上演説事件」と呼ばれた）で、たいしたことではなかったが、六人も検束された。山川はたかをくくっていたのか、二月三日に未決で入っていた富久町東京監獄から「大した事ではない。……計画はドンドン進行さす積りだ」と書き送っている。しかし、二月七日に山川、堺、大杉は治安警察法違反で一カ月半の判決を受け巣鴨に入れられた。かれらは獄中で『平民科学叢書』を一冊ずつ翻訳し、その収入で食いつないだのは紹介したとおりである。

山川は三月二六日に出獄した。出てきて「私の胸をうったのは、日刊『平民新聞』の最後の二週間をいっしょに働いた田添鉄二が、文字通りの『赤貧洗うが如き』生活のなかに病死していたことだった」。三月一九日に妻と一子を遺して三六歳の生涯を肺炎で終えていた。

山川だけでなく、堺も荒畑も、田添の人格と理論的誠実さには敬意をはらっていた。理論家に欠けていた「議会政策派」の中で、ただ一人論争相手として不足ない存在であったと思われる。

三月二九日には、屋上演説事件の出獄歓迎会が開催された。こんなややこしい催しに会場を貸してくれるところはなかったらしく、柏木の近くの戸山が原で屋外集会だった。

四月三日からは栃木県佐野から群馬県邑楽群にかけて大杉、守田らとともに演説旅行にくりだした。佐野での「両毛社会主義同志会大会」終了後、山川、大杉、守田、築比地仲助らで田圃道を革命歌を歌いながら歩いたが、築比地によれば「大杉は有名な訥言であったが、驚くべし、山川さんよりは上手に歌う」。ラジオ東京の山川追悼番組（一九五八）では、築比地は「山川の歌はニワトリが時をつげるようだった」と語っている。築比地家に泊まったさいに大杉の奔放な態度に母が「失礼な客に帰って貰え」と怒ったのにたいし、山川がかわって詫びたので「母もすぐさま機嫌を直した」（築比地『全集』月報1）。

こうして、山川が行動しはじめたとたん、たちまち次の矢がとんできた。「日本平民新聞」の付録として「労働者」というリーフレットを発行し山川みずから工場前で配布したことはすでにふれたが、農民むけ号外として「農民のめざまし」というリーフを五月五日に発行した。それが秩序紊乱として起訴され、責任者の森近が検挙されたのである。堺も別件の筆禍事件で起訴された。これで「日本平民新聞」本体も廃刊に追いこまれた。

さて、〇八年五月二九日の浜田への書簡にこうある。「大須賀は友人と二〇八にいる。尤も守田夫人の腹も大分膨れたので、ソウ厄介にもなれず、僕は近辺に下宿を探している」。（起訴について）「糞いまいましい。モウ表面の運動は愈々駄目だ。少なくとも当分は言論文章最早用いるに処なしだ。何か新方針をたてなけれやなるまい……機関紙誌の計画は中々困難だ。しからば一個人経営の小さなものが沢山出来る形勢になるかも知れぬ」。

山川はまだ守田宅に居候していたが、夫人の出産も近くそろそろ出なければならなくなっていた。山川にも独立するべき事情があった。この手紙で「大須賀」という名前が登場する。山川の最初の妻となる大須賀里子である。四月二八日に「小生等此度び結婚致し候に付き右御通知申上げ候　山川均　大須賀里」という活版印刷の葉書を出している（早大出版部『社会主義者の書簡』に石川三四郎宛として収録。『全集』未収録）。「三〇八」とは柏木の番地をさしている。結婚しても新居をかまえる時間的ゆとりもなかったのか、山川は下宿をさがして柏木九二六番地に一時おちつく。

大須賀里子と山川の関係は一つのドラマをなすのであとで紹介するとして、さすがの山川もあいつぐ弾圧で手詰まりとなった。巣鴨獄中の石川三四郎にあて「近来言論や文章の運動は殆んど余地がないまで圧迫される……読売用の俗歌も禁止せられる、チラシも片ぱしから禁止、日本平民も付録の労働者でやられた、此為森近は未決に這入っている、新聞紙条例で拘禁せられたのは殆んど例のないことだ……」と、五月一二日に書き送った（前掲『社会主義者の書翰』『全集』未収録）。

とどめは六月二六日の「赤旗事件」である。

「日刊平民新聞」の筆禍事件で投獄されていた山口孤剣の出獄歓迎会を、「日本平民新聞」派と「社会新聞」派の両派がこぞって開催した。ところが大杉ら血気盛んなアナキストが「社会新聞」派へのあてつけもあって「無政府共産」と白くぬい取りした赤旗をふりまわした。そしていきおいあまってそのまま会場から街頭に飛び出し、警官と小競りあいになっただけのことである。前の晩に「文字を現わすには白テープを張りつけてミシンを掛けるのがいちばん簡単だ」と教えたのは山川だった。それはともかく、小競りあいがくりかえされているうちに、堺、山川、大杉、荒畑、村木源次郎、百瀬晋らが検束され留置所に放りこまれた。

このとき山川と堺は小競りあいにもくわわっていなかった。『熊本評論』の「赤旗事件公判筆記」（〇八年八月二〇日）によれば、山川は公判でこうのべている。「……同志と警官が赤旗を渡し渡さんと言い争い居たれば、余と堺君は其の双方を慰籍し、赤旗は婦人に託する事となし、奪い合いは一先ず茲に落着したり。余は此処に止まるの要なければ将に家に帰らんとせに恰も神田署付近に於て一団の群集が喧騒せるより驚きて行き見たるに引致されし後なりしなり。依って余は再び帰途に就かんと引返せしに、突如として一隊の警官現れ何故か余を捕縛せり」。

このとき旗を託された大須賀里子も菅野須賀子ら女性三人とともに検束された。

裁判では、「被告は無政府主義者か社会主義者か」と裁判長から被告全員が問われた。堺は「社会主義と無政府主義の区別し難いことを述べたが、しかし自ら無政府主義者と称したことはない」と答えた（堺「日本社会主義運動小史」）。山川は「無政府主義者ではないと答えることは、なんだかこの事件に対する責任を軽くし、情状のしゃく量を哀願するかのようで、不愉快だった。それで私は、社会主義と無政府主義とを同じものと見るなら私は無政府主義者であり、ちがったものと見るなら自分は社会主義者である」と答えた。当時の堺と山川の微妙なスタンスの違いをもの語っている。『寒村自伝』によれば「他はみな……然り（無政府主義者なり——引用者）と断言した」。

なお、赤旗事件で留置した容疑者の房に「一刀両断帝王頭」という落書きが残されていたというのが、政府をさらに刺激した。「主義者とりしまりに手ぬるい」と批判しながら、西園寺内閣の倒閣を狙っていた山県有朋がこの事件を天皇に通報した。そして天皇は「何とか特別に厳重なる取締りもありたきものなり」と語ったということになっている（『原敬日記』）。そして、山県のねらいどおり七月四日に西園寺内閣は総辞職に追いこまれた。

第二次桂内閣は翌〇九年一〇月の伊藤博文暗殺などの朝鮮人民の抵抗を抑圧しつつ、一〇年八月の「日韓併合」へとつき進む。他民族への抑圧は日本国内における治安体制の強化をともなわずにおかない。〇八年春以降、山川たちをおそった息もつかせぬ検束と起訴の連続は、こうした情勢の序曲だった。一〇年六月には、内務省警保局が「要視察人尾行内規」を通達。以降、一五年戦争が終了するまでの三〇数年間というもの、おもな社会主義者にはかならず尾行がつき、郵便物は途中で開封検閲され、家の前には見張り番がつき、天皇が旅行するときは外出禁止を命じられるようになる。それでもまだ昭和に入ってからの血なまぐさい弾圧にくらべれば、のどかだった。

判決は〇八年八月二九日に出た。山川は堺らとともに二年、大杉二年半、荒畑一年半、その他が一年。大須賀里子は一年で控訴審で執行猶予となる。

判決言いわたしの法廷は、荒畑をはじめ被告は「裁判長！」と「獅子の吼ゆるが如くさけび」、大杉は興奮したときのクセで「呵呵大笑」し、皆で「無政府党万歳！」を連呼する大さわぎとなった。しかし「山川君は毫も興奮の状が容貌に現れて居無かった、静々笑って、悠然として、出て行った」（前掲『熊本評論』）。

ところでこの判決の日、『傍聴席には幸徳さんの顔が見えた。私には幸徳さんの見納めだった」と後年、回想している（『全集』一九巻）。『自伝』では〇七年一〇月下旬の堺・幸徳・山川会談をさして「この夜の会合が、幸徳さんとの永久の訣別になろうとは、もとより夢にも思わなかった」と述べている。会話を交わした最後と、顔を見た最後のちがいかと思われる。それはともかく、郷里高知で休養中であった幸徳は、赤旗事件を知って急きょ上京していた。

山川たちは千葉監獄に収監された。囚人番号は一七七二番だった。

山川は千葉監獄暮らしも無駄にすごさなかった。岡山から上京してからほとんど勉強する時間がとれなかったので、巣鴨監獄でやりかけたドイツ語をほぼマスターし、フランス語に着手できた。エスペラント語にも手を伸ばした。九月に入

監獄で囚人着に着けていた布製番号札

獄してしばらくは洋書ならどんなものでも差し入れができた。当局に外国語を読めるものがいなかったのである。そこで『資本論』を読む計画を立てた。このころはすでに第二巻第三巻のアメリカ版の英訳が出来ていた」。岡山の薬屋時代に第一巻は読了しただろうから、二巻、三巻にいどんだわけだ。しかし「一年半ばかりして、ふいに東京から検事だか判事だかが私たちの服役状態をしらべにやって来たので、ばれてしまった。とんでもないものを読ませているというわけで、『資本論』をはじめ所持品の書物のほとんど全てに『看読不許』のハンコをおされてしまった」（「私の読書遍歴」『全集』一七巻）。

そこで「所持の書物で残ったのは、外国語の字引のほかはフランス語の文典と、モリエールの戯曲やドーデーの文集など、わずか数冊だけになった。おかげで私はフランス語の文典を読むと、いきなりモリエールの喜劇を読んでいた」。

フランス語にいどんだのは、大杉を意識してのことだったらしい。当時、サンジカリズムの文献はフランス語以外にはほとんどなく、幸徳よりも、仏文文献を読みこんでいた大杉の方が、アナルコ・サンジカリズムにかんしては「先輩であり、且つその思想も早く熟していた」（東調布署手記）と感じていたからである。

山川の隣の房は堺だった。「山川君は獄中生活の先輩とし

て、寒さを防ぐ方法について、いろいろわたしに教えてくれた。ふとんをはすかいに、さざえのような形にまいて、そのしりを手ぬぐいで縛り、そして巧みにその中にもぐり込む法などは、けだし最も有益であった。……飯に砂が多くて、どうにもかめないで困った時、山川君が名案を授けてくれた。すなわちまず飯にタップリ湯をかけて、はしでよく交ぜると、砂はみな底に沈んでしまう、と言うのであった。なるほど知恵者は違ったものだと思った」（「山川均君についての話」）。

　一九一〇年の「初夏のある日、浴場への途中で大杉が『おい、幸徳がやられた』とささやいた」。獄中の山川に伝わった大逆事件の第一報だった。五月二五日の宮下太吉からはじまり、六月一日の幸徳にいたるまで、大逆事件の検挙がつづいた。わずか半年後の一二月二五日に死刑が求刑され、翌一月一八日に二四人に死刑判決（内一二人は一九日に無期懲役に減刑）、そして二四日には幸徳ほか一二名が処刑される。山川や堺たちは獄中にあったため、「陰謀」への関与をでっち上げられることなく、命びろいした。しかし大杉からささやかれたとき「もし幸徳がやられたとすれば、当然に筆禍事件か、さもなくば講演会でも開いて治安警察法でやられたか？誰の頭にも、このくらいのことしか浮んでこなかった」。入獄中の者にとっては想像もつかなかった。山川たちが真相を知って愕然とするのは、出獄のときだった。

　山川は獄中で一人沈思黙考し、わがことを反省した。何しろ二〇～三〇代の一〇年間で短いのをふくめて四回、計六年間を獄中ですごしたのである。いろいろ考えたことであろう。

「吾々の運動が、労働階級とどんなつながりがあるというのだろう。なんにもなかった。後ろを振りかえって見て、吾々の運動には、いったい何人の労働者がつづいて来ていたろうか。なんにもなかった。」「そして私の達した結論は、もういちど出発点にかえって、出直すことだった。それには東京いがいの、どこか社会主義運動の処女地にいって、再出発をするほかなかった」。

『自伝』では自省の心境をこのように述べている。「東調布署手記」でもほぼ同じことをしたためている。獄中手記なので殊勝さが強調されたのかもしれないが、もう少し直截である。

「この運動を続づけることによって果して社会主義の社会が実現すると考へられるだろうか。……この入獄そのものからして一体何の為めで何の意味があるのだろうか、私は斯く考へて、そのために老いたる両親や私を愛する同胞に苦痛を與へることを正当化するような理由が全くなくなって来ることを感じたのです。で私が千葉監獄を出た時は、一刻も早く両親や姉たちを慰めたいといふ気持で一杯だったのです」。

「個人的には尊敬すべき優れた人がありましたが、全体的に見ると、社会主義運動は私がそうあるべきものだと信じてゐたような、優ぐれた知識や才幹を集めたものではなくて、何だか世の中の落伍者を集めてゐるかのごとくに見へたのです。また私の性癖は、当時の運動の雰囲気とはソリが合ひませんでした。私は自分をこの環境に順応させてゆくことに非常な困難と苦痛を感じました」。

一九一〇年九月八日、山川は二年の刑期を終えて千葉監獄の門を出た。所持金は二年の労役の工賃、わずか二〇円弱だった。門を出ると、守田有秋、堺為子（堺利彦は別の刑が加算されまだ釈放されなかった）、そして「予期しなかった大須賀」が待っていた。

[12] 大須賀里子と「仰臥」の記

すこしさかのぼるが、大須賀里子について述べなければならない。

大須賀と若き山川を知るためには、山川の非公開手記「仰臥」が欠かせない。「仰臥」は山川家の門外不出の記録として保管してこられたものだが、孫の山川しげみさんのご好意で閲覧させていただいた。

圧巻の手記だ。四百字詰め原稿用紙一五五枚にビッシリと小さな字で記されて、一五万字はあろう。その大部分は一二年一一月二日発病から一三年五月二七日病没にかけての里子の看病の記録である。病床での会話、病状から人事不詳時のウワ言にいたるまで、山川が枕頭で雑記帳や反古にメモしたものを、没後半年ほどかけて整理し清書したものだ。里子とのなれそめや経歴も付してある。息の詰るような長編ドキュメントである。「危篤」、「銀杏の木」、「晴れ間」、「狂乱」、「回春」、「一撃」、「不起」、「スイートピー」と、病状の変化に合わせた見出しもつけられている。

山川は里子が逝ったあと、一四年と一五年に鹿児島の浜田仁左衛門宅をおとずれるが、その際、「仰臥」を持参し、浜田夫人・亀鶴にあずけた（前掲松永明敏論文）。官憲の押収や親族の眼にふれる恐れのない、日本の果てのもっとも信頼する旧友の夫人にあずけたのはなぜか、山川は語っていない。ともかく「仰臥」は四五年もの間、浜田家に保管された。そして山川が没して一年後の五九年三月に菊栄が鹿児島に浜田宅をおとずれた際、亀鶴夫人からゆずられて持ち帰り山川家に保管された（鈴木裕子『山川菊栄・人と思想　戦後篇』）。

以下、『自伝』と「仰臥」によって、山川と大須賀の関係を追っていこう。引用明記なきは「仰臥」からである。

大須賀里子は一八八一年九月四日に、三河郡藤川村（愛知県岡崎市）に生まれ、一〇歳で上京。郵船会社役員の知人について渡米し、帰国後青山女子学院を経て日本女子医学校に

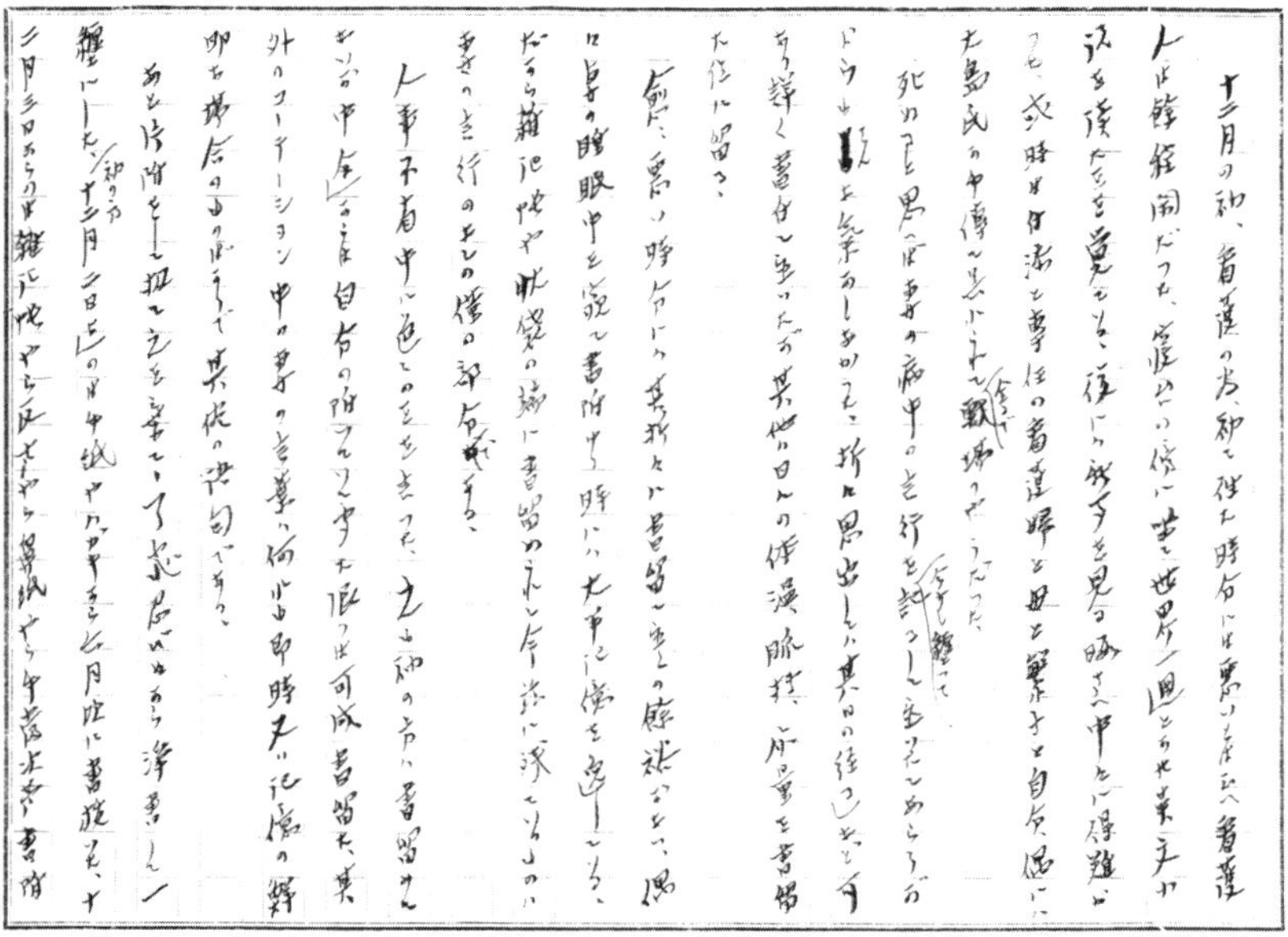

1913年秋　手記「仰臥」冒頭

まなんだ。

里子の甥・大須賀健治の岡崎中学の親友が、小説家になる尾崎士郎だった。そういう縁で尾崎は売文社に出入りするようになる。「もし山川氏がいなかったら、売文社へは行かなかったろうと思う。私は山川氏の好意で毎日、売文社へ通い、大逆事件についての文献をあさっていた」（尾崎士郎「山カン横町の頃」）。

里子は女子医在学中に金曜講演会に参加し、神川松子（赤旗事件でともに検挙される）や山川と知りあった。「仰臥」にはこう記されている。〇七年秋、「予はこの頃女史を金曜社サークルの一人として初て見た。当時の女史は……医者になれば支那に往て開業する、なれねば米国に渡て百姓をするなどと、よく話していた」。〇八年五月になると、山川は里子とその学友二人で、柏木に「一家を借り、枯川君の所謂女護が島を作ったが、其の中旬、大阪平民新聞の裁判事件で予は女史に女護が島の解散を託して応援の為下阪した。六月の初、女史は二学友と同じ柏木に寓居され、予も大阪から帰京して近隣に下宿した。この頃女史等……受験の準備に忙殺されていた」。

この「女護が島」が舞台だったかも知れぬが、「親友同士だったさと子と松子はこの若き日の山川の魅力にともにひかれ、『確執』になやんだらしい。結局、均と結婚したのはさ

1907 年　大須賀里子と山川が写っている唯一現存と思われる写真。後列左から山川、守田有秋、森近運平、堺利彦。中列左から二人目堺ため、子供は堺真柄、その右が大須賀里子、一人おいて神川松子

と子で、松子は失意と傷心のあまりいったん郷里の広島に帰った」（鈴木裕子『全集』月報16）。

さて『自伝』では、結婚したのは「五月末」とされているが、さきに紹介したハガキでは「四月二八日」に結婚したようにも読める。一方「仰臥」ではいつ結婚したとも記していない。学友と同居したり、受験（医師の試験と思われる）準備に忙殺されたり、山川も下阪したりしているうちに赤旗事件で六月二六日には二人そろって御用となるのだから、逢瀬すらままならなかったのではないだろうか。

赤旗事件では、女性は菅野や神川はすぐ釈放されたが、里子だけ留置され、懲役一年・執行猶予五年の刑で一一月なかばにやっと釈放された。「仰臥」によれば山川は、当局の取りしらべの心構えとして「事他人に及ぶことは供述するなかれと注意した。女史は文字通りに此忠言を守った為に少なからず法官の心証を害したのである」。釈放後、里子にたいする「警察の干渉は俄に悪辣を加え来たって、医学研究の途が塞がったので、女史は宿志を一擲し……写真術を修めたが、間もなく之も圧迫された」。

この間二年ものながきにわたって、里子は一人だった。

山川の刑が確定して千葉監獄に収監されてからは「大須賀が必ず面会に来た。……しかし出獄の二月くらい前になり、こんどは出てからの打合せをしようと思っている矢さき、大須賀から、近来身体の具合が悪いので、しばらく郷里に帰って静養するという手紙が来た。しかしたいしたこともあるまいと思い、べつだん気にもとめなかった」（『自伝』）。だから、出獄時に出迎えられるとは「予期しなかった」のである。

そして出獄した夜「私は大須賀から、まったく意外な告白

を聞いた。そしてはじめて二カ月前、彼女が身体の異常のために郷里に帰った理由がわかった。そしてこの瞬間に何よりも私の恐れたことは、彼女の一身に不詳のことが起こりはしないかということだった。私はなんとしても、そういう出来事から彼女を守ることが、人としての私の道だと考えた。私は、彼女の行為についてはこれ以上を聞かないこと、彼女の行為を無条件でゆるすことを約束した。そして決意をひるがえして一刻もはやく郷里に帰ることに同意させた。彼女の名誉を守るために、また彼女の安全を守るために、それは必要なことだったから。あくる日、私は東京を立った。そして彼女の郷里への途中まで見送って、打合せておいた親戚に彼女を引渡し、私は再び西下の列車に乗った」（同）。

こうして山川は倉敷に帰り、宇野でふたたび薬屋を開いた。

「宇野に定住することにきまってみると、第一に問題となったのは、大須賀を呼び迎えるかどうかということだった。私はいくぶん判断に迷った。私の頭の片隅には、私には彼女を呼び迎える義務はないという感情があった。その上、彼女を呼びよせることが、私にとっても彼女にとっても不幸にならないだろうかという懸念もあった。と同時に、そういう感情を殺して行動することが正しいのだという、いわば人道主義的な感情があった。私はけっきょく、この後の方の感情に従った」（同）。一九一〇年一二月のことである。

なぜか、この里子の告白と、宇野に呼びむかえた経過については「仰臥」には触れられていない。

なお、岡崎市図書館のブログ・「郷土コレクション」では、山川と大須賀の「正式の婚姻届は明治四四年五月に出される」となっている。戸籍を調べたのであろうが、これが事実とすれば前に紹介した〇八年四月二八日の「結婚通知」のときはまだ入籍していなかったことになる。山川は「人道主義的な感情」によって、呼びよせるだけでなく正式に入籍したとも考えられる。

一年たった一二年「十一月初旬のある日のこと、大須賀のはげしい腹痛のため医者を迎えたが病名はわからなかった」。岡山市の病院に入院させたが「病勢は悪化する一方で、まもなく尿毒症をおこして両眼は全く失明し、その月の末には……もはや絶望と見られていた。ところが奇蹟的にこの危機を乗り越えて……室内を歩くていどになったが、……病勢は一進一退のうちに五月に入ると、日増しに悪くなった。……五月二十七日、夕方から急に苦痛を訴えなくなり、恍惚として楽しい夢をみているかのようだった。遠方の空が明るく金色に見えると語りつつ息を引き取った」。これは『自伝』での里子の病気の経過の要点だが、たんたんと記している。しかしこの半年間というもの、山川はほとんどつきそい、身辺の世話からウワ言にも一つ一つ返事をするなど、献身的に看護したのである。「仰臥」から、その一端を紹介しよう。

一二月二〇日、里子が危篤状態になり「アナタ、私はドウも今夜一晩が越しかねると思います」などという。山川は「僕は今迄アナタを色々苦しめたり泣かせたりした。僕は之に対して心からあやまるから許して呉れるだらうね、同時に僕に対してアナタの犯した過失は今日既に毫も心に留め居らぬから」と応じ、里子は「『許して下さいますね』」と寂しく笑ふ」。山川は「昔の事を覚えているかね、戸山の原の事など」と問うと「覚えてますとも、私はいつもあの時分の事を想出してモ一度あの時分になりたいと思ていますわ……アナタあの時分の私と思て下さいませうね……」と応える。「戸山の原」とは同棲した柏木のそばの戸山が原をさす。

年が明け一三年一月三一日、「冬瓜が利尿の効ある」と聞き、「直ぐ大風大雨を冒してあちこちと捜したが見当たらない。……朝、眼が醒めると冬瓜はと尋ねるから、例の店へ出掛けて見たがまだ来ていないので、妻は非常に萎れて了ふ。……午后から、自分は岡山中の八百屋を残らず尋ねる決意で出掛けると幸いに橋本町のとある果物やに二つ売れ残っていたので、鬼の首を取る心地に提げて帰える」。

二月一日、「自分も昨夜の不眠で労れているが眠られぬ。今日は朝からヒシヒシ哀傷の感が胸に充ち、病人の衰へた寝顔を見ると唯モウ可哀相になって涙が止め度もなく流れる」。

二月六日は、ふたたび重篤となったが、里子は「僅かに左の手を揺らして予の咽に触れ接吻を求む〇（判読不能）意を示す、予等は三度永訣の接吻をなす」。新派の舞台もかくやである。

ところで『自伝』では、里子の看病にあたって姉の次とはげしく対立したことがふれられている。大須賀の「実母がしげさんという十七歳になる大須賀のメイをつれて看護に来ていたが、病気が永びくので、母はしげさんを残して帰郷した。ちょうどそのころ、次姉が突然宇野にやってきて、しげさんが身内の少年を誘惑するらしいので、林家でひどく心配しているからすぐにも郷里へ帰せということだった。私は……命旦夕に迫っている病人から、あれほど力にしている人を取り去ることはできないと断ると、姉は憤然として、両親も私自身もこれほど林家のやっかいになりながら、その迷惑をかえりみないとは、なんという恩知らずかという、おそろしいけんまくだった。……私は頑強に断った。こうして別れてから、二年のあいだ、どちらからも音信をしなかった。……私が姉弟のあいだで仲たがいしたのは、これが最初で最後だった」。「身内の少年」とは林源十郎の子・林桂二郎、「次姉」とは姉・次である。

『自伝』では、山川がなぜ絶縁までして姉に怒ったのかはわかりづらい。「仰臥」を読むと納得する。

『仰臥』ではこのしげ子の件について、四月一四日から二六日にかけて「一撃」という見出しを付して記述している。この前の時期（二月六日から四月一三日まで）の記述が「回春」と題されていたように、病状が奇跡的に好転し、一時は歩けるようにすらなっていた。里子は三河の実家からよこしたしげ子を、身内の気安さもあってとても気に入って頼りにしていた。また山川も信用していて、里子の山川への口述筆記の手紙もしげ子が代筆していた。そのしげ子を里子からひきはなすのは、生木を裂くようなもので、心身ともに里子にとっては致命的な「一撃」となったのだ。里子はとても落込み、四月の下旬からまた病状が悪化してしまった。だから山川は、姉のおこない（父・清平も同調した）に我慢ならなかったのである。

ちょうどそのころ、林家に嫁いでいた山川の長姉・浦は病に伏せていた。父・清平と次は、林家の体面と、心労で浦の病状がはかばかしくないことを、しげ子排斥の理屈として強くせまってきた。だが山川は、しげ子と桂二郎の件は「風評」にすぎぬとし、逆に「姉や父には是丈の事が何うして分からぬ……人間の近親者に対する愛情などと云ふ者は動物の本能と全るで同じものだ。幾ら云っても解らぬなら氷で頭を冷やせと云ってやった。姉や父は自分を理解しない代りに誤解して呉れた。自分は彼等としては妻に偏し姉の大事を軽するものと取った」。父と姉はなお「予の数次の入獄」など「心配をかけておきながら、妻の愛にひかされて其の姉を見殺しにするか」、「里が今月入院して遺憾なき加療を受けつゝあるのも其の（林家の―引用者）お蔭ではなきか」とせまった。山川はこう記している。「成程事実である、お蔭である、義理である、併し乍ら義理があるからとて何んな不条理でもすると云ふ訳には行かぬ。一体二人の間に万一さる事実があったとしたら二人のうちの何ちらが責任者で何ちらが岡山から追放を受く可きものか……自分の頭は答弁に窮する」。

実際は山川は、しげ子を三河に帰すのではなく、宇野の自分の写真屋に置き、そこから病院にときおり呼ぶという妥協策をとった。そしてしげ子は臨終にもたちあうことができたのである。

山川は、姉と絶縁をしてまで「条理」にしたがった。だからといって林家、とくに義兄・源十郎の恩を忘れたのではない。『自伝』にはこう記している。

「薬店を開いていらい、……売り上げの金はほとんど全部を生活のために使ったから、義兄の店への支払いはできないで、これが負債になっていた。その後かなり順調になっていたところで、大須賀の発病でまた逆転した。……義兄の店への払い込みは全く停めて入院料にまわす必要があった。これが半年以上つづいたので、つもりつもって私にとってはバク大な額が負債になった」。

「仰臥」の終りは里子の回想にあてられている。

「女史は予の出逢った人の中で最も正直な人であった。……予は女史に於て偽らざる赤子の如き天真の人を見た。……女史に不具な所があれば、それは確に人を疑ふ能力が、人並の発育をして居なかったことであらう。赤子の心が大人の心から擁護せられて居ればこそ、円どかに赤子の心として保たれるが、一度び実世間の大人の人情に翻弄せられれば直ぐ其弱味を見せる事は止むを得ぬ……女史の此美徳は女史を幾多の過誤に陥入れていると思ふ」。入獄中の不祥事も念頭にあっただろう。

最後はこうしめくくられている。

「女史は予の生涯中恐らく最もデプレッスされた時期の間、予の誠実な唯一の慰藉者であって、三年の間予の為に家庭の犠牲となり、七ヵ月の間仰臥して恐る可き病苦と戦ひ、遂に大正二年五月二十七日の夕方、稀有の難病の為に斃れた」。

里子の墓は故郷・藤川村の徳昌寺にある。

大須賀と死別してから三年半後の一六年一一月三日、山川は青山菊栄と結婚する。

山川は菊栄に大須賀との件をどう語ったのか。菊栄は一回だけ文章で公にしている。「四十年の同志　山川均の死」（『婦人公論』一九五八年五月号）である。

それによれば山川は菊栄に二回話している。

最初は結婚前のことで、山川が（大須賀とは）「実に不幸な結婚でした。だから僕は二度と結婚はすまいと思ったぐらいでした」と言うので、菊栄がそのわけを質すと「それはここで簡単に話す気になれないほど厳粛なことなんです。いつか話すこともあると思うけれども、実に不思議で不幸だったんです」とこたえた。菊栄は「あまりに深刻で沈痛な彼の顔色に胸をうたれて、それ以上きくことをやめた」。

次は「結婚してまもなく……彼は自分からその話をしはじめた」。菊栄によればこうだ。

「そのころの僕は運動一本槍で、かぞえ年二十九になっても、まだ女性に近づいたことがなく、恋愛とか結婚とか紙の上では論じていても、抽象論、観念論で何ら現実的な経験はなかった。が、あまり熱烈に愛された結果、自然それをうけいれることになって……大須賀と結婚しました。とはいっても、両親や国もとの親戚の承認は得られないままの……同居生活でした。……（おやじや二人の姉は）絶対に不承認を唱えてきて、未解決のうちに赤旗事件で僕はやられました。……（千葉監獄から）やっと出てくると大須賀は妊娠している。相手の男は逃げてよりつかないままで。出獄第一日目にこの事実を知った僕は溺れかかった者がやっと水の上へ頭を出した瞬間、大きな石か丸太でドカンとたたきつけられて、も一度水の中におしこまれたような気持だった。荒畑君の場合のようなら問題はない。裏ぎった女ははなれてしまったのだからサッパリしている。僕の場合はどうしても別れないという。しがみついてはなれないのだから弱った。結局そんな身体で行き場のない大須賀を救うために、僕は一切を許すといわざるをえなかった」。

そして宇野で薬局を開き「そこへ両親をつれてきたものの、女手がなくては困るので、こんどは親も否応なしに承認した形で大須賀を呼んだ。大須賀は郷里でお産をしたが、子供は死んだということだった。そこでの二年間の同棲は地獄といっていいくらい、僕の一生で一番暗い絶望的な時代だった。……家庭であって家庭でなく、夫婦であって夫婦でない、不自然極まる生活で、実に陰惨きわまる日を送っていた。大須賀としては過ちをつぐなう気か、精いっぱい両親にも仕え、僕にも気に入られようとしてつとめた気持は分かるが、それとこれとは別問題で、もともと僕の方で積極的に愛した女ではなく、何としてもわだかまりは消えなかった。あの時、僕が自然の感情に従って分かれさえすれば問題はなかったのに、泣きつかれてつい心にもない処置をとったのが失敗で、おたがいに深い溝におちこんだような暗い不幸な生活の中でもがきぬいた」。

「死なれてみると、ただ一人の人間が死んだという気がしただけで、自分の妻が死んだという特別の感情は少しも起こらなかった。あのまま、ああいう生活を続けていてはこっちもたまらなかったが、大須賀の方でもやりきれなかったろう。……とにかく僕は大須賀の死によって解放され、再び広い世界へ浮び出る機会を得たわけです…」。

菊栄も「あまり愉快な話題ではなかったから、このときり、私たちの間で彼の最初の結婚の話にふれたことはなかた」と述べている。均と菊栄の公けの回想には、均による菊栄への配慮と、菊栄の思いが、反映していると考えられる。

ただこの菊栄の回想は、浜田亀鶴から「仰臥」を渡される一年ほど前に執筆されたものである。菊栄がこれを読んでどう受けとめたかはわからない。ただ、菊栄の意思もあってか、「仰臥」は門外不出とされてきたことは事実である。

なお、ここで「荒畑君の場合」としているのは、幸徳秋水が、荒畑が獄中にある間に、荒畑の内縁の妻だった菅野須賀子とできてしまった一件をさす。菅野は、山川・大須賀のペア同様、荒畑とともに赤旗事件で検束された。そしてやはり大須賀と同じく、執行猶予で保釈されたが、病気と困窮のなかで幸徳の世話を受け、荒畑を獄中において結婚してしまった。煩悶の末、荒畑はピストルを懐に、両人が滞在しているいると思った湯河原温泉に襲おうとしたこともある。里子は菅野とは正に逆の女性だった。

［13］　宇野の薬屋と鹿児島の山羊牧場

話は一九一〇年九月八日、千葉監獄出獄の日までもどる。山川にとってはその日は気の重い日だった。まず門前で聞いたのは、同じ赤旗事件で入獄していた森岡永治が、出獄後満州に渡って自殺したこと。次は守田有秋から、たいしたことはあるまいと思っていた大逆事件が重大事件であると聞かされたこと。その上、大須賀里子から告白を受けたわけだ。

山川は一刻も早く両親を安心させたい思いもあって、倉敷に帰省した。そして手も足もでない閉塞状況のなかで、ともかく義兄の勧めで、宇野で薬屋・「山川薬店」を開業した。

九月二〇日、「家財道具と共に、年老いた両親を一艘の和船に積み、私の郷里から瀬戸内海に通ずる運河を下って、目的の地カナンに出達した。イスラエル族と同じように、私にも―土地の選定から家の借入れにいたるまで一切合財の膳立てをしてもらったので―この安住の土地は全く見たことも聴いたこともない初めての土地だった」（前掲「転向常習者の手記」）。

薬屋はけっこう繁盛した、趣味ではじめた写真屋が、村人から依頼があいつぎ、いつの間にか副業になった。「転向常習者の手記」にはこうある。山川が撮影した小学校の卒業写真をみて「顔が黒いとか、髪の毛が白く写ったとかいって、小学校の先生などからも散々油を絞られた」。「出っ張った頬骨なんか、原版で一ミリも二ミリも削り取ってあるのだが……田舎の人は……自分の容貌風采への自信が強かった」ので「どんな批判をでもうっかり吹き出すなどという失礼をしないで傾聴していられるように私が訓練されたのは、このころの小学校の先生たちの教育的任務にも、幾らかは負うところがあるだろうと思う」。

三〇歳代初にして五〇歳分くらいの苦労をかさねた山川が、対人関係では老成の域に練りあげられていく。また『自伝』では急に出現した異星人のような存在にたいする村人の警戒心を解くため、義太夫の師匠に弟子入りしたことも語られている。「義太夫はもちろん物にはならなかったが、たしかに成功はした。なあんだ、薬屋の主人も、あれなら十人並みの馬鹿者じゃないか。のけ者にするにはあたらない、というので、築港の人たちは、すっかり私を見直してくれた」。

薬屋の看板がものをいい、医者に見放されたような村人がよく相談に来た。村の若い医者が「子供の滋養浣腸の分量」について相談にとびこんできたこともあった。

いかにものんびりした記述だが、繁盛した店の売り上げもすべて大須賀の療養費につぎこみ、大須賀との生活と看護は心身ともにつらいものだったのは見たとおりである。

しかし、相変わらず勉強をした。千葉監獄時代に手をつけたフランス語である。フランスの出版社のカタログなどで、「社会思想、社会主義運動、労働組合運動に関した書物は、小さなパンフレットに至るまで買い集めた。……この時期にフランスの書物を通じて受けたサンジカリズムの影響は、私のその後の社会主義思想に大きな意義をもつものだった」。

山川とサンディカリズムについてはあとにくわしく触れるが、「東調布署手記」では宇野時代についてつぎのように回想している。

「私がサンジカリズムから受けた主要な影響は何かと云へば、労働組合の機能を高く評価することでした。一体サンジカリズムの本場たるフランスでは、マルクス派社会主義者の政党の指導とその影響力の浸透に対する労働組合側の抗争の中から此の理論が生れたものでありましたからその中には社会主義の政治主義に対する正当以上の反発を含んでをりました。そして私は或る程度までそういう点でもサンジカリズムの影響を蒙ってをりました。例へば政治運動に対する反対の理論といふよりも私の反対の感情のごときがそれでした。しかしそういふサンジカリズムの影響が清算された後までも労働組合の意義を高く評価することだけは、私の社会主義思想の一つの特色として残ったのであります」。

山川は宇野に在っても「新聞」をつうじて「政治の動きには注意をおこたらなかった」。桂—西園寺のいわゆる「桂園内閣」の複雑な交替劇のなかで山川が気づいたのは、ブルジョアジーが政治の力をにぎりつつあることだった。とりわけ一三年の、財界が推進力となった第一次憲政擁護運動「のなかから何が生まれるか、私は大きな期待をかけていた」。けれども藩閥と財界が妥協した山本内閣におちついてしまったことで、「もはやブルジョアジーの手で民主政治が実現される望みはないというふうに、私を考えさせるようになった」。こういう洞察も、サンジカリズムの影響とならび、再度筆をとって活躍する山川の諸論稿に色濃く陰をおとす。

政治の変動によって「はやくも私は、シリのむずむずするのを感じはじめた。もうぼつぼつこの生活を切り上げなければならない時がきた—私はそう考えたが、……どこにいって何をするか、具体的にはきまっていなかった」。五月に大須賀の看病から解放されたことも転機だった。

こうして山川は、膠着した生活に大きな刺激となる旅行を久しぶりにする。一九一四年一月に、桜島の大爆発で被災を懸念された浜田の見舞いにでかけたのである。途中の車窓からみえた八幡製鉄所の巨大な煙突は、山川をとても刺激した。労働者街の只中に沈潜してみたいという思いに駆られた。そして鹿児島で浜田夫妻と八年ぶりに出あったとき、彼らも山川の願いにおおいに共鳴し、援助を申しでてくれた。宇野に帰った山川は、北九州で印刷屋を開こうと、印刷工の同志をさがしたりしたが、見つからなかった。大須賀里子の治療費で金もなくなっていた。

そうこうしているうち、一五年二月に浜田夫人が倉敷にたちより、「福岡市に五十頭ばかりの山羊を格安に譲りたい人がある。乳屋をやってはどうか」ともちかけた。山川は「私をいまの生活から首尾よくおびき出してくれるものでさえあれば、山羊だろうが牛だろうが、どうでもよかった」。そして源十郎の賛成も得て店をたたみ、二月二七日には四年二カ月の宇野を離れ福岡にむけ旅立った。思いたったときの山川の決断の速さは身についてきた。

東京では堺が一四年一月から月刊のタブロイド版小新聞「へちまの花」を発刊していた。それに山川がはじめて登場するのは第一五号（一五年四月一日）である。「ヤッと僕も穴の中から這い出してこゝまで落ちてきた」と、宇野から福岡までたどりついたことを報告した手紙だった。多くの人が、この便りで四年ぶりに山川の消息を知ったと思われる。

しかし福岡では、当局の妨害で、土地や家を借りようとしてもことごとくことわられた。五十頭の山羊を連れてどうにもならず、とうとう浜田のつてで鹿児島にくだることにした。五月はじめだった。「へちまの花」一六号（五月一日）には、やはり堺宛の手紙で「花は霧島、莨は国分……」といった呑気な調子で鹿児島着が報じられている。

一時国分の浜田家の納屋に仮寓。そして国分から鹿児島に移り山羊牧場を開設し、毎朝二時に起きて、二人の青年を使って乳を搾ったが、山羊乳はものにならなかった。

「転向常習者の手記」にいう。「南九州の気候も、とくに私の住まっていた地点の風光も私は好きだった。もしこの地方の人が、もっと焼酎を節約し、そして私にもっと語学の才能があったなら、も少し居心地がよかったろうと思う……なにしろ朝起きるとお茶の代りに何プロかに希釈した焼酎だからたまらない。私の知人の家に飼っていた鶉……にしても、ショッチウクレッ、ショッチウクレッと啼くように聞こえた」。鹿児島弁はドイツ語なみに難解で、そのうえ山川はアルコールは受けつけなかった。

山羊に見きりをつけたものの「鹿児島湾に放り込む」わけにもゆかず、処置にこまっているとき、「七月に堺さんから『新社会』創刊の知らせを受けた。これは私の心を動かした。……運動のためにいくらかの抜け道のあるのは、やはり東京だということになる。……私は、ともかく東京にいって様子を見ることにした」。

ここにいう『新社会』創刊とは、月刊の小新聞「へちまの花」を改題し、A5版の月刊誌として九月一日に創刊することをさす。山川は七月なかばに上京し、堺と七年ぶりに再会し、鹿児島への帰路に倉敷にたちより父母と二週間ほど暮ら

1915年春　山川の飼育らしき山羊（鹿児島）

し、八月六日に鹿児島にたった。そのときは父母にも義兄にも、東京行きのことは話さなかった。

鹿児島には浜田の世話で、山羊の始末などにてまどり一二月まで滞在した。その間、山川は執筆活動を再開している。『新社会』創刊号には政府をひやかした小文、同一〇月号、一一月号、一二月号には堂々たる論評を寄せていた。それだけではない。大杉と荒畑が出していた『近代思想』の一〇月号、一一月号にも寄稿した。活動再開への意欲は燃えあがっていた。

一二月になると、ドイツに「二六新報」特派員として出国する旧友、守田有秋が別れのあいさつに立ちよった。一二月の暮れもおしつまったある日、山川は守田を長崎の埠頭まで送り、そのまま、正月を両親とむかえるために倉敷で途中下車し、東京にむかった。

この間、山川は浜田にはひとかたならぬ世話になった。この恩義を山川は忘れなかった。浜田は一九三一年八月二日に五四歳で没した。妻・亀鶴は墓碑を山川に依頼した。山川の筆になる墓碑にはこう刻まれている。「南九州農民運動ノ父、三十五年間ノ同志刎頸ノ友此の處ニ眠ル　山川均誌ス」。振作によれば「父が墓碑に書いた唯一のもの」という（前掲、松永論文）。

こうして東京にふたたび登場する心境を、山川はつぎのように述べている。

「この時期は私にとっては一つの重要な転換期となりました。私は東京の古巣に舞ひ戻ったのではありますが、社会運動に対する私の態度または心構えといふものが、この時期の前と後では全く変って来たのです。また性格的にも、感動し易い、外部に動かされ易い、感激的熱情的だった私が、この頃からよほど冷静となり、批判的となったように思はれます」（東調布署手記）。

山川が東京を離れていた間、赤旗事件、大逆事件以降の「冬の時代」、獄中の者の家族は極貧の内に必死で生きのびねばならなかった。堺夫人の為は昼は髪結い、夜は弟の今川焼屋を手伝って当時六歳であった真柄（病没した先妻みちの子）を育て上げた。堺のように文化人としても一流であった家族ですらこうだから、他は推して知るべしである。

荒畑は、大逆事件への報復として夏に桂首相の暗殺をここころみ、ピストルを手に幾度かチャンスをうかがったが果たせず、しばし「放浪放蕩」の旅に出た。

堺は食うにこまった大杉や荒畑、それに高畠素之らをあつめ、文章代筆業たる「売文社」を、一二月の大晦日に開設した。新聞記事などの原稿つくり、英仏独露語の翻訳、意見書や広告案文立案・作成・添削、手紙の代筆などの営業であった。

堺は、一一年一月二四日の大逆事件の死刑執行から二カ月後、刑死者の遺族をたずねて西日本を歴訪して歩いた。幸徳亡き後、堺はただ一人の指導的な古参社会主義者となった。

第二話　飛躍

〔1〕売文社の番頭

一九一〇年から一五年にかけて、山川が宇野と鹿児島で六年近く蟄居していた間、時代は大きく動いていていた。

「冬の時代」のもとでも、労働運動は成長をつづけた。一二年八月には友愛会が創立された。鈴木文治の指導下で修養団体として出発したが、時がたつにつれ自主的労働組合の全国組織の実態をととのえていく。

もう一つは、大正デモクラシーの開始である。民衆は日露戦争や「日韓併合」などは支持しながらも、政府による増税＝軍備増強費用のおしつけにたいしては反発した。資本主義が発達してきたのに、議会は依然として国民のわずか二・五％の代表でしかなく、政権は藩閥と高額納税者代表だけで維持するという政治支配体制ではもたなくなってきた。新興ブルジョアジーが、旧藩閥支配勢力をおさえ政治への参加を拡大するには、小ブルジョアジーや農民層の動員が必要となった。インテリや、軍拡のための増税に苦しむ民衆、急速な工業化で強労働を強いられた労働者が、行動をおこす条件が大きくひろがった。

一二年末から一三年二月の桂内閣退陣にいたるまで、「閥族打破・憲政擁護」をかかげて展開された第一次憲政擁護運動は、制圧に軍隊まで出動した藩閥政治への反対運動だったが、薩摩藩閥の山本権兵衛内閣（一三年二月）が事態を収拾し、第一次大戦の勃発を契機にしばしの反動時代にはいった。

一方、第一次護憲運動の腰砕けを目の当たりにした堺利彦、大杉栄、荒畑寒村らは、これらのブルジョア民主主義の動向にはあまり期待せず、マルクス主義やアナルコ・サンジカリズムの道を切り開こうとした。堺は大逆事件犠牲者の家族の弔問旅行や後始末をしつつ、失意のなかでバラバラになった若い活動家たちの仕事をつくり、よりどころとすべく、一九一〇年末に「売文社」を設立していた。荒畑、大杉、吉川守圀、高畠素之、橋浦時雄らがあつまった。

当時の堺の功績は、唯物史観の紹介である。堺は「唯物的歴史観」（『国民雑誌』一二年一月号）で、マルクスの『経済学批判序説』の抄訳と『共産党宣言』のエンゲルス序の抄訳を紹介した。さらに一六年一〜一二月にかけて『新仏教』にカウツキーの『倫理と唯物史観』（連載時の表題は「社会主義倫理学」）を訳載した。唯物史観についての入門書として単行本化され、版をかさねていく。幸徳亡きあと、堺はほとんどの活動家から慕われる存在となった。そして「温和派、マルクス派、直接行動派」と諸傾向を腑分けしつつ、みずからを「マルクス派」と規定してまとめ役をはたそうとした。

一方、「直接行動派」の大杉栄は、荒畑とともに文芸雑誌『近代思想』を発刊し（一二年一〇月）、「サンディカリズム研究会」を組織した（一三年七月）。堺も、一四年一月に四ページだてのリーフレット『へちまの花』を「売文社」から刊行した。そして「小さき旗あげ」と称して一五年九月に『へちまの花』を『新社会』と改題し、社会主義の立場をうちだした月刊誌とした。あわせて時事問題への論評、政治的主張ができるように新聞紙法の適用雑誌に変更したのである。

一方、世界も大きく動いていた。一四年八月、ドイツ社会民主党の戦時公債への賛成を機に、第二インターナショナルの帝国主義戦争反対の誓いは反古となり、レーニンやローザ・ルクセンブルグ、カール・リープクネヒトなどをのぞき、大多数の指導部は「挙国一致」に飲みこまれていった。「冬の時代」から脱しえていなかった日本の社会主義者にたいして、『新社会』が唯一、第二インターの崩壊の事実と歴史的な意味を報じつづけた。創刊号の巻頭では、堺が「欧州社会党内の対立」を論じ、反戦派への共感を示した。

小さき旗上げにすい寄せられるように、山川は一六年一月二五日に鹿児島を発ち、倉敷をへて東京につき、赤坂溜池の堺宅にあった売文社のそばに下宿し、売文社社員として通いはじめた。

「売文社」の仕事の内容は三つの分野にわかれていた。一つは「売文業」で、翻訳、恋文から会社広告にいたるまでの代筆など。二つは「浮世顧問」で、主に堺がひきうけた人生相談みたいなもの。三つは『新社会』の発行である。一応、社の経営は、堺、白柳秀湖、高畠の三名があたることになっていた。山川が入社したときは売文業も「開店休業のありさまで、まるきり仕事がなかったので、高畠君もたまにぶらりと遊びにくるくらいのものだった」。そして「仕事といえば、堺さんに代わって『新社会』の編集をやることだった」。

山川は行数計算など編集事務をしていたが、それだけでは食い扶持にも足らず、大杉の翻訳仕事を下請けにまわしてもらったり、堺の代筆をしたりして、稿料を稼いだ。

この代筆は『新公論』に連載した「男女関係の過去・現在・未来」（『全集』一巻）のことで、モルガン『古代社会』、エンゲルス『家族・私有財産・国家の起源』、ベーベル『婦人論』の要約である。「私の知るかぎりでは、堺さんが他人の代作に署名したのはこれが唯一のもの」という。もっともこの代作も「その筋からきつい警告を受け」、第一回だけで『新公論』から解約されてしまった。

売文業を再開しようと、事務所を京橋南鍋町に移し、堺、山川、高畠の三人は毎日出社した。仕事も舞いこんできて、

1916年夏　売文社前の山川（洋服）と堺（その右）

山川と高畠に四五円の月給が払えるようになった。さらに一七年六月には有楽町の二階建てに進出。経営も堺、山川、高畠の合名会社とした。「これで私も生まれてはじめて、そしてこれが最後だが、会社の理事という肩書きをもつえらい人に出世をした」。売文の得意先は飛躍的にひろがり、山川は、漱石、露伴、西鶴、紅葉、鴎外、ツルゲネフらの『美辞麗句集』（『自伝』では六冊とあるが一二冊でている）などを編纂し、「番頭役」で帳簿、金庫番、御用聞き、広告文案つくりなどで活躍した。

また、内藤民治の月刊雑誌『中外』への代筆原稿の「供給」も、山川の大事な仕事だった。内藤民治は以降も山川と親密な関係がつづく人物である。アメリカで新聞記者をつとめて帰国し、実業家の堤清六の援助を受け一七年一〇月に『中外』を発刊した。創刊号は公称三万部というから、すこし遅れて創刊された『改造』にもひけをとらなかったようだ。堺、山口孤剣、伊藤野枝らも寄稿した。二一年には廃刊され、内藤は二四年からロシアにわたり、トロツキーとも親しくなり、トロツキーがメキシコに亡命してからも日本に呼び寄せようとしたらしい。日ソ関係では民間外交の顔となる。

さて、『自伝』では、売文社における山川の役割は「番頭役」として例によって控えめにえがかれているが、堺はつぎのように述べている。「わたしは初めて『新社会』に彼を迎

えた時、『新社会』が初めて厳粛な『主筆』を得たと感じた。それでこそ、わたしは安んじて編集のワキ役が勤まるのであった。そのころのある夜、溜池の梅香亭かどこかで、わたしはその意味のことを微酔の山川に語った覚えがある」。「最古参であった高畠がやや不満であったことは自然のことだったろう。堺は山川を大事にしすぎると言うのだった」(前掲「大杉、荒畑、高畠、山川」)。

高畠は一八八六年前橋生まれ。山川より六歳年下。山川と同じ同志社を〇七年に退学し、堺の門をたたき、群馬で「東北評論」を発行して検挙・入獄。一一年九月ころ売文社に入社していた。大変な勉強家であることも山川といい勝負であった。

千葉監獄を出獄してすぐに帰郷してしまい、徹底的に実際運動を離れた山川にたいしては、「山川君という人は不思議な人で、何かこうと思い極めると断々呼として所信を敢行して、また他人の思惑などを顧慮しない。山川君が郷里に帰って満五年間の沈黙を守れる理由が何であったか、それは僕には分からぬ。然しいいにせよ悪いにせよ、一切の友人同志に消息を絶ってヂッと田舎にひきこもっているなどは並たいていの人間にはやれぬ姿である」(「山川均論」)と荒畑が嘆じたが、たしかに山川は、当時の「主義者」たちの中では異色の人物であった。六年ぶりに運動界に復帰し、たちまち頭角をあらわしたのだから、売文社では四年あまり先輩格の高畠など、複雑な気持でむかえた者もいたであろう。

しかし当の山川は一向に頓着しなかったらしい。十余年後に堺にあてた手紙(二八年一二月八日『全集』九巻)で、ある雑誌で山川と高畠が競いあっていたかのように報じられたことにたいし、つぎのように回想している。

「小生は売文社を全然飯のための仕事と考えていた、飯のための仕事となれば、ほんのついその頃まで、小生は自転車で御用聞きに廻って今日は御用はございませんかと云ってお辞儀の三つもし、薬局の看護婦さんから、何もありませんよと怒鳴られて何らの屈辱をも感じなかった程に自尊心の麻痺した人間だけに、未だ曽て売文社時代にも仕事の割り振りなんかに特別の意義をつけて考えたこともない。老兄の方で万一とくべつの御贔屓をもって引立てて下さっていたとせば、之は甚だ相済まぬ次第だが、曽て有難いとも何とも思っていなかった……」。

ここまで無頓着でいられたのは、内面の蓄積に裏付けられた余程の自信のあらわれといえよう。

[2]『新社会』で活躍

山川の六年間にわたる知的な蓄積は、『新社会』の論調をたちまちリードした。上京する数カ月前から『新社会』に寄稿した論文からして、東京を離れ蟄居していた者にしてはなかなかの観察力を示していた。『新社会』一九一五年一〇月号の「大戦の後」（『全集』一巻）は、つぎのようにいう。

第二インターナショナルの第七回大会（シュツットガルト大会、帝国主義戦争にたいして万国の社会党は一致して反対する決議をした）の「八年の後、実力試験すべき最初の大機会に逢着した欧州大戦の前に、一匹の死鼠の如くにして横たわったのを見て、無残を感ぜずにはいられない」。そこでインターナショナルは再建が課題となるが、それは、フランツ・メーリング、ローザ・ルクセンブルグの一派による「新たな基礎の上に第三のインタナショナルの再建」か、「従来の線の上」のそれかのいずれかになると見通す。「第三のインタナショナル」とは四年後に結成されるそれではなく、一五年九月に開催されたティンメルヴァルト左派会議のグループをさすと思われるが、最新の国際社会主義運動の動向を把握している。さらに「カウツキー派」の折衷的態度や、「ロシアの社会党が一貫して革命主義と階級闘争の原則を固執し」「万国主義のために一気焔を吐くもの」となっていることも付記している。しかしレーニンについては知らなかったようで、まだ登場しない。

また、「戦争の結果は国営事業を増加して、集産主義を実現する」という見方にたいし、それは集産主義ではなく「国家資本主義の一進展」にすぎないとも指摘していた。

しかし当時の山川の考えを示すのは、「第三のインタナショナル」の方向としては、「万国的運動が、各国における特殊なる政略上の必要から離れて、厳密に階級的、経済的の利益を代表するに至る」であろうと示唆したことである。『新社会』一一月号の「万国運動の復活」では、さらにつぎのように述べている。

「政権獲得を目的とする運動は……国民主義の軌道の上を、国民主義に向って進むべきものである。これに反して、労働者の経済的、階級的利害に立脚する運動は勢い万国的とならざるを得ない」。「万国運動が単純なる国民的経験の清算所、乗合馬車的決議の製作から、万国労働者階級の共同働作の組織となるかどうかは、新万国運動が、政治に立脚するか、階級的利害、経済的利害に立脚するかによって定まる」。「新万国運動」の中には「フランスのセンジカリスト、労働総同盟、アメリカの世界産業労働者同盟の如き思想が飛躍する」と「想像できる」。

あきらかにサンディカリズムの「第三インタナショナル」である。

山川のこのスタンスは、以降三年の間、レーニンとボルシェビキの理論の吸収や高畠素之との議論などを経て、しだいに修正されていくことは、あとで見よう。

なお、堺はすぐ山川に異をとなえた。「山川君は将来社会党の本流は必ず……センジカリズムの運動と接近するだろうと云う判断である。……然し僕一個としては、未だ容易に其の辺の考えを定める事ができぬ。……面白くないのはドイツ社会党ばかりではない。……センジカリズムの団体も矢張り同じことである」（『新社会』一五年一一月号）。この段階ではマルクス主義の正系の理解者は堺であった。

もう一つ上京前後で山川がその勉強の片鱗をみせたのは、日本史についてである。「歴史を見る目」（『新社会』一五年一二月号）、「大正維新観」（『近代思想』一六年一月号）、「農村問題の真相」（『新社会』一六年一月号　以上『全集』一巻）などの力作を発表している。いずれも「血族共産」社会から大化の改新、徳川時代、明治維新にいたるまで、農業を中心に日本史の唯物史観的解説をこころみたものである。いったい宇野で看病と薬屋商売をしながら、いつ勉強したのだろうと不思議に思う。

日本史研究への意欲は売文社に入ってさらに高まったらしい。「新社会」八号に『日本史研究会』の呼びかけが掲載されている。「大いに日本史を研究する必要は多年我々の間に語りあわされた問題であるが、不才と多忙のため今日まで着手の機会を得ずにいました。ところがいよいよ、少しづつなりともその研究に着手するつもりで、白柳秀湖、安成貞雄、高畠素之等諸君の助力を得て……第一回を売文社に開きます。……堺利彦、山川均」。第一回の売文社「日本史研究会」は一六年四月二三日に開催され、白柳、山崎今朝弥、山口孤剣、堺、山川が参加したと『新社会』で報じられている。

堺も毛利家史料編纂で維新史研究をてがけていた。そして唯物史観の紹介にも努めてきた。だから日本史を唯物史観の立場に立ってきわめる意欲を、山川同様に抱いていた。「数年前からわたしは『平民日本史』というようなものを書いてみたいと考えていた。すでに一度は山川均君と二人でその計画を立てかけたことさえもあった」（堺「維新史の新研究」『解放』一九年）。

山川は哲学も勉強し、「唯物論者の見たベルグゾン」（『新社会』一六年三月号）、「平民哲学」（『新社会』一六年四月号）、「宇宙と人間の心」（同一六年六月号　以上『全集』一巻）で、ディーツゲンなどを論じた。

なお、『新社会』一六年五月号から「輪井影一」ないし「Y・K」のペンネームを使用しはじめる。

［3］　青山菊栄と出会う

旺盛な執筆活動とならび、山川はさまざまな人間関係の輪の中心軸となっていく。

売文社には雑多な人種が出入りし、「社会主義者のクラブ」だった。その中でも「山川さんは時間どおりキチンと来て、談論風発にはおかまいなし、終業時間にはさっさと帰った。氏は病身で、むずかしい顔をしているときには発熱を我慢していたのだ。時には『山川君、本日ストマック・ゴー・ダウン』と黒板に戯れ書きしてあることもあった」（近藤憲二『一無政府主義者の回想』）。実際当時の山川は胃弱で肺炎をおこしやすく、病身をおして黙々と仕事をしていたらしい。平民社で、「奴隷の仕事」をこなして信頼されていたのと同じ姿である。

一六年には、社会主義者たちの公開の勉強会として、大杉が中心の「平民講演会」（サンディカリズム研究会）と、堺宅の「社会主義座談」の二つがあった。

前者は雑誌『近代思想』（第二次）に拠った活動家の集まりで、当初は荒畑が大杉の片腕として活躍していた。山川はこの『近代思想』にもよく寄稿し、上京してすぐ平民講演会の常連ともなった。しかし大杉と荒畑の人間関係はしだいにギクシャクしてきて、『近代思想』の同人会も解散し（一六年一月）、四月には平民講演会も解消した。感情的な問題もあったようで、同年一一月の大杉―神近市子の「日陰茶屋事件」で決定的となる。そして荒畑は山川に接近していく。大杉は堺にたいしても挑戦的態度をとることもあり、自ら孤立を求めるようであった。大杉との人間関係で神経をすり減らした荒畑にとって、個人主義の大杉より冷静な山川の方がおちつけたのだろう。インテリや少数尖鋭分子が中心のアナーキズムと、労働組合を重視するサンディカリズムに、実際運動に触れる中で、大杉と山川・荒畑は分化していくのである。

さて、上京後すぐに山川の人生の大半を決める人との出会いがあった。

一六年二月一〇日、上野観月亭で開催された平民講演会に出席した山川は、参加者とともに一網打尽に検束された。翌日には釈放されたが、この検束事件のおかげで、同時に警察にひっぱられた女性参加者を知った。

女性は青山（森田）菊栄（一八九〇年生まれ）。森田龍之介・千代の子として東京麹町に生まれた。祖父青山延寿は水戸の儒家。父龍之介の逝去にともない、青山家を継いで青山姓になった。女子英学塾―現在の津田塾大出の才媛。神近市子にさそわれて大杉のフランス語の講習会に参加してから、平民講演会にも顔を出すようになっていた。早くも『青踏』などに論文を発表し、『新社会』では「公娼問題」（一六年七月号）で登場、その後二回にわたり与謝野晶子と論争し注目をあつめはじめていた。

菊栄が留置所の前に並ばされていたとき、「私の隣にいた山川が、『あそこに入れて保護してくれるんですよ』と皮肉な微笑を浮かべて」教えてくれたのが最初の会話だったらしい。しっかり者でもはじめての検束の経験で心おだやかでない若き女性に、それとなく声をかけてあげるなど、山川もなかなかやるものである。その後、三月中旬の平民講演会で、菊栄は山川の「唯物史観の話」を聞き、「私の初めて聞いた社会主義理論で、聞き応えのあるものでした」と感銘した（山川菊栄『おんな二代の記』）。

五月に、山川は『新社会』の原稿依頼ではじめて麹町にあった菊栄の家をおとずれた。そのときの印象は「私の母があとで、『さっき来た人はどこかの番頭さんかい』ときいたくらい、堅気の、ヤボくさい田舎の番頭さんじみた感じだった」。そして九月には婚約と、スピーディーにことが運ぶ（「四十年の同志　山川均の死」）。

売文社で玄関番をしていた栗原光三（山川家の手伝いもし、終生一家と親しい関係。戦後湘南で小新聞社を興す）によれば「みんなかえってしまった夜になって、先生の引出しの中は、菊栄さんの手紙で一杯になっていて、ほかには何も入っていない。それも、頭の毛から足のつまさきまで愛しますという、いかにも唯物論者らしい立派なものである。……手紙の終りには、必ず『御火中下されたく』と書いてあるのに、先生は机の引出しに一杯しまっている。焼いてしまうには、惜しかったのであろう」（『全集』月報4）。

1916年9月　山川均と青山菊栄　婚約した際の記念写真　菊栄の母の希望で写したものという

結婚式は一一月三日。麹町の実家の近くの小さな借家で、仲人として堺が前年の総選挙に候補者にかつぎ出した馬場狐蝶夫妻のもとで、菊栄の母と山川の甥の林桂次郎（東京帝大生）だけの臨席でおこなわれた。均三六歳、菊栄二六歳であった。

似合いの夫婦で、仲間からは「均菊相和す」とはやされた。新婚の二人は、式を挙げた家賃九円の借家で新生活に乗りだそうとした。そのころには売文社の月給は四〇円にまであがっており、「あとにもさきにも一番裕福にくらされた」。しかし二月ばかりで菊栄は結核を発病。せっかくのスイートホームをたたみ、均は大森に下宿し、菊栄は一年ほど稲村ガ崎で転地療養をすることになる。

なぜか山川は今の大田区大森周辺に縁が深くなる。「青年の福音」事件で出獄したあと療養したのが大森停車場前の八景坂だったし、そこから徒歩三〇分弱に堺の常宿・鈴が森の鈴元があったことなども一因かもしれない。翌年から関東大震災まで停車場からやはり二五分たらずの新井宿内の二カ所に一家そろって居をかまえる。

さて、たちまち独身生活にもどってしまった暮らしぶりはこんな具合だった。麹町の「家をひきはらい大森の素人下宿から毎日南鍋町、のちには有楽町の売文社へ通勤した。そのころはもっと達者だったとみえ、夕方に帰ると、夜の二時ごろまでと朝飯前の一時間くらいずつ、字引と首引きの覚束ないフランス語の翻訳仕事などしておった」。帰りは「新橋の牛めしやで……一〇カ月ばかりの間、毎晩……牛めしを食べ、九銭づつ払って帰ってきた」(「牛めし」『全集』七巻)。

ところで菊栄の発病の際、相談に乗った医師の一人は「首をひねって助かるとはいわなかった」が、「も一人のお医者は、ともかく治療してみようと云ってくれた」。この医者は堺から紹介された奥山(おくのやま)伸である。三田四国町(現在の港区)で開業しており、貧乏人からは金を受けとらない赤ひげみたような名医だった。一八七二年生まれ。山川より六歳上である。本人の回想(「医者の診た社会主義者たち」『医家四代』)によれば、診たのは堺、幸徳、片山、大杉、石川三四郎、荒畑、大森義太郎、小堀甚二、鈴木茂三郎、加藤勘十、高野実など。左翼だけではない。大川周明、遠山満、中野正剛、尾崎士郎、武藤山治、永井龍男も奥山先生を頼っていて常連だったという。診療所のすぐそばにある喫茶店は、昭和になってから堺、山川、大森らがたびたび打ち合せ場所にした。山川と大森は通院のため近くに間借りすることもあり、診療所界隈はさながら左翼のサロンとなった。

診療所前の風呂屋と質屋の二階には警察の見張りが常駐し、隣家の二階には憲兵が半年ばかり居候していた。

菊栄をつれて奥山先生とはじめて会ったときのことを、こ

奥山伸医師

う回想している。

「初めてお目にかかった奥山先生の印象は、お医者様よりも、ある山の中の軒の傾いた禅寺のお坊様だった。奥山先生は病状の説明などされないで、しばらく考えた末、『まあ、やってみましょう』とだけ言われた。これが私には非常に力強かった。かりにこのとき先生が『なに、ご心配ありません、きっと治ります』と言われたとしたら、私はそれほど奥山先生を信頼する気になれなかったろうと思う」（「わが愛妻物語」『全集』一七巻）。

菊栄はすでに身ごもっており、療養中の身で出産できるかどうか心配であったが、やはり奥山医師の助言で、一七年九月七日に無事出産することができた。名は振作。一人息子でのちに東大教養学部で生物学の教授となり、『山川均全集』を編纂する人物である。やはり病弱で寝込んでばかりいた。「先生が病臥されるまで二十数年間のあいだ、私の一家親子三人の生命は先生にお預けしたかたちだった」。（同前）

振作は、親子三人の会話を回想している。「われわれはいったいなにを注射されているのだろうか、という話題はたびたび三人の間でとりあげられた。そしていつもその結論は『わからない』であり、結局『信仰というほかないなあ』であった。まさに『御神託』だった」（前掲『医家四代』「序にかえて」）。山川は薬屋商売を二度経験し、薬の知恵は素人ではなかった。振作も免疫学の専門家だった。その二人がなんの薬だかわからぬが信じこんで、そして実際生きながらえたのだから、やはり名医なのであろう。

山川夫妻は療養のための転居先など私生活のたいていのことは先生のアドバイスにしたがった。後年、山川が療養先の振作にあて「ラジオは聞かぬように」と注意して相撲の中継をわざわざハガキに記して送ったものが何通かある。著者はかねがね奇妙に思っていたが、つぎのような振作の回想を読んで納得した。

「大先生は厳しい方でその頃六大学野球が盛んになった頃でしたが、ラジオで野球放送を聴くと力が入るからいけないと止められました。それで家ではラジオを買ってもらえませんでした」（前掲『医家四代』）。

さて、山川の結婚式の二日後、新居に伊藤野枝をつれて果物籠持参で祝いにあらわれた大杉が、四日後の九日にとんでもない目にあった。「日蔭の茶屋」事件である。伊藤野枝と大杉の関係に怒った神近市子が同宿の際に大杉を刺した。山川は見舞にいき「夜中にくたくたに疲れて帰って来ました」（菊栄『おんな二代の記』）。大杉には堀保子（堺の先妻・美智子の妹）という妻がおり四角関係の状態にあった。この事件はたちまち社会主義者への批判に利用された。はじめは無視してすまそうとした堺や山川も大杉のこの件をほっかむりはできなくなった。そこで『新社会』一七年一月号に「恋愛と刀傷と小生の感想」として堺、高畠と山川の三人が考えをあきらかにした。

山川の言はこうだ。「今日の恋愛関係は、経済関係及びこれから生じて来る複雑な諸関係とコンガラかっている。社会主義はこれらの繋累や陰影から恋愛問題を解放して、ここに初めて純粋の恋愛問題が白日の下に現れる……そこで社会主義の実現はこれらの不純な夾雑物を分解して、その跡に純なる恋愛問題が残る、真の恋愛問題は社会主義の実現によって始まる」。「大杉君の事件は諸君が社会主義者だから、新しい女だから起こったことではなく、諸君が人間だから起こったことです。そこで三君のやられたことが、もし善いことだとすれば、社会主義は不幸にして三君とその栄を共にすることができませぬ。もし又、悪いことだとすれば、社会主義はその責任を分つに及びませぬ」。

［4］　ロシア革命と高畠素之の刺激

ロシア革命が日本の社会主義運動にあたえた影響は巨大だった。

ロシア二月革命の報が伝わるや、堺は日本の社会主義者グループを代表して祝辞をロシア社会民主党に送った。五月に山崎今朝弥宅で開かれた日本で初のメーデー小集会では、三〇人ほどの参会者を前に山川が「ロシア革命の成功を祝す」という決議（日本社会主義者団臨時実行委員会名）を提案した。この決議は英訳され各国の社会党指導部と、片山潜（在米）、石川三四郎（在仏）、守田有秋（在スイス）に郵送された。

さらに一〇月にレーニンのボルシェビキによる革命が成功するや、その感銘は二月革命の比ではなく、山川ですら「労働組合研究会でロシア革命の話をしたのですが、どうも涙が出て話ができなかった」。

しかし山川はロシア革命にたいしてはなおサンジカリズムの窓からながめていた。

山川による最初のロシア二月革命（三月七日のペトログラードのゼネスト）についての論評は、早くも同月一五日に執筆され『新社会』四月号の時評として掲載された。「ロ都の罷業と暴動とが、どの点までが純粋なるパンの欠乏によるものであって、どの点までが、さらに重大な革命的意義を有するものであるか、われわれの固より知られざるところである」と簡略だった。

つぎは五月号の「天有口」で、カデット主体の臨時革命政府の民主主義的諸政策（「言論結社・集会、ストライキの自由」「普通選挙による憲法制定議会の召集」など）が、ブルジョア政府がかかげた政策ではあっても、おくれた日本からすれば如何に進んだものであるかを論じた。臨時政府が「戦争継続」をとなえ、ソビエトの要求と対立していた事態は把握できていなかったと思われる。

『新社会』八月号の時評になると認識は一歩進む。

「ロシア革命が、政治革命に止らないで社会的革命たるの色彩は、今や何人の目にも明らかになるの程度に進んで来た。」「明らかに商工資本家階級対労働階級の争い、政治的民主主義対社会的民主主義の争い、資本制度対社会主義の争いとなっている」。「ロ都の中央政権が、事実上労兵団の掌中にあることは周知の事実である」。「最近に開かれた労兵団全国大会の代表者を見ると、社会民主党、社会革命党の代表者約三〇〇余名に対して、一五〇名を占めたレーニン一派の急進派の勢力も、中々侮り難いものである」。「労兵団」とはソビエトのことである。はじめてソビエトが実権をにぎり、それが「資本家階級」にたいし攻勢に出ていること、「レーニン一派」が「侮り難い」勢力であることが紹介されている。まだ「レーニン一派」が「四月テーゼ」によって「すべての権力をソビエトへ」と呼びかけたことは知られていない。同時に「新しきロシアが中央集権的の国民的国家となるか、それとも小自治体の自由連合となるか」と問題をたてているように、無政府主義者・クロポトキンの影響をうかがわせる。

なお、レーニンの「四月テーゼ」をふくむ当時の政綱を最初に紹介したのは堺で、レーニンの「ロシアの革命」の訳載(『新社会』一七年一〇月号)であった。堺もその前までは「無政府主義者(?)レニン」と誤解していた。

山川の一〇月革命の論評は一二月号時評に登場する。「ロ都発電は突如としてケレンスキー内閣の瓦解を報じた」とはじまる二千字程度の短文だが、その歴史的特長を端的に述べている。「イギリス、フランスの両国は今や……第二の革命—社会的革命に近づいている。そしてこの第一の革命—政治的革命から第二の革命……に達するまでには実に百有余年間の重たい足を引きずらなければならなかったのである。ところがロシアはイギリス、フランス両国に於ける一三〇年間の歩みをただ一足に数ヶ月間に踏破した」。この執筆は一一月一三日だから、革命からわずか一週間しかたっていないが、的確である。「百有余年」を「数ヶ月間に踏破した」という認識は、以降数年間、山川の論文の基調をなすものとなる。

その後、『新社会』時評に一〇月革命以降の動向について執筆するが、講和や土地問題についての具体的な事実報道であって、ロシア革命自体の歴史的性格についてはとりあえずアナルコ・サンジカリズム的な認識でとどまっていた。

高畠素之との論争があったのはこのころだった。

高畠は山川より一足早くロシア革命の勘所を『新社会』で論じていた。特に一〇月革命でプロレタリア独裁があらわれると「国家権力の重視」を革命の最重要課題とみなすようになっていた。すでにそのころ「国家社会主義」への傾斜がはじまっていたので、わが意を得たりという心境だったと推測される。当時山川が、ブルジョア革命を「政治革命」と呼び、プロレタリア革命を「社会革命」と呼び、また「社会革命」後の社会にプロレタリア独裁国家ではなく「自由連合」の可能性をみていたのとは、あきらかにことなっていた。実際運動でも高畠と山川はことなっていた。一七年四月に堺が帝国議会選挙に立候補したとき、高畠は選対事務長をひきうけるなど積極的だった。これに反し「私はあまり興味がなく、選挙運動には殆んど携はりませんでした。これは一つには私がサンジカリズムにより政治運動に対する偏見から脱しきれなかった為めであったでしょう」（東調布署手記）。

さて、高畠は『新社会』一八年二月号で「政治運動と経済運動」を論じた。「政治運動はシャイデマンからレーニンまでを含む。それは恰も経済運動が、ゴムパースからヘイウッドまでを含むのと同じである」。「経済運動だから健全の、政治運動だから堕落のと云ふ道理はない」。

これにたいし山川は五月号で批評した。一般論として高畠の見解は「異存のないこと」としつつ、当時の議論では「経済運動を政治運動に対立させる時には、それは決して総ての政治運動と経済運動とを含めた意味ではない」とかわしたのである。だが「政府という言葉の意味を、現在の政府の観念と異った内容のものと解して用いるならサンジカリズムの運動も政治運動であるということができる」とサンジカリズムへのこだわりをみせていた。

同じ号で高畠は「レーニンもトロツキーも、自らサンヂカリストとは云はない」と山川の不徹底を突いた。

山川は六月号で「サンジカリズムも―僕にはまだ充分に解釈のできない原因で―堕落したと信じている。そして高畠君が議会政策の政治運動に大衆運動の修正案が出たといわれたと同じように、サンジカリズムの経済運動にも将来必ず何等かの修正案の現われ来るものと信じている」と述べた。フランスなどの革命的サンジカリストが第一次大戦で熱心な祖国防衛主義に転じたのをさしていると思われる。「堕落の原因」を理論的に判断するのはいま少しの時間を要するが、ここでもまだサンジカリズムへの未練をみせている。

ただこの論争はロシア革命の推移という現実に触発されてなされたとはいえ、日本における実際運動とはあまりにかけ離れたものだった。山川は「僕自身が現在の労働運動そのものと没交渉」といい、高畠もまた「何しろ陽気は暑し、からだはダレルしでお互いの頭も段々コウ云ふ問題とは没交渉になること故、これでサッパリ打止めとする」と宣言し、やりとりは終った。

のちに堺は（高畠は）「議会政策の修正案としてサンディカリズムとボルシェビズムとの二つをあげ、サンディカリズムばかりが強いのでも、正しいのでもないと指摘した。山川君らはそれに対する新しい答案を発展させるべき地位にあった」と記した（「日本社会主義運動小史」『堺利彦全集』六巻）。高畠の刺激は、山川をしてサンジカリズムから脱皮させる一つの動力となったことはまちがいない。

さて高畠は『新社会』一七年二月号から、カウツキーの『資本論解説』を連載し、一九年春から『資本論』の翻訳にかかった。『資本論』翻訳の話は、一八年四月ころの福田徳三、堺、山川、大庭柯公らの懇談の場で偶然もちあがり、山川にも水を向けられたがドイツ語に自信がないと固辞したため、堺から高畠に翻訳者が打診されたのである（「大庭柯公さんと私」『全集』一三巻）。そして訳語には山川が『大阪平民新聞』で使用したものが多くとりいれられた（第一話［10］）。高畠の全巻訳は一九二〇～二四年に刊行され、さらに二五～二八年にかけて改訳される。国家社会主義にならなければ、山川と理論上のたちうちができる一人となっていたであろう。

堺、山川らと高畠の別れは「売文社」の解散につながった。高畠との論争うちきりの四カ月後の一八年一〇月から翌年二月にかけての間、山川、荒畑は『青服』の新聞紙条例違反で下獄した。ところが「山川さんの入獄中に売文社の内部は大変な騒ぎになりつつあった。すなわち高畠一派の売文社乗っとり運動である」。高畠は上杉慎吉らと連絡しあい国家社会主義にかたむいていたが、それが「山川さんの入獄とともにはげしくなった」。「高畠氏に長脇差ぶりが多くなった……堺さんも売文社へ足が遠のいて来たし、私もやめようと思ったが、せめて山川さんが出獄するまではとねばった。……山川さんの出獄を迎えて、堺、高畠の三人で協議し、合名会社売文社は解散に決した」（以上、近藤憲二『一無政府主義者の回想』）。

売文社の名前は高畠がひきつぎ、継続発行する『新社会』は堺の手許におき、売文社への依頼仕事は山川にわたすということで合意し、九年余りつづいた売文社は一九年三月に解散した。高畠はその後も一時「売文社」の名をついで『国家社会主義』を発行する。

売文社は解散したが、山川たちの前にはなすべき仕事の大海がひろがっていた。もう「売文業」のときではなかった。

一九一七年は労働争議は前年に比し件数で三倍、参加人員で七倍の多いさに上り、親睦会のようだった友愛会も、職業別組合の組織方針や女性の組合員化をうちだし、財政も名士の寄付金ではなく組合費を基本にするなど、労働組合らしき組織に近づいていた。しかし思想的には、「忠君愛国」であり、なお社会主義とは没交渉であって、「主義者」は正常な労使関係の厄介者で、排除の対象だった。

山川がはじめて眼前の労働問題を論じた文章は、「友愛会とわれわれ」（『新社会』一七年三月号）であるが、友愛会会長・鈴木文治をつぎのように批評した。

「亜米利加に行くと忽ちにして社会主義的となる」が「日本に於ける鈴木君は資本労働の調和を唱道するのである」。そして友愛会自体については「友愛会は未知数である。われわれの眼に映じた友愛会の中には、極めて進歩した分子と極めて保守的な分子とが雑然として並存する」。「友愛会では、その筋の圧迫が来るという心配から、会員中に社会主義的傾向をもった労働者の入って来ることすら酷く頭痛にやんでいるという風聞もある」などと述べていた。

山川たちは、なお協調主義的指導部のもとにあった労働者にどう接近するか模索せねばならなかった。

一一月、山川は、結核の療養と長男・振作の出産を終えた菊栄を、大森の春日神社裏（現大田区中央二丁目　旧区役所と旧池上通りの中間あたり）にあたらしく借りた家に一一カ月ぶりにむかえ、落ちついて活動する条件をととのえた。

荒畑は大杉とは感情的にも離れたが、山川夫妻は大杉としても話しやすい関係になおあった。その年の大晦日、大杉、伊藤野枝、そして娘の魔子は山川宅で年越しをした。大杉は「家にいると掛け取りがうるさいから、ここで一緒に正月を

1917年晩秋ころ　大森新井宿春日神社裏の借家（埋立地で手前に沼がある）右端菊栄　左へ森田千代、赤子は振作、抱く女性はお手伝いと思われる

しに来た」とあがりこみ、野枝が勝手をすべてうけもち「愉快そうな……まったく大きな少年少女」のような二人と、山川一家も楽しい正月をすごせた（『おんな二代の記』）。

大杉が「労働運動」を創刊（一八年五月）しようとした際、「大杉氏は私を通じてもう一度荒畑氏と提携したい旨を申し込みましたが荒畑氏は同意しませんでした。大杉氏はまた私の協力をも希望しましたが、私もそれに応ずるわけにゆきませんでした。そして間もなく荒畑氏と私とは……『青服』と題する出版物を出し初め、かくて無政府主義者と社会主義者との分岐が目立って来たのです」（東調布署手記）。もっともここでいう「社会主義者」とはまだサンジカリズム傾向濃厚なそれであった。だが大杉と荒畑の仲に示されたように、サンジカリズムとアナキズムは分離すべき情勢にもなっていたのである。労働組合運動の前進は、大杉のような個人主義的傾向とは相容れない。大杉がシュティルナー流のアナキズムに傾斜するなかで分化は自然の流れだった。

一八年三月一五日、山川は荒畑とともに『新社会』の付録として労働者むけの「青服」というリーフレットを発行したが、それは四カ月足らずで新聞紙条例違反で起訴され、両名は一〇月から禁錮四カ月をくらった。判決の理由は「労働者を団結させて資本家に対抗させた」というのだった。

［5］民本主義批判で「名士」に

このように山川はアナキズムと分離しつつサンジカリズムを克服しはじめていたが、世間に広く山川の名が知れわたるのは「民本主義」の批判である。

第一次護憲運動の挫折と第一次大戦で一時沈滞していた大正デモクラシーの波はふたたび高まり、一六年『中央公論』一月号に吉野作造がいわゆる「民本主義」を唱えるなど、自由主義的小ブルジョアジーのイデオロギーが整理されインテリに大きな刺激となっていた。

一八年夏の米騒動は戦前日本の最大の民衆決起であり、寺内内閣は退陣し、かわって初の政党内閣といわれた「平民宰相」原敬・政友会内閣が登場した。意識的・政治的な決起とはいえないが、労働争議の激増とあわせ、民衆こそ民主主義の推進力であることを示したのである。

吉野は福田徳三たちと、一八年末に「黎明会」を興し、そこに拠って論陣をはったが、民衆の立ちあがりを正しく領導できるものとはいえなかった。ブルジョアジーの革命的性質がなお残っていれば、あるいはそれを継承する小ブルジョア急進主義勢力が形成されていれば、そのイデオロギーも革命的民主主義の内容を鮮明にしたであろう。

だが、ブルジョアジーが藩閥勢力と妥協し、それを利用しつつ伸長する形勢の下でのデモクラシーであったから、天皇主権を否定する「主権在民」である「民主主義」の形式ではなく、吉野が定式化したように、あくまでも帝国憲法の枠内の「民本主義」の形式にとどまらざるを得なかった。

とはいえ、吉野に代表される「民本主義」は、普通選挙権と政党内閣制、言論・結社の自由、労使平等主義の推進、中国や朝鮮への武力支配反対などをうったえ、進歩的役割をはたした。

「この民主主義思想の運動に対して社会主義者はどういふ態度を取るべきかといふことも私共にとって当面の問題でありました。これについても当時私はしばしば堺氏と話し合ったことがありましたが、結局二人の意見は、この問題については精密な一致を見ず、多少の違ひがありました。即ち堺氏は、社会主義者はこの勃興し来る運動のうちに浸透してゆくべきだと主張し、私は、社会主義の立場から、即ちこの運動の外から、これを批判すべきであると考へました」（東調布署手記）。

普選運動についても堺と山川は違った。自由民権左派との濃密な人間関係の中から社会主義に近づいた堺は、政治については山川より幅が広かった。「黎明会」の創設にも大庭柯公らとともに尽力した（松尾尊兊『大正デモクラシー』）。これに反し、思いつめたようなクリスチャンから一気に経済学を吸収し、サンジカリズムにそまった山川にとって、民本主義はなじまなかった。

批判は、大山郁夫を相手とした「沙上に建てられたデモクラシー」（『新社会』一七年三月号、『全集』一巻）を皮切りに、一九年前半まで精力的に執筆された。階級と国家をあいまいにする大山にたいしては、デモクラシーはつねに「階級的意義」を有するものであって、「国家を基礎とする共同利害」とは対立するものだと批判した。デモクラシーは特定の階級を推進力として、特定の階級の利害の表現として歴史的に存在するという考えが打ちだされた。

批判の矛先は大山の次は室伏高信にむかった。「伝統主義と民本主義」（一七年七月稿『全集』一巻）で、室伏が世界大戦を評して、ドイツは侵略のためだが、「連合軍」は「小国独立、民族自決の為」に戦端を開いたと弁護したことを問題にした。ロシア革命政府が「連合各国に対して戦争目的の声明を迫った」ことを援用しつつ、民本主義者が帝国主義戦争を正しくとらえられない限界を批判した。

『新社会』八月号の「民主主義の能率前進か資本主義の能率増進か」も室伏批判であるが、民主主義の把握について新境地を見せている。すなわち「一九世紀後半から初まった政権集中の傾向、政府の権力増大の傾向は、近世資本制度の帝国主義化を反映したものだ」。「繊維工業の資本主義が鋼鉄の資本主義になって、自由主義の資本制度は……帝国主義の資本制度となった」という。そこで「商工階級は最早民主主義を主張するものではなく、返って自己に対して民主主義を主張せられる者となった……。現代の民主主義は、かくて商工資本家階級に対する無産階級の旗印となった」。

レーニンの『帝国主義』は一七年四月に公にされたから山川の知るところではない。ホブソンの『帝国主義論』は読んだ可能性はあるが、米国の社会学者、ルイ・ブディンや第二インターナショナルの諸論争などを参考に整理したと考えられる。自由主義段階から帝国主義段階への推移、それにともなう民主主義の階級的担い手の転換をこのように認めたのは、当時としてはすぐれていた。

民本主義の本丸・吉野作造批判は、一八年『新日本』四月号「吉野博士及北教授の民主主義を難ず」（『全集』一巻）ではじまる。社会主義運動雑誌である『新社会』と違い、総合雑誌なので、本名でなく「無名氏」で登場した。

山川はまず吉野によるデモクラシーの有名な分類―「主権の所在に関する説明」と「主権運用の方法に関する説明」―の批評から開始する。帝国憲法の天皇主権は是として、吉野はすぐに「主権運用の方法に」転戦してしまうが、しかし「主権の運用」は人民主権を前提として人民自らが要求するのであって、そうでない場合は「君主から人民に与えられた恩恵的善政」でしかなくなると批判。したがって選挙権拡大などの「民意の尊重は為政者の便宜上、上から与えられるものであって、下から要求し主張すべきものでは」なくなると、論理的に追いつめてゆく。実際日本の男子普通選挙権は、そういう側面を色濃く持って実現されていくのである。

この論文は、歴史的な裏づけとして、古代ギリシャからフランス革命、そして帝国主義段階に至るまでのデモクラシーの階級的性格を解明しつつ展開していた。これは論壇に反響をまきおこした。最先端を行く学者やジャーナリストたちよりも、あきらかに諸外国の近代政治史や社会思想に通じた、正体不明の「無名氏」が総合雑誌に登場したのだ。

山川の筆の勢いはとどまるところを知らない。主に『新日本』を舞台に、毎月のように匿名で力作を発表した。室伏高信、北昤吉、大山郁夫らが俎上にのせられた。

七月に脱稿した「現実を離れた理想政治」（『全集』一巻）は、ちょうど一年前に室伏の世界大戦観にくわえた批判を、大山を俎上にのせて、さらに展開したものである。

大山は、ドイツは「侵略的帝国主義」だが、連合国は「自由、正義、人道……理想政治」だという。山川はドイツ軍国主義を憎むことは大山に負けないが、連合国の評価は同意できぬという。なぜか。日本も連合国の一員ではないか。そして日本は「理想主義」のためではなく、「民主主義の危険思想」を防ぐために参戦したのではなかったか、と反駁する。すでに一〇月革命を経て、ボルシェビキが即時停戦、連合国からの脱退、ドイツとの単独講話の決断をしていたことも、山川に連合国賛美への批判を強めさせたと思われる。

山川の舌鋒を民本主義者側も無視できなくなった。

室伏高信が反論にたった。室伏は、「これまで読んだ諸家の論文のうちでは、民主主義について最もよく徹底した論文」、「吉野博士や、北氏や、浮田和民氏のものに比べると、遥かに一頭地を抜いて居る」と認めた。これへの山川の反批判（「デモクラシーの純化」『新日本』一八年八月号『全集』二巻）は、自分は何一つ自説を開陳せず、ただ室伏説の論理の矛盾をえぐりだすものだった。しかも室伏が博識を動員して反論したのにたいし、それをうわまわる史実、思想家名をあげて反論したのだから、論壇ではさぞ話題になったろう。

論争文の中で、異色のものがある。「ドイツ政治学者フェルナウのみたドイツの最大弱点」（一九年『新公論』二月号発表は本名）である。『全集』二巻収録にあたって、編者の山川振作が附した「注」にはこうある。「『デモクラシー論争』は明治憲法にふれることができなかった。……著者がここにドイツ政治学者によるドイツ帝国憲法の批判を紹介したのは、間接にその空白をうめようとしたもの」である。

吉野が、民本主義は「内政上の主義」で、軍国主義は「国際上の主義」で、両者は無関係だと逃げの姿勢でいたように、民本主義者は帝国主義戦争には反対できなかった。そして、大戦は連合国の「民主主義」によるドイツの「軍国主義」の征伐だと論じていた。ところが一方で日本はドイツと同じような帝国憲法を戴いていることは問題にせず、「民主主義」ならぬ「民本主義」でやはり逃げをうっていた。これを山川は先の大山の連合国賛美と同じものとして批判したのである。ただ正面から天皇制批判をできぬ条件のもとで、イソップの言葉で巧妙に論じた。

フェルナウにしたがって、ドイツの憲法が議会をたんなる討議機関とし、いかにカイゼルに権力を集中しているかを紹介し、それならば帝国憲法も同様に「世界民本主義」の「軍国主義征伐」の対象になるべきではないかと、婉曲に説いた。日本の民本主義者は「内政上の主義」と外交政策をいかに整合させるのか、と問うたのである。

北昤吉も一八年夏に反論に出た。しかし「覆面の論客と対するは余の欲せざる所である」とし、無名の刺客はどうも社会主義者らしいから、一思いに社会主義そのものを料理しようと「近世社会主義の検討」を発表した。

今度は山川は本名で反論した（一八年八月『中外』『全集』二巻）。これまた徹底したもので、要するに北の批評は米国の社会主義批判家・マロックの受け売りで、「マルクスを一読せざる」ものであるとやっつけた。

山川は『新日本』一八年一〇月号の吉野―大山批判（『全集』二巻）では、はじめて「『無名氏』山川均」と明記して、度々登場してきた「無名氏」とは自分であることを明かし次のように論じた。

「デモクラシーは、その起源においてすでに階級的な意義を有し、その歴史においてすでに階級的の色彩をもっている。デモクラシーがもし今日なおその伝統を失わないとしたならば、それは……近世無産階級の熱望と憧憬とを負うて立つものでなければならぬ」。そして「民を本とせざる吉野博士」に対し「『衆愚』こそ最もよく自己の必要を知り、最もよく自己の必要をみたすの方法を知るという『衆愚』に対する信任の上に、デモクラシーはその根底をおくものである」。

『新社会』だけでなく『中外』など進歩的なジャーナリズムも本名で執筆を受けいれるようになったこともあって、一八年一〇月からの『青服』事件の入獄で一時筆を絶たれるが、以降は本名で民本主義者批判を執筆していく。だが、四カ月後に出獄したとき、山川には民本主義者への批判よりももっと大事な仕事が待ち受けていた。

なお、これら匿名、筆名の論文は、一九年六月に山川均著『社会主義の立場から―デモクラシーの煩悶』として刊行された。そのはしがきにいう。「是等の論文の為めに、著者は、或る人々からは民主主義の敵と見做され、また或る人々からは、民主主義以上に不良なる思想の所有者と見做された。聡明なる読者諸君の裁断を仰がんが為に、著者はこの書を公にした」。山川の最初の単行本である。五年後に山川は本書について、こう述べた。「当時は吾々は積極的には、自分を説明する自由を少しも興へられていなかった。そこで小ブルジョアのデモクラシーを批評することが、やがて或る点までは、吾々が自分自身を説明する方法となった」（『井の底から見た日本』「はしがき」『全集』五巻）。

当時もっともメジャーな総合雑誌『中央公論』の一九年七月号に一ページ大で載った本書の広告は、「紳士閥の論壇を驚倒せる雄篇」と謳った。

輪井敬一という筆名もやめて、「これから以後、山川君が初めて一般社会に認識されて、いわゆる名士になった」（堺「山川君についての話」）。それは、民主主義に覚醒しはじめた若きインテリゲンチャに大きな影響を与え、かれらが妥協的「民本主義」にとどまらず、無産階級に依拠した民主主義の徹底まで進むようにうながすものとなった。

［6］「青服事件」後、一気にひろがる世界

話が前後するが、「青服事件」とよばれる筆禍による入獄

をさかいに、山川の身辺も大きく変化する。

一七年一一月に、菊栄と、生れたばかりの振作を大森の借家にむかえいれてようやく落ちつくと思ったのもつかの間、翌春には肺炎で長期に病臥した。民本主義批判の力作は、腹ばいにでもなりながら製造したのだろう。

なにしろ、民本主義批判論文の量産には山川家の生活もかかっていた。菊栄も療養中で売文社の給料だけではやっていけず、困っていたとき、「山口孤剣が……『新日本』とかいう雑誌の編集主任に紹介してくれて、原稿を売ってくれたんです。これが私が原稿料をもらった初めてでした」。もちろん「無名氏」が条件だった。最初の寄稿が先にみた『新日本』一八年四月号の吉野―北批判である。白柳秀湖も自分の関係していた雑誌に匿名で原稿をとりもってくれ、内藤民治の雑誌『中外』には、内藤民治の代筆をふくめ相当数の匿名・筆名の寄稿をした。ただどれが山川の筆になるものかは確定できないので『全集』には収録されていない。

菊栄は『婦人公論』一八年九月号に与謝野晶子への批評を寄稿して一般の論壇に本格的に登場した。山川が一般雑誌ではじめて本名で『中外』に北昤吉批判を寄稿したのは八月だから、均・菊相和しての論壇だった。

こうしてなんとか原稿料で生活できる程度の「文筆業」がはじまった。

しかし均だけでなく生後一〇〇日くらいの振作も病におかされ、菊栄も奥山医師から安静を命ぜられ、「お互いにある時は看病する人になり、ある時は看病される人になった」。こんなときに『青服』の筆禍事件で、山川は荒畑とともに牢屋に放りこまれたのである。

一八年一〇月四日、山川がいよいよ入獄する際にとった行動は、のちのちまで仲間内の語り草となった。

入獄前に刑期四カ月分だけ毎日一通ずつ、計一二〇通あまりの郷里の父・清平宛のハガキを書きため、入獄した日から菊栄に日付を入れさせて毎日投函させたのだ。獄中とは悟らせないためである。いかにも親思いの山川だった。ところが、のちに山川が帰省した際、清平が「同じような名前の者がいるもんだね」とつぶやいたという。おそらく新聞で山川入獄の報を見ていたのだろう。

一九年二月五日に出獄した山川と荒畑を、大杉もでむかえた。大杉は三月に山川宅を見舞った。思想的にはしだいに溝が生れていても、やはり山川は大杉からは好かれていた。

それはともかく、山川は出獄すると、売文社はもうもどれる状態ではないし、匿名にせよ原稿料をかせげるようになった一般雑誌も、出獄の身には狭き門になると予想し、どうやって生活していくか思案していた。ところが入獄前の匿名論文の評判のおかげで、本名での原稿依頼がまいこんできた。

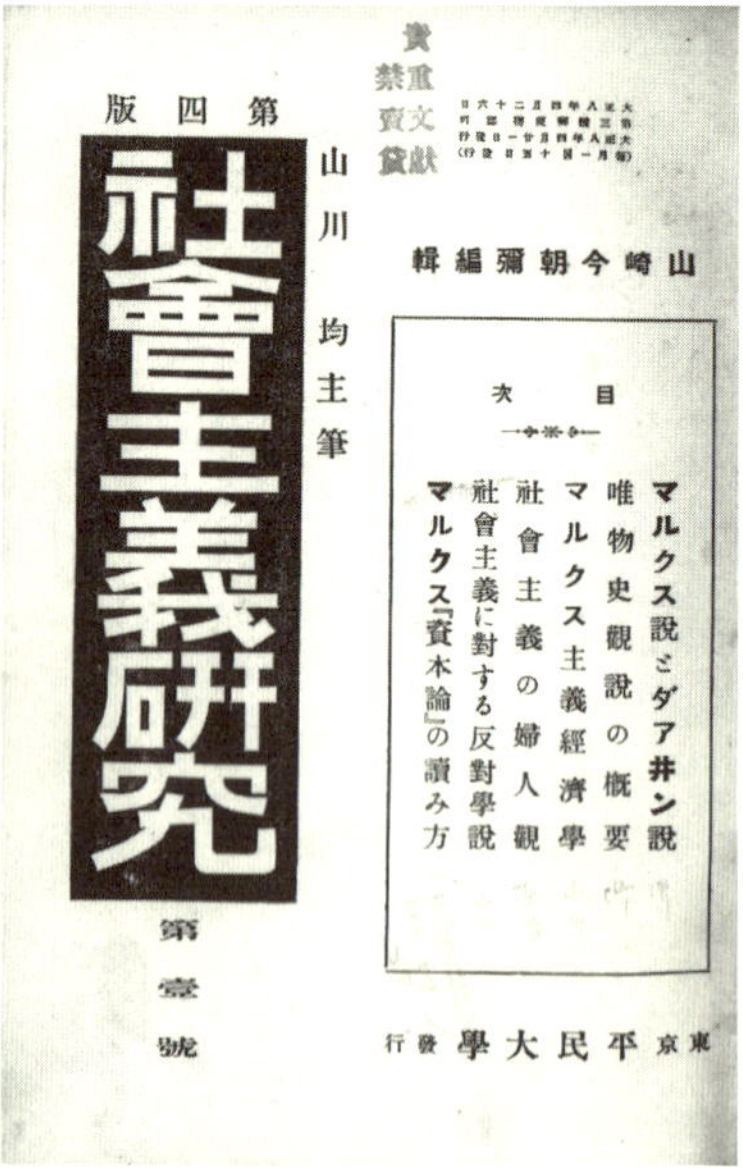

1919年4月『社会主義研究』第1号

山川は「入獄の間に世の中ががらっと様子が変わった」と感じた。それから執筆依頼はつぎつぎに来るようになり、「文筆業」が軌道に乗った。また大庭柯公からは山川に雑誌『解放』の編集長就任の依頼がきた。山川は「ジャーナリズムに全く自信がないので辞退した」（「大庭柯公さんと私」『全集』三巻）。

四月になると山川はあらたな仕事に着手する。月刊『社会主義研究』の発刊である。

発行所は芝桜田町の「平民大学」で、発行・編集人は山崎今朝弥。発行所事務所も山崎の弁護士事務所である。出版法による「学術雑誌」ということで、新聞紙条例にもとづく『新社会』のような時事問題、運動上の問題はあつかえないが、理論一般ならかなりひろく論じられるものである。第一号は「山川均主筆」とあり、全員無署名だが、「大阪平民新聞」に載った山川の「『資本論』の読み方」も再録され、山川（「マルクス主義経済学」、「社会主義に対する反対学説」）、堺（「マルクス説とダアヴィン説」、「唯物史観の概要」）、菊栄（「社会主義の婦人観」）を収録した。抄訳ものが大部分である。

第二号から六号までは発行・編集人は山崎のままだが「堺利彦　山川均執筆」となり、一九年一一月刊の七号以降は「山川均主筆」となる。大部分が、ウンターマン、ホブスン、ラファルグなどの抄訳ものだが、書きおろしが増える七号以降は筆者が明記される。山川が半分以上はうけもっている風だった。初期の販売は山崎弁護士のところに居候していたアナキストの岩佐作太郎が「手車に商品を積んで……四軒の問屋にもちこみ、あとは二人の尾行巡査を相手に、各三百部ずつをひっさげ……小売店に持ち込んだ。……その数は六十三軒に及んだ」（岩佐、『痴人の繰言』）。

『社会主義研究』は二〇年春以降、山川の書きおろしの論文がふえ、山川の本格的な研究成果の発表の場となっていく。

『新社会』、『社会主義研究』は機関誌、個人誌の類でまだ世間一般にはなじみのうすいものだった。ところが大正デモクラシーの空気のなかで、山川の執筆の場は格段にひろがり、『中央公論』や一九年四月に創刊された『改造』など、マスメディアに登場する。学生、ホワイトカラー、知識人などのファッションとなる総合雑誌である。『改造』には創刊第二号の一九年五月号（「デモクラシーの経済的基礎」）から、『中央公論』には七月増刊号（「マルクスとマルクス主義」）から、本名で寄稿を開始する。

一一月には、山川は二冊目と三冊目の単行本を出した。『社会主義者の社会観』（山川の同志社時代の旧友・足助素一の叢文閣から刊）は数年間の啓蒙的な論文をまとめたもの。当時東大の学生だった向坂逸郎は「此著書は、更に氏独特の刺す様に鋭い表現を以て、鈍感私の如き者をもぐい〳〵氏の考へ方の中にひっぱり込んで行った」と回想してる（「山川均論」）。この論集に収められたのは、検閲をへて既発表のものばかりだが、単行本化に際しては六篇が収録を禁止された。

もう一点は『マルクス資本論大綱』だ。エヴェリングによる一巻の解説をもとにしたもの。同じころ高畠訳のカウツキー『資本論解説』が刊行され、高畠、生田長江、松浦要がそれぞれ『資本論』翻訳にとりくみだしていた。ある種『資本論』ブームだった。

ロシア革命の成功とデモクラシーのうねりの中で、若きインテリゲンチャが大量に覚醒し、一八年一二月の東大新人会、翌年一月の早大民人同盟などが発足した。彼らは「大逆事件」時代の「札付き」の臭いを感じさせぬ「学士様」として、「ヴ・ナロード」を合言葉に、警戒もされず労働・農民運動に飛びこめた。彼らの多くは山川の下にあつまってくる。

一一月三〇日に開催された東大新人会一周年記念園遊会には、各界の名士に交じり堺、山川夫妻も招待された。

なお、親思いの山川は、この多忙の合間をぬってでも帰省した。一九年五月一八日～六月一日まで菊栄と初孫の振作を両親にあわせるため、一二月二〇日～翌二〇年六月九日まで病気の母親の看病と見送りのため帰省した。その際の様子を堺に倉敷から報告している。「僕の家は六畳と四畳半と三畳のお勝手だが、六畳には八十の親爺が、左の脚を石膏包帯に包んで仰向きになって居る。四畳半には七十四の母が炬燵に

1919年5月　孫をつれて初の帰省　左から菊栄、母・尚、均、振作、父・清平

凭れ掛かって僅かに骨と皮ばかりの体を支えている。もう新患者が出来ても入院謝絶の外はない。之では僕の病気になる余地が無い」（『全集』三巻）。母・尚は四月一九日に世を去った。

さて、山川に扉を開けたのは、論壇だけではない。

わずか四カ月の入獄のあいだに、ストライキ件数や労働組合の結成が急伸していたのだ。労働者にくいこもうと山川と荒畑は意気ごんだ。一九年六月には二人で「労働組合研究会」を発足させた。銀座の社会主義洋服職人・服部浜次の店で毎月二回、研究会をもち、友愛会、活版工組合信友会、新聞印刷工組合正友会などの意識的労働者があつまってきた。近代的労働者が大勢参加してくる勉強会は、山川にとってははじめてであった。

また山川と荒畑は、ウエッブ夫妻の『労働組合運動史』の訳出にとりかかり、二〇年二月には上梓され、労働組合運動論の古典として永く読みつがれていく。

労働運動が高揚すると、一時対立していた大杉一派と堺、山川、荒畑らとの共同の機運が再燃した。大杉は一九年一月に水沼辰夫、近藤憲二ら若手をあつめ、「北風会」というサークルを組織した。北風会には堺が講師として招かれることもあり、またメンバーの岩佐作太郎らは山川、荒畑の労働組合研究会にも顔を出して論戦をいどんでいた。このころ、「主義者」の主宰する集りに顔を出すのは知識と技術をもつ印刷工が多く、顔ぶれはかさなったのである。そして八月には労働運動の専門紙「労働運動」を大杉派と山川らで発刊する相談がもちあがった。このとき、大杉に反発していた荒畑を説得したのは山川だった。しかし結局一〇月に発刊したときは山川、荒畑は寄稿とカンパの協力にとどめていた。

一方、山川たちが接する労働運動の範囲は、一部の活動家たちだけでなく、大きく広がりだした。八月三〇日に開催された友愛会七周年大会記念懇親会に堺が傍聴に出かけたところ、思いもよらず来賓として紹介された。この大会には山川夫妻も傍聴し、翌月には友愛会婦人労働大会に菊栄が招待された。堺は一〇月には大阪中之島公会堂の「労働問題大講演会」で賀川豊彦らと並んで講師にむかえられ、数分で中止を命じられたが三千人を前に話をできた。

山川は一九年後半から労働問題について精力的に論じるようになった。注目をあびたのは、『改造』九月号に載った「労働運動の戦術としてのサボタージュ」である。これは山川のサンジカリズムの研鑽が積極的に生きた、今読んでも教えられるところの多い論文である。サボタージュはストライキが暴力的に鎮圧されたり、スト破りによって効果をうしなわれるような場合、作業能率を意図的に下げたり作業を妨害することで資本に打撃を与える戦術である。主にサンジカリストのよくした戦術であって、マルクス派もふくめ労働運動の本流からは、邪道として、あるいは労働階級の階級的創造力を低下させるものとみなされることが多かった。山川はこれらの議論を紹介しながら、しかしなおサボタージュには一定の意義があることを説いたのである。論文の最後はこう結論づけられていた。

「賃金制度の下にあっては、労働者は、ほとんど本能的にサボタージュの傾向を持って居ることを忘れてはならぬ。もし同盟罷業のごとく正面の闘争方法が、不当の抑圧を蒙るとしたならば、労働運動が勢いサボタージュのごとき方法に活路を求めることは、やむを得ざるの勢いであるかも知れぬ」。

この『改造』は八月二〇日に発売されたが、山川のこの論文が理由で発禁となった。しかしすでに大半は売れていた。そして九月一五日から神戸川崎造船所の職工一万六千名がサボタージュ運動に起った。「この雑誌がまとまった数で川崎工場にもちこまれたという事実から、この論文とサボタージュとの関係が問題となって取調べをうけたこともあった」(以上「三〇年前の組合運動から」『全集』一六巻)。

論文は三年後に『歴史を創造する力』に収録するさいも表題だけ残して全文抹殺された。

もう一つ興味深いのは、『改造』一一月号の「組合公認問題と労働運動の危機」である。当時、労働組合には何一つ法

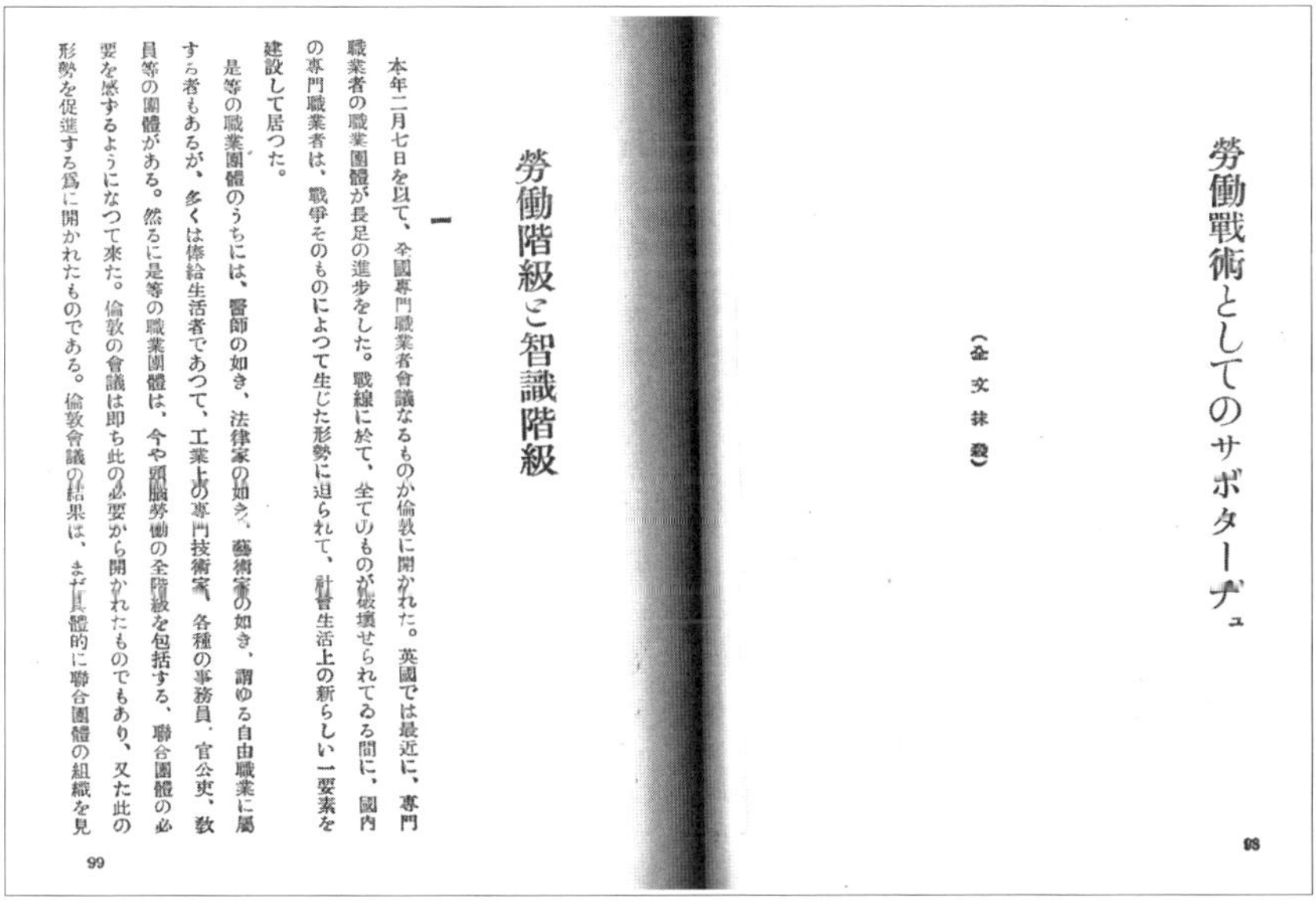

労働戰術としてのサボターヂュ

(全文抹殺)

98

勞働階級と智識階級

一

本年二月七日を以て、全國專門職業者會議なるものが倫敦に開かれた。英國では最近に、專門職業者の職業團體が長足の進歩をした。戰線に於て、全てのものが破壞せられてゐる間に、國內の專門職業者は、戰爭そのものによつて生じた形勢に迫られて、社會生活上の新らしい一要素を建設して居つた。

是等の職業團體のうちには、醫師の如き、法律家の如き、藝術家の如き、謂ゆる自由職業に屬する者もあるが、多くは俸給生活者であつて、工業上の專門技術家、各種の事務員、官公吏、敎員等の團體がある。然るに是等の職業團體は、今や頭腦勞働の全階級を包括する、聯合團體の必要を感ずるようになつて來た。倫敦の會議は即ち此の必要から開かれたものでもあり、又た此の形勢を促進する爲に開かれたものである。倫敦會議の結果は、まず具體的に聯合團體の組織を見

99

『歴史を創造する力』(1922年5月刊) 98頁　見開き右側に「労働戦術としてのサボタージュ」のタイトルだけ残し「全文抹殺」と記されている

的保障はなく、労働組合の結成すら治安警察法でほしいままに妨害されていた。しかし労働運動が高揚すると、政府も一定の懐柔にのりださねばならなくなった。こうして労働組合法案の議会提出の動きが具体化した。山川はしかし、「労働組合法制定の蔭に、あるいは日本の労働運動に対する一大危機が潜んでおらぬかを憂うるものである」、「われわれは……組合の公認を当然のこととして要求するものである。けれども治安警察法の撤廃をすらも伴わぬ組合の公認は、はたしてどれだけの価値があろうか」という。そして法案に潜む「一企業一組合」の法制化や黄色労働組合育成の危険を説いた。そしてまずは「組合法規に対する日本の労働階級の要求を表示しなければならない」とうったえた。

これも法制度の整備より労働組合の実力闘争の効果を重んじた山川のサンジカリズムの余韻が、するどい指摘となってあらわれた例である。サボタージュ戦術といい労働組合法案への警戒といい、サンジカリズムの肯定的側面を山川が継承しつつ、マルクス主義の政治運動の具体化にむかいつつあったことを物語っている。

山川のサンジカリズムからの脱皮には、ロシア革命や普通選挙権運動などはもとより、仏・伊両国の労働運動の経験についての観察も与っていた。その中間発表が『新社会』二〇年九月号の「フランス労働組合運動の一転機―右傾か左傾か」（『全集』三巻）である。それは革命的サンジカリズムの本拠であった仏CGTが第一次大戦で祖国防衛主義に転じ、戦後も主流は右翼的になっている事情を紹介し、(革命的サンジカリズムの)「理論のうちには、一種の進化主義的改良主義の潜入を許すべき、十分の余地を存していることは疑いない」と指摘していた。政治権力を問題としないサンジカリズムは、論理的には日常の労働運動自体が「常時革命」ということになり、実際は社会主義革命を永遠のかなたに追いやってしまう。政治を問題にしない弱点をサンジカリズムに認めたわけである。さらに一歩進めたのは、「日本労働新聞」二一年一、二月号に寄稿した「経済的行動の界限」(同前)である。これは二〇年秋にイタリア全土をゆるがしたサンジカリズムによる工場占拠闘争が、さしたる成果を得られなかったことを論じたものである。

さて、山川の僚友たちも運動のひろがりのなかで、しだいに方向をかためていった。荒畑もやはり二一年二月の「日本労働新聞」で「シンディカリズムの破綻」を論じた。

堺は、吉野作造らの黎明会の「旗幟の不鮮明」さを批判していたが、山川のようにするどい民本主義者批判はせず、連携をこころがけていた。その人間関係は民本主義者からアナキストまで幅の広さを維持していた。

堺はみずから一七年の総選挙に立候補したくらいで、普通選挙権運動については山川や荒畑とちがってきわめて熱心だった。一七年の落選後、加藤時次郎（堺の友人で医者）らと、大井憲太郎にも働きかけ、「普通選挙同盟会」を興そうとした。だが、当局から止められてしまった。自由主義者中心の普通選挙権運動であっても、堺の名が出ると警戒されるのでしばらく表立った動きはしなかったが、粘り強く普選実現を推進していく。

橋浦時雄は一九年三月に大阪に行き、「日本労働新聞」を発行していたが、荒畑も二〇年四月に大阪に移住。二人で「労働問題研究会」を主宰した。そこには野田律太、大矢省三、西尾末広などたたき上げの労働組合活動家が参加してきた。そして荒畑は一〇月に大阪で開催された友愛会八周年大会に来賓で招かれるまでになった。

一方、山川とかかわりをもつようになる次の世代は、米国でも育ちつつあった。

片山潜の「在米日本人社会主義者団」には近藤栄蔵や間庭末吉らがあつまり、野中誠之は片山の秘書を勤めていた。一五年秋から早大留学生として渡米していた猪俣津南雄は、ポーランド移民の女性・ベルタ（片山潜の秘書役）と結婚し、彼女を通じて「在米日本人社会主義者団」に参加。アメリカ共産党に入党した。片山がメキシコに移ったため、一時猪俣は「団」の中心となった。

報知新聞記者であった鈴木茂三郎は一九年にストライキに参加して退社、その後入社した大正日日新聞でもストを打ち退社。諸外国の社会運動を見聞したいとの一念で二〇年九月に渡米した。ニューヨークで猪俣と親しくなり「在米日本人社会主義者団」の研究会に参加した。

［7］　普通選挙権運動に消極的

山川が無産階級の政治運動について考究する過程で、普通選挙権運動についてどう考えたかは、その理論の成熟にあたって大事な問題である。折にふれ述べてきたが、堺は当初からこれに熱心だったのに反し、山川は消極的だった。

普通選挙権（普選）運動の高揚の気配を察知した原敬内閣は、一九年三月に選挙権の納税資格最低額を一〇円から三円に切り下げて、有権者は一四二万人から三〇七万人にふえた。普選運動はもりあがった。労働組合運動も、治安警察法などの悪法とぶつかり、悪法の撤廃・改定が不可欠と感じられ、議会への影響力の必要を体感しはじめた。

一九年五月に関西で普通選挙期成労働者大会が開催されたのを皮切りに、労働組合の普通選挙権要求運動はひろがり、八月の友愛会七周年大会では、普通選挙実施を採択した。そして一九年後半には、関東、関西の普通選挙期成労働連盟が大衆行動を組織した。

二〇年に入ると、一月に「全国普選期成連合会」が野党代議士や学者を中心に結成され、友愛会も参加。二月一一日には「治安警察法一七条撤廃・普通選挙即時断行」をかかげ普選期成全国労働大連盟大会が一万人が参加して開催された。

普選運動の主導権は野党・憲政会内の急進派がにぎっていた。「労働問題が重大な傾向を呈し、階級戦争ともならんとする危険を生じている」とき「各階級を調和させるためには、帝国議会にすべての階級の代表を列席せしめ、それによって国家の方向を決しなければならない」（二〇年七月、帝国議会での永井柳太郎代議士の演説）。これが急進ブルジョアジーの普通選挙推進のたてまえだった。この形勢は、民主主義的訓練もない組織労働者が、資本家や社会事業家の指導からやっと―サンジカリズムの回り道を通って―自立しはじめたのに、資本家の政治勢力の下請けに吸収されかねない形勢でもあった。実際、後藤新平男爵による「労働党」旗あげの動きもあった。

こういう情勢のもとで山川は指摘した。

もし後藤男爵のような人物が「労働党を組織すると仮定したならば、現今の労働団体のうちには、この傘下に集るものがかなり多いように思われる。……日本の労働運動の危険は、実はこのところに潜んで居るといわなければならぬ」。そしてこのような「いかがわしい指導者」のもとにおける議会だけを目的とする党は、ドイツのヒルシュ・デュンカア労働組合に擬すべきであって、「日本の労働運動は……かくのごとき脇道を最小の時間と最小の範囲にとどめるためには、断乎たる決意をしなければならぬ」。普通選挙権運動や治安警察法撤廃運動は大事かも知れぬが「労働運動を威嚇しようとしているこの大なる危機に当面して、なお弱小な日本の組合は、はたして議会的政治運動にさくべき余力があるであろうか」（「社会的進化の縮約」『解放』一九年一〇月号）。

「普通選挙の実施は、もはや時間の問題であるが、日本の労働運動は、選挙権獲得運動を全くとびこさなかったまでも、少なくとも一、二年の時間に縮約したごとく、同じく日本の労働運動は、あるいは普通選挙権の行使そのものをも一足とびにするかも知れぬ。少なくとも日本の労働組合運動が、議会と立法との幻影のために、先進国の組合運動ほどに多くの迂回と精力の浪費とをするものでないことは、一点の疑いがない」。「日本の労働者は、選挙権を要求して居るには相違ない。けれども議会に労働代表を送ることによって、労働問題の解決が得られるというような、幼稚な思想を以って普選運動にたずさわって居るものは―少なくとも真摯なる運動者のうちには、一人もあるまいと思う」。

「日本の労働運動は、先進国の労働運動における幾十年間の歴史を、思想の上に通過した。そして今や全世界の労働階級の全軍を動かしつつある、最後の思想的段階に片足を踏みかけて居る。……それは先進国労働階級の進化過程を縮約して、いっさいの迂回を棄て、いっさいの精力の浪費を去り、一躍して全世界の労働運動の戦列に加わらんとするところにある」(「反動思想の種々相」『太陽』一二〇年二月号　いずれも『全集』二巻)。

山川が「方向転換」で自己反省をする前の一時の迷い、客観的条件への過度の期待が、端的に示されている。

山川は一〇月革命を、ブルジョア革命からプロレタリア革命への急速な転化という特徴において、西欧先進諸国の歴史的過程を「縮約」したものとして把握していた。「政治革命から社会革命に達するに」英、仏は百年以上を必要としたが、ロシアでは「数か月間に踏破」したというのだ。そこから類推し、日本でもブルジョア的な議会主義の時をおかずに「社会革命」に至る可能性を想定したのである。たとえ普通選挙が実施されてもそれはごく短期間に利用するだけのものであって、ブルジョア議会とは別に「労兵議会」(ソビエト)のような労働者・農民・兵士の自主的組織が日本でも形成されると考えたようだ。友愛会八周年大会(二〇年一〇月)で、「生産議会」の開設が提起されたのを指して、「議会以外の議会、新しい社会の新しい議会という思想の具体化」として評価し、「労働運動が議会政策に反対して非政治的態度を示したのは」「実はかえって政治化したのだとも言える」と論じたことからも、そういう考えの片鱗は推測できる(「本流、傍流、横流、逆流」『解放』二〇年一二月号『全集』三巻)。もっとも当時の山川の理解した「労兵会」は、クロポトキンのとなえた地方連合的な、ないし労働者の自主的生産組織、自治組織という、アナルコ・サンジカリズムのにおいの残るものだった。

ロシアのプロレタリアートの先端部分の階級的な成長は、クラフト・ユニオンの伝統や労働貴族層の形成にわざわいされ、特権労働者層の職業的利益からの脱皮に長い時間をかけた英、独の労働者政党とくらべて、これまた「進化の縮約」であった。山川は、日本の労働階級の主体形成においても、ロシアのような急速な「縮約」を期待したにちがいない。労組活動家には議会参加への反発がなお強かったし、サンジカリズムの余韻もこうした山川の期待感を生み出したものと思われる。

たしかに、日本資本主義の発達は、欧州のようなクラフト・ユニオンや職業的労働組合、労働貴族層などを広範に生み出すことはなかった。その意味では山川は直感的にせよ事態をするどくとらえていたといってよい。けれどもだからといって、ロシアのように進むかどうかは問題であった。また先進国における「議会」への関与を「精力の浪費」とみなしたあたりに、民主主義的訓練の大切さへの認識不足があらわれていた。そしてこれらの問題は、二年後の「方向転換論」における自己批判と、さらにはコミンテルン指導との対決という過程で、考えなおされていく。

　普選運動自体は二〇年夏から一頓挫するのだが、山川は、日本の運動主体の現状を冷静に把握するなかで、また、ロシア革命の研究を深めるなかで、政治運動への消極性を反省してゆくのである。

[8] 日本社会主義同盟結成へ

　山川夫妻が一九年一二月に倉敷に帰省し、母を見送ってから大森に帰宅したのは二〇年六月一五日だった。七月二日には「山川夫妻帰京歓迎会」が盛大に開かれた。

　『新社会評論』（『新社会』改題）七巻五号に載った「山川両氏歓迎会の記」によれば、「『女神男神』に詣づべく集るもの百二十名。森戸（辰男）、大山（郁夫）、北沢（新次郎）、権田（保之助）等のお歴々学者を始め、大杉、服部、吉川、堺等社会党連の多数、改造社、信友会、新人会の諸君、馬場（孤蝶）、沖野、宮地（嘉六）等の文芸家諸氏出席。海軍中佐兼聚英閣主人後藤某氏は軍服厳しく四圍を圧し、宮武（外骨）、高島、伊藤（證信）の三氏は禿頭燦然と輝きてその所在を明らかにし、与謝野晶子、伊藤野枝、望月やり、岡本かの子氏等は、菊栄女子を擁立し、猶ほ御微行の山崎（今朝弥）伯爵、三島子爵の来臨を恭うして七時半食堂をひらく。大庭柯公氏の挨拶に続き、山川均氏神々しくも椅子の上に直立せられ、半年ぶりの帰京に関して話され、菊栄夫人も一言話された。梅雨晴れて蒸すのと、室の狭いのとで、実に暑かった。その為に高畠派と水沼（辰夫）派で議論が一寸騒々しくなったが、そこは神力の偉なるところで無事散会」（（）内は引用者が補強）。

　錚々たる顔ぶれである。夫妻からシンラツに批評された者もいる。両親の介護で半年帰省していただけのことでこれだけの面々が出席したのは、当時各方面から山川が期待されるような位置にあったことを物語っている。

　同じ『新社会評論』の巻末に、

「私ども……此度び帰京致しました。此段御知らせ申上げます。尚ほ毎週水曜日を在宅の日と定めて居ります。御用向きの節は右御含みを願ひます。

六月十五日　　　山川均

山川菊栄

大森新井宿六八二（春日神社裏）」

と広告されている。

当時の山川宅は東海道線の大森停車場から二〇分ほど。武蔵野台地の東南端の下にひろがる沼地をうめたてた農村地帯で、交通の便がいいとはいえなかった。面会日を週一日、水曜日のみと指定したのは、それでも来訪者が多いことを予測してのことだろう。すこしあとで近くに新築する自宅で、若手をあつめてはじめた研究会の名称は「水曜会」である。

「歓迎会」の参加者で注目されるのは、半年後に旗あげされる日本社会主義同盟（以下「同盟」）の中心人物と参加グループが網羅されていたことである。八月に「同盟」の最初の発起人二五人に名を連ねる人物だけでも、大杉、服部、山崎、大庭、水沼、堺、山川、吉川がいた。

グループでは「社会党連」（マルクス派社会主義系）はもとより、新人会、信友会、水沼派（アナキスト系）、高畠派（国家社会主義系）に至るまでそろっていた。これに友愛会がくわわれば「同盟」の主要構成員のほぼすべてである。すでに「同盟」をつくる下相談がされており、その中心的役割を山川に期待されていたと考えられる。

日本社会主義同盟について概観しておこう。

先にみたように、二〇年初は労働組合も参加した普通選挙権獲得要求運動が大きくもりあがったが、五月の総選挙で普通選挙権付与に反対の与党・政友会が大勝すると、そのいきおいは萎えていった。

春ころから、戦時好況への反動恐慌がおそった。好景気下で資本家を譲歩させ要求を実現してきた労働組合のいきおいはくじかれた。ストライキ件数も参加者数も前年の約半数に激減した。争議は長期化し凄惨な様相を呈した。

こうした形勢は、急成長してきた労働運動をひきしめ、協調主義を排して急進化させ、線を画してきた「主義者」と労働組合が同席する環境を整えた。また、二〇年五月二日に開催された日本最初の大衆的メーデーを契機に、穏健派であった友愛会とアナキスト系の信友、正進両組合などの共同の気運が高まり、一六日に「労働組合同盟会」が発足した。こうした労働組合における共同の動きも「同盟」結成促進の要素となった。

一方、新人会をはじめ学生や若いインテリ、文芸作家、評論家などと、札付き社会主義者が合流する機運が生れていた。

こうして八月五日に「同盟準備会」が開催されて三〇人の発起人が公表された。内訳は、堺・山川系統では両人をふくめて荒畑、橋浦、吉川守圀ら六～七名、大杉系統では岩佐作太郎、近藤憲二、水沼辰夫、小川未明ら一〇名（内労働組合代表としては四名）、どちらともいえぬ労働組合活動家は、友愛会（麻生久、高田和逸）、交通労組、鉱夫総連合などから五名（含加藤勘十）、学生団体は暁民会（高津正道）、建設者同盟、扶信会、新人会から赤松克麿（友愛会本部に入る）ら四名、文化人から島中雄三、大庭柯公ら三名などである。「同盟創立寄付金」がつのられ、山川と堺は一五円という最高ランクを拠出した。

発起人は手分けして各方面のオルグに出むいた。

「同盟準備会」は堺の提供による『新社会評論』（『新社会』改題）を再度改題して、九月から機関誌・『社会主義』を刊行する。一〇月一四日現在で入会申しこみは千名をこえた。

一二月九日に創立大会を開催し、翌一〇日に「同盟成立報告演説会」を開催し、会場内に三千人、入りきれぬ群衆二万人といわれる盛況であった。このときは山川は体調を崩して茅ヶ崎で療養中だったため欠席したが、堺が官憲の「中止・解散」命令で大混乱した会場で「日本社会主義同盟万歳！」を唱え引きずり倒され、大杉は入り口で検束された。

その後各地での講演会、山川が論調をリードした『社会主義』の刊行と活動はつづいたが、弾圧ははげしかった。二一年五月九日の第二回大会は、主催者すら入場できず、堺らは自宅に軟禁され会場にも行けなかった。会場内に入ることのできた参加者のほとんど全員が検束され、二八日に団体解散命令が下り、活動は終焉してしまった。そしてアナ・ボルの対立が再燃し、もはや協力して再建しようとはならなかった。

山川はこの「同盟」にどう期待し、またどういう役割をはたしたか。

1920年の肖像

「同盟の成立は、山川均氏の発意と努力に成れるもの」（荒畑「労働運動の復興期」改造社『社会科学』二八年二月特輯）。「社会主義同盟創立の趣旨は、……旧い同志のあいだの確執や冷淡、殊に堺、大杉、荒畑等の間の相互の面白くない感情を和らげるという、特殊の一目的をも含んでいた。で同盟の円満な成立のためには、いろんな意味で都合のいい、山川均、岩佐作太郎、山崎今朝弥等が最も尽力した」（近藤憲二「沈潜期以降」同前特輯）。

山川の役割は誰もが認めるものであったといってよい。菊栄もこう述べている。「堺・大杉の対立の深刻化することを憂えていた橋浦時雄、近藤憲二らは、当時新しく起こった勢力と共にふるい分子を打って一丸とし、その中に派閥的なものを解消させることを切に願った。……久しく東京を離れて、堺・大杉の対立と交渉をもたなかった山川にこの運動の中心となってまとめ役となることを期待した」（岩波版『自伝』の編者付記）。

山川本人は、「私は……古い札付き社会主義者の塊として創立することは全く無意義であると考へましたので、出来得るだけ広汎に新しい要素を包容するものとなるよう努力した」（東調布署手記）と語っている。

その意気込みは、発起人としてのオルグ先の分担にうかがえる。山川は総同盟と建設者同盟を担当した。難関は総同盟だった。社会主義者による組合員への影響やアナ系組合の尖鋭さに、神経をとがらせていた排他的な団体である。しかし最大の労働団体だった。これをくみいれることこそ「新しい要素」の「包容」の最たるものだった。山川が総同盟をたずねて参加を要請したところ、鈴木文治が難色を示し、麻生久が、総同盟として関与しておかないと組合活動家が野放しで入会してしまうのでかえってまずいと、鈴木を説得し、代表として麻生が発起人にくわわることになった。これまで商売で店をまわったり、運動上のことで個人を説得するのは経験豊かな山川も、大きな労働組合への説得は初体験だったろう。

このくだりは『自伝』にもこまかに記されているから、山川にとっても記憶に残る大仕事だったにちがいない。

二〇年八月時点の発起人二五人から、創立大会の報告文の三〇人の段階までは山川の名前は連ねられていたが、大会後の執行委員会三〇人には堺とともに入っていない。その理由の一つは、一〇月に医者から安静を命ぜられ茅ヶ崎へ転地療養したこともあるだろうが、「札付き」はうしろに下がり、若い活動家にゆだねる意図もあったと思われる。

山川は、「同盟」第二回大会が解散させられた直後、機関誌『社会主義』二一年六月号に『日本社会主義同盟第二回大会の所感』（『全集』三巻）を寄せた。

「二、三年前」は「日本の社会主義運動は、もはや石化してしまったのではないか。外に対する同化力がなくなってしまったのではないかと疑わせる状態だった」。だが今や「一変し」「社会主義運動はだれかれの運動ではなくて、民衆の運動」となった。そして社会主義の小さな灯火を守ってきた少数の同志から、灯火は「手渡しせらるべき人に、手渡された」。「日本の社会主義運動は、少数の『人』のものから、民衆のものとなった。……かつてはこの熱火を吹き消した暴風も、今やかえってこの焔を煽るにすぎぬ」。「二、三年前」といえば、小さな根拠地であった売文社から『青服』を武器に一歩ふみだそうとして、たちまち検挙されたころである。

「同盟」は解散させられたとはいえ数千人の運動となった。

だが、どのような形態で、運動をつづけるかは難題だった。同じ『社会主義』六月号に、山川菊栄が「同盟」大会の解散について「戦闘力の充実」という短文を寄せている。

「合法的には全然運動の方法がない、そして近き将来に於て、多少なりとも合法的に運動し得る見込みすら全然ない、といふ、何とは無しに無意味な印象を吾々の心に深く刻み込んだのは今次の大会です。……かうなれば是非もない。吾々の運動は内訌する外ありません……吾々はもっと巧みに、もっと有効に、そしてもっと死物狂ひで地下の運動に突進するほかないということになります」。

山川の心境でもあったろう。後年『自伝』では山川自身が述べている。「同盟の弾圧は、合法的な政治団体をつくる見込みがない、政治運動をやるには秘密結社でやるほかないという気持を強く植えつけ、これがやがて共産党への道につながるのです」。

そして、「同盟」解散のころすでに、コミンテルンからの働きかけが、大杉たちアナキストにも山川の周辺にも届きはじめていた。

[9]『社会主義研究』——ロシア革命の紹介と小泉信三批判

山川がボルシェビキ政権について本格的に論じはじめたのは、『新社会』一八年八月号の「ロシア革命の過去と未来」という論文からだった（『全集』一巻）。

フィンランド人民共和国政府の役人の観測の紹介という形をとってではあるが、山川じしんの認識も示している。ボルシェビキ政権が今にも没落するかのような当時の世間一般の見通しの検証が主な目的である。

土地収用、銀行国有化などの政策が、「温和派社会主義」（メンシェビキ）を離反させたという批評にたいしては、革命政権のおかれたきびしい状況を示し、「階級闘争を認める以上は、階級闘争には中庸の道はありえない」と反論した。そして革命政権の窮状について、自国労働者の決起を抑圧したドイツ社会党と、自国政府が革命政権の事業を妨害することをなんら牽制しない連合国の社会党に責任はないのか、と問うた。そもそも「社会改造の大事業を世界戦争の渦中に」なすのは「悲劇だ」という欧州社会民主主義者の一般的な認識にたいしては、大戦のさなかだからこそ革命が実現したのではないかと反駁した。むろん「ドイツの革命を見ないでは、ロシア革命は完成せられない」と指摘することも忘れていない。

ブレスト講和をめぐるレーニンとトロツキーの方針の相違についても紹介し、「徹頭徹尾冷静」なレーニンと「気分的な……情操的の考慮に一層の重きを置く」トロツキー、とスケッチしたのもおもしろい。

一八年夏から日本による反革命干渉戦争、シベリヤ出兵がはじまった。堺と山川は「東京における社会主義者グループ代表」（このときは高畠もくわわった）として、一八年一二月二日に「ニコライ・レーニン氏並びに過激派党員諸君」宛メッセージをハーグの国際社会党本部気付けで郵送した。

革命の立役者はレーニンとトロツキーであったが、『改造』二〇年九月号の「革命家としてのレーニンとトロツキー」は、二人の性格と役割を描き出した力作である。ジョン・リードはじめ世界のジャーナリストのレポートなどを読みこなしている。だがまだレーニンの理論自体の紹介はない。山川が、米国からレーニンの『国家と革命』英訳をとりよせたのは一九年三月ころと思われる。

すでに山川は「ソヴエト政治の特質とその批判」（『社会主義研究』）でレーニンのプロレタリア独裁論を紹介していたが、さらに研究をかさね、『社会主義研究』誌上で発表していく。その最初の論文が「カウツキーの労農政治反対論」（二一年三月号『全集』三巻）である。

これはカウツキーの『無産階級の独裁政治』を紹介しながら、注釈で山川の考えを示す形をとった論文である。学術雑誌の限度内でギリギリの表現方法をとったわけだ。制約された形式のもとでも、カウツキーの問題点＝民主主義をブルジョア民主主義とプロレタリア民主主義に区別せぬこと、マルクスの『ゴータ綱領批判』にある「無産階級の革命的独裁政治」の意味の歪曲、パリコミュンを一般民主主義の実践とする歪曲と、「できあいの国家機関の利用」を排した教訓の無視、かつてカウツキーじしんがベルンシュタインを批判したような正統派マルクス主義の立場との矛盾、帝国主義段階での米英両国における「平和革命」の条件の変化等々、かなり高いレベルでの注釈を付している。

レーニンの『背教者カウツキー』が公にされたのは一八年一〇月である。レーニンはすでに『国家と革命』の一部を、カウツキー批判にさいていた。これは英訳で山川は読んでいたと考えられる。渡部義通が水曜会に参加したころ、山川から『国家と革命』の英訳本をわたされたと回想している（『思想と学問の自伝』）。『背教者カウツキー』の抄訳程度は何かで目を通したのではなかろうか。山川の批評には、『背教者カウツキー』の論旨や表現と似通ったものが相当ある。またレーニンの『帝国主義』の研究を推測させる部分もある。レーニンの重要文献は、このころすでに目を通しつつ、ロシア革命後の情勢の推移を観察していたといってよいだろう。山川は、まずはレーニンの批評を正確に理解することに努めていて、自身の考えを展開するのはもうすこしあとになる。

なお、『背教者カウツキー』の日本での初訳は、山川菊栄名で、二五年仏語版を底本に二九年六月に白揚社から刊行された。菊栄が仏語をたしなんだという話は聞かないから、均の援助があったと考えられる。

「レーニンの生涯と事業」（『全集』三巻）も、ジノヴィエフなど多くの回想類をもとにした力作だ。『ロ国における資本主義の発達』、『何をなすべきか』、『一歩前進、二歩後退』、『唯物論と経験批判論』という重要著作も紹介されている。ただ『帝国主義』と『国家と革命』は紹介されていない。検閲を配慮してのことかもしれない。これは改造社社長の希望で執筆されたが、それでも検閲で『改造』への掲載は全面不許可となった。そこで『社会主義研究』二一年四月号丸一冊分を使って公にした（『全集』三巻　振作編注）。

「労農治下のクロポトキン」「（『社会主義研究』二一年三月号）、「労農ロ国無政府主義の人々」（『社会主義』二一年五月号）は、革命後のロシアのアナキストの動向を、好意的に紹介したものである。当時、大杉とのつきあいはつづいていた。

「賀川豊彦氏の挑戦に応ず」（『社会主義研究』二一年五月号）は、賀川が総同盟友愛会機関紙「労働者新聞」に寄せた「過激派の苦境」への反論である。賀川は過激派の「民主主義の否定と自由の拘束」を批判し、「世界革命の予想の失敗」を宣告した。山川は、賀川のネタ本はカウツキーにあることを指摘しつつ、カウツキーと賀川を串刺しにした批判をおこなった。三月号の間接話法でのカウツキー批判とくらべると大胆になっている。批判された賀川から山川宛に「眼病」のため当分反論しないが「直り次第考えを示す」との手紙がきたが、その後反論は示されなかった。

六月には単行本として『レーニンとトロッキー』を改造社から刊行するが、その際「トロッキー伝」を書きおろしでくわえた。また九月には『社会主義研究』の諸論文を中心に、『労農露西亜の研究』を菊栄との共著でまとめた。

その後、ロシア革命についての山川の関心は具体的なものにむかい、とりわけソビエト制度については深く研究する。「ソヴィエトの研究」（『改造』二二年五月号）、「脅かされたる議会政治」（『野依雑誌』同五月号）、「無産階級の独裁か共産党の独裁か」（『社会主義』同九月号　以上『全集』三巻）である。なかでも従来とはことなった表現を使ったのは最後の論文である。はじめにいう。

「空想の社会主義は科学の社会主義となった。そして科学の社会主義は実際上の社会主義となった。この実際上の社会主義を、便宜上ボリシェビズムまたはコミュニズム（共産主義）と名づけている」。少しあとで「ボリシェビズムという言葉はあまり適当でないから、以下コミュニズムと呼ぶ」とことわっている。そして「従来の社会主義」にはない「コミュニズムの特徴はどこにあるか、ひと口にいえば、それはソヴィエトという制度である」。マルクスがパリコミュンの経験をもとに「おぼろげに予見したにすぎなかった」ところの、「無産階級独裁」をになう政治機関こそソヴィエトだと、その役割を把握したのである。そして、ロシアははじめから一党独裁であるというようないわれなき批評に具体的事実で応えている。

この論文で注目すべきなのは山川がはじめて「共産主義」という表現で、しかも、「ボリシェビズムという言葉」は不適当として、ロシアの革命運動を科学的社会主義のさらに次の一般性をもった段階として規定したことである。つまり、この時点では、ソビエト方式によるプロレタリア独裁という新地平を切り拓いた点で、ボルシェビズムに、特殊ロシア的条件の産物に限らない普遍性を認めていたのである。

関連して、レーニンが主導し一九年三月に創立したコミンテルン＝第三インターナショナルについて山川がどう受けとめていたかも問題である。山川は『改造』二一年四月号に「第三インタナショナル」を寄稿した。そこではプロレタリア独裁の承認と革命党への純化の実行を求めるコミンテルンへの「加入二一カ条」の採択、それにもとづく各国社会党の「革命的社会主義と改良的社会主義への……両断」などを紹介した。一方、「各国社会主義運動の通信連絡の機関」にすぎず、結果として「国家主義的」になり帝国主義戦争に協力してしまった第二インタナショナルは「歴史的使命を終えて消滅した」と断じ、「第三インタナショナルは、未来の人類の歴史の上に、いかなるページを書き加えるであろうか」と、大いなる期待を寄せていた。

『解放』は二一年八月号で「レーニンもし死なば」という、識者アンケートをとった。山川はこう応えている。

「ロシアの共産党にも、レーニンほどの実力のある人はざらにあります。もしなければ各国の共産党のうちから適当な人物を選んで送るまでです。ロシアはもはやロシアのロシアではなくて、全世界の無産階級のロシアです。だからロシアでは、インタナショナルは政府以上の権威をもって居るのです」（『全集』四巻）。

『社会主義研究』二一年九月、一〇月号と連載した「インタナショナルの歴史」（『全集』七巻）では、コミンテルン「加入二一カ条」についても「日和見主義的要素の侵入は、新インタナショナルをふたたび第二インタナショナルに変質せしめる危険があったことを考えると……むしろ当然であった」といい切っていた。

歴史はかならずしも山川の見通しどおりにはいかなかった。客観情勢とヨーロッパ革命についてのレーニンの見通しすらはずれたのだから、無理からぬことだった。そして山川も見方を変えたことはあとで述べよう。

さて、革命政権は大きな転機を新経済政策（ネップ）でむかえるが、これについても山川は重く視た。「一九二一年の労農ロシア」（『解放』二一年一一月号）、「マルクス説より見たロ国の新経済政策」（『社会主義研究』二二年三月号）、「一九二二年のロシア」（同一一月号）などである。社会民主主義者が「プロレタリア独裁の失敗」としてはやしたてたネップについても、マルクス主義の理論とは抵触せぬレーニンの大胆な妥協であると説明した。

山川がロシア革命とその後の諸困難、それにたちむかうレーニンの理論などを研究し、国際社会主義運動の最高の理論問題を咀嚼した約四年間であった。それは山川がボルシェビズムとコミンテルンにもっとも期待を寄せた時期でもあった。

以降も、ロシア飢饉救済運動や、社会主義建設やレーニンの動向など折にふれて山川は筆にするが、しかし主要な関心は日本の無産階級運動に移っていく。

『社会主義研究』誌上で山川が名を高めたもう一つの仕事は小泉信三との「価値論争」だった。

『資本論』の価値論への批判を一九世紀末に展開したのはベーム・バヴェルクだった。これにたいしヒルファディングが一九〇四年に反論し、国際的な「価値論争」が開始された。それをマルクス批判として日本に最初にもちこんだのが小泉信三の「労働価値説と平均利潤率の問題」（『改造』二二年二月号）だった。バヴェルク＝小泉が提起した問題は、価値と生産価格の「矛盾」（『資本論』第一巻と第三巻の「矛盾」）を突くことによって、マルクスの労働価値説全体を覆そうとするものだった。一九世紀末以降、経済学上の最重要問題として、全世界でマルクス経済学者内部の論争もまじえ、今日に至るまで一世紀以上にわたって論じられている問題である。

新進気鋭の経済学者として有名な小泉信三の挑戦にたいし、象牙の塔からは誰も応戦せぬとき、山川は「反マルクス主義者の古証文」（『社会主義研究』二二年五月号『全集』四巻）でまっさきに論争をいどんだ。バヴェルクなど、学者の間でもさほど知られていなかったが、山川は〇七年ころ、堺の手元にあったバヴェルクの『マルクス主義の終焉』英訳を読んでいた。山川本人は思いもよらなかっただろうが、この挑戦は日本のマルクス経済学の水準を高める突破口となった。

山川による批判は主にルイ・ブディンの所説を参考にしたもので、その後の論争の進展からすればきわめて不十分なものであろう。だがマルクスの労働価値説について、なお理論的には説明しつくせぬことが自分にとってあることを率直に認めつつ、次のようにバヴェルク＝小泉を批判したのは、マルクス主義者としての自信のあらわれだった。

「ボエム・バワアクと小泉教授とはマルクス説の如何なる点に微妙な非難を案出し得ようとも、恐らくこれだけの事実（労働者が必要労働時間を越えた剰余労働時間分を搾取されていること―引用者）を否むことはできぬ。そしてマルクスの剰余価値の学説とは、単に之だけの自明な事柄の説明に過ぎなかったと仮定しても……マルクスの説明した剰余価値によって、資本主義の作用と発達との秘密が初めて闡明せられるという事実は容易に拒むことはできぬ」。

小泉は『改造』七月号で山川に反論した。冒頭で「人は縷々其批評が自説の要点に触れて居ないことを嘆ずるものであるが……山川氏の批評は充分私の論の要点に触れ、而して其要点は……思ったよりも正当に理解されて居るのである」と一目おいた。しかし、リカードの『経済原論』を理解していないとか、ブディンの引用ばかりで『資本論』からの引用がない「マルクスの亜流趣味だ」とか、山川を軽くあしらう風をみせた。しかし山川は臆することなく「亜流趣味者の見たマルクス説」（『社会主義研究』九月号）で再反論した。そこでは小泉こそバヴェルクの「亜流趣味」ではないかと皮肉った。マルクス価値論こそが、リカードなど先達の解けなかった難問を解き明かしたという確信は、それを充分に論証することはできなかったにせよ、ゆるがなかった。

両者のやりとりはこの二回だけで終った。この問題は、ほんらいは第三巻の生産価格論を動員して小泉にたちむかわねばならない問題である。山川は一巻の精読はしてもおそらく三巻までは精読するいとまはなかったと思われる。第一章で紹介したように、千葉監獄で二巻、三巻を読破しようと意気込んでいたが、当局から「看読不許」のハンコをおされてしまったからである。また、一九年四月に刊行した『資本論大綱』（エヴェリングに拠った第一巻の解説）の「はしがき」で、「第二巻、第三巻に就いても同一の試みをして見たいと思って居る」と予告したが、実現できなかった。

山川にとって理論の武器は限られていた。山川はヒルファディングのバヴェルク批判もまだ読んでいなかったと思われる。『資本論』の歴史的・論理的方法についても考察していたとはいえない。だが、バヴェルク＝小泉の挑戦に着目して、ただちに反撃に出たこと自体がすごいことなのである。バヴェルクの説は、今なおマルクス批判の最高のものとされている。

この論争はたちまち象牙の塔を刺激し、学者が大勢参加してくるが、まっさきに口火をきったのも学者ではなくて、かつての山川の同志・高畠だった。高畠は『解放』一〇月号に、援軍として参加した。さすがに『資本論』の訳者だけあって、レベルの高いものだった。その後論争に続々と学者が参加する。すぐ河上肇が参加したが、その小泉批判は「価値人類犠牲説」と呼ばれた科学的とはいえない説をふくみ、山川や高畠よりレベルが高いとはいえなかった。河上説への批判をしながら小泉に本格的な批判をくわえたのは櫛田民蔵である。櫛田の参加によって論争はアカデミズムの世界でもマルクス擁護派の内部論争となり、やっとレベルを高めていく。

そして一〇年を経て向坂逸郎はこう批評した。（小泉は）「マルクスの価値論批判では、山川氏に二度、櫛田氏に四度位食ってかかったが、この戦ひは、内容から言っても、皮肉の応酬から言っても勝味はなかった。が、殊に山川氏へのうらみは相当骨髄に徹してゐるらしく、折にふれては直接間接に氏にあたられ、噂によれば、学校の講義の時間にもこの問題にふれては山川氏を罵倒されるといふ」（「小泉信三と高田保馬」『中央公論』三一年一一月号）。

［10］　大森の山川村―水曜会

日本社会主義同盟が解散してから、運動はあらたな局面をむかえ、山川もまたあらたな方面に力を注ぐことになる。

山川は二〇年秋に奥山医師から過労で安静を命じられ、同志社時代の旧友で、出版で財をなしていた足助素一の資金的な援助（二〇〇円）もあり、茅ヶ崎に病人むけの貸し別荘を借りて転地療養に入った。つきそいで世話をしたのは貝原たい子（のちの西たい子）だった。だから「同盟」のために病身をおして時折上京する以外は実際運動にはあまり顔を出していない。それでも山川は警察にとっても最重要人物で、大森時代にはたんなる尾行ではなく、制服刑事一人と警官二人が常時監視するレベルまで格上げされていた。例によって警戒した茅ヶ崎の大家から、年始の挨拶のついでにたちのきを求められのは二一年一月四日だった。二一年二月はじめに帰宅したが、病状は改善されていなかった。

ところが春日神社裏の借家も家主から家賃値上げとたちのきを要求され、近くに家を建てる決断をするほかなくなった。こうして五月に、新井宿・旧池上街道南側（前の春日神社裏の借家から数分と思われる。現中央四丁目、旧大田区役所と大森日赤病院の間あたり）にはじめて自宅を建てやっと落ちついた。百数十坪の敷地に建坪三〇坪、借地と建築費で三千円かかった（菊栄『おんな二代の記』）。山川の文筆業収入のもっともよかった時期の年収の数倍に相当したと推測できる。建築資金は菊栄の麹町の実家にあった菊栄名義の家を売り払ってこしらえた。ところが警察は「その金がソヴェト政府から出たことと疑い」、出入りの大工をひっぱって取りしらべる一幕もあった。

しかし若いインテリや学生には「労働者でないのに労働服を着ることが流行」した当時のことで「家をこさえるなどと

いう小ブルジョアの真似ごとは、無上に恥ずべきことだった。一部の組合運動家や社会運動者が『大森の御殿』と吐き出すようにいったのは、無理からぬことだった。で、私が『大森の御殿』に引越したとうざは、垣根のそとを二人づれ三人づれの労働運動者らしいのが、『小ブルジョア！』とか『小ブル・インテリ』などと怒鳴ってゆくことが、しばしばだった」。ところがこの御殿は安普請だったらしく、大震災で近所の家が皆無事だったのに、最初のひとゆれで、わずか二年余しか住まぬうちに見事にペシャンコになった（以上「病室兼仕事場」『全集』七巻）。

この「御殿」は、社会主義をめざす青年や女性のたまり場となる。山川の周辺への人の出入りは急にはげしくなった。『社会主義研究』二一年四月号に「医師の厳命により日曜日を面談の日とす」と広告したが、これはまったく守られなかった。二一年二月から『社会主義研究』の編集実務をになう西雅雄が、山川家の世話をしていた貝原たい子と結婚し山川宅のそばに住む（「社会主義研究社」は西宅に移した）。

四月には堺、荒畑、高津、橋浦、近藤栄蔵が山川宅にあつまり、コミンテルンからのさそいかけへの対応を相談した。五月には小牧近江が堺の紹介でたずねてきた。小牧は金子洋文らとともに、四カ月前に秋田で『種蒔く人』を創刊し意気さかんであった。以後、のちに「文戦派」と呼ばれる人びととの交遊がはじまる。

八月ころからは山川を中心に毎週水曜日に開かれる研究会・「水曜会」がはじまる。ここにつどう者として、レギュラーは、西雅雄、田所輝明、上田茂樹、高橋貞樹、橋浦時雄、稲村隆一、横田千元、百瀬二郎、あとになって顔を出す者には徳田球一、浅沼稲次郎、河田顕治、渡辺政之輔、杉浦啓一、川合義虎、川崎悦行、坂本清一郎、黒田寿男、金子健太、三田村四郎、足立克明、内野竹千代、徳永直、棚橋貞雄、大河内信威らの名を山川はあげている（「若き日の印象」『全集』一八巻）。女性では山口小静、西（貝原）たい子、山内みな、河崎なつ、渡辺多恵（後の志賀義雄夫人）ら。菊栄の存在も大きく、女性の参加が多かった。

この内、横田千元、百瀬二郎は大森にもともと住んでいた。百瀬はのちに「仙人」のように山川家によりつく。田所輝明も近くに下宿した。二一年末にはあらたな月刊誌『前衛』発行のために山川「御殿」の隣の二階屋を借りたが、そこには上田茂樹、高橋貞樹が住み込んだ。野坂参三も山川宅から二百メートルのところに下宿し水曜会に参加した。

このように、山川「御殿」を中心に、雑誌編集事務所兼住宅二カ所をふくめ仲間の家や下宿が数軒あつまる「山川村」のようなものが、二一年から二二年にかけてできあがっていたのである。関東大震災後は池上街道と春日神社から北の丘

1922年12月 大森森が崎鉱泉・旅館鈴元（堺の常宿）での新人会の忘年会 後列左から赤松克磨、一人おき山崎今朝弥、菊栄、均、振作、堺、堺真柄、河野密 前列右から二人目三輪寿壮

陵地帯には、本郷や牛込あたりから焼け出された文士がたくさん移住してきて、「馬込文士村」と呼ばれる一大文化ゾーンを形成した。山川村はその先鞭だった。

もっとも、「山川は運動と私生活をわけ、私生活にはたがいにたちいらぬようにしていたが、これをものたりなく思っていた人もあるらしい」（『自伝』への菊栄編注）。

それはともかく、対人関係だけでも目の回るようないそがしさだったことは推測できる。

「毎日つぎつぎに幾組もの来訪者があって、昼と晩の食事を家族だけですることはなかった。昼間は来訪者と話することと、地方の同志に手紙を書くことが仕事であって、夜はほとんど徹夜で原稿を書いた。……菊栄の室でも、毎日のように若い婦人たちの集会があり、菊栄は寝床の上に起き上って仲間に入っていた。このあいだも奥山先生へのお参りは欠かさなかった……。私の方は思わしくなく、腸結核かもしれないような症状で、年じゅうカユばかり食べていたところへ、震災の少し前から、こんどは脊椎カリエスの疑いが加わってきた」（「わが愛妻物語」『全集』一七巻）。

振作の当時の回想はこうだ。「大きな声を出すわけでもなし、しかるわけでもないが、黙って座っていてピリピリした火花が父の身体から発散してあたりの人々を突き刺しているかのようだった。……不健康な体で一日中、人にあったり仕事をしたりして夜も遅くまで原稿を書いていた。そんな中で私に対しては、非常に神経質に細かいところまで心配していて、私にとっては有難迷惑というほかないほど世話がやかれていた。だから私にとってはこの時代の父は『こわい』記憶ばかりである」（「東京大学新聞」五八年四月九日）。

遠方からもおよびがかかるようになった。二一年の初秋には信州の教員のところまで講演にでかけた。何カ所かで開催されたが秘密裏の講演会なので、山中でおこなわれたところもあった。松本有明温泉の近くの林の中での講演が『社会主義研究』二二年一月号に掲載され、この評判が良くて、翌二三年四月に『資本主義のからくり』としてパンフレット化されて以降、二六年には改訂版が三種類ほど発行された（中国語訳、朝鮮語訳もある）。戦後も四六年四月に復刊された。

『社会主義研究』には毎月ほぼ六～七割の紙面を、かなり重厚な論文でうめ、その上二二年に入ると、あとでふれる『前衛』の世話と執筆もしなければならなかった。疲労は蓄積したであろう。しかも、菊栄と振作の健康も芳しくなく、二人は二一年九月から翌年四月まで小田原と甲府津に転地療養にでかけてしまった。そこで二二年四月に鎌倉極楽寺に小さな借家をして菊栄と交替で東京を逃げ出し、療養と執筆に専念するようになった。精力的な筆の動きは、その間もまったくおとろえない。ロシア革命の紹介、価値論争などすべてこういう状態の下で執筆されたのである。

山川の人生にとってもっとも多忙であったこの時期に、山川の進化は飛躍したのである。

〔11〕大杉との別れ

少し話はもどるが、大杉との顛末にふれておこう。普通選挙権実現運動の一頓挫と、一方におけるロシア革命の刺激は、労働運動の先進部分を左翼の方におしやった。労働運動内には、大杉派アナキストと堺、山川、荒畑ら「ボル派」の影響を受けた活動家が大勢うまれていた。

労働組合内の論争は二〇年〇月に開催された友愛会第八周年大会で表面化した。この大会は『大日本』の「大」をとり名称を「日本労働総同盟友愛会」に変更し、戦闘的気分にあふれるものだった。そこで、労働組合法や議会政策をめぐり否定的な関東勢と、議会政策に立脚する関西勢が論争したのである。翌二一年七月には、友愛会関東連合会主事・棚橋小虎が、アナキストの奇矯な言動を批判して辞任するさわぎとなった。友愛会は六月にアナ系労組との共同組織であった「労働組合同盟会」を脱退した。こうしてアナキスト系（「アナ派」）に批判的な労働組合指導部・活動家は「ボル派」（ボルシェビキ派）と総称されはじめた。「アナ派」と対抗する限りで「ボル派」と呼ばれたのであって、理論的に「ボルシェビズム」だったわけではない。「ボル派」は堺や山川、荒畑らの理論的権威をとりあえずは拝借したのである。

一方「アナ派」は、堺、山川たちとの決定的な対決はなお避けていた。それは「冬の時代」をともに苦労した者同士の情もあったろうが、一九年三月に結成されたコミンテルンの日本への働きかけも作用していた。五月に、在米日本人社会主義者団で活動していた近藤栄蔵が帰国し、倉敷に帰省中だった山川と神戸で会った。堺や山川の身辺にあらわれたコミンテルンを意識する人物としては、最初の人間だった。そして以降数年間、近藤は堺、山川のグループの主要メンバーとなり、コミンテルンとの窓口的な位置を占める。

在米日本人社会主義者団とは主に堺が文通などをしていて、ボルシェビキやレーニンについての英文の文献はこの団の関係者から堺に送られてきた。

コミンテルンからの堺、山川への直接のコンタクトは二〇年八月に、コミンテルン極東部のヴォイチンスキーの意を受けた朝鮮の活動家による、上海の極東社会主義者会議への参加打診からはじまった。二人は用心してことわった。そこで彼は大杉に打診した。行動的な大杉は即答し、一〇月に上海に密航し、陳独秀宅で開催された会議に参加してコミンテルン代表から機関紙発行資金として二〇〇〇円をあずかった。彼は帰国して堺に金を渡そうとしたが、堺は受けとらなかった。そこで結局翌二一年一月に発刊した自分の機関紙・第二次週刊『労働運動』の費用とした。その際、山川と堺は『労働運動』編集部員に、「ボル派」の近藤栄蔵と高津正道を勧め、大杉も受けいれた。

さらに二一年四月、コミンテルンの密使として李増林が、堺、山川にコミンテルン極東委員会（上海）へ代表派遣をするよう、大杉を通して打診してきた。これにたいして、山川宅に、堺、荒畑、高津、橋浦、近藤栄蔵があつまり協議した。近藤が強く希望したので、とりあえず当時『労働運動社』にいた彼をいかせることにした。ところが五月に帰国した際、コミンテルンからの大杉への「見舞金」をふくむ運動資金を所持したまま下関で豪遊して怪しまれ検挙された。釈放後のその金の使途は一部をのぞき不明瞭だった。荒畑らは怒って近藤の査問会を開いたが、もっと怒ったのは大杉で、彼はこの事件で近藤を「ボル派のごまのハイ」と批判した。

九月には、留学生を装った中国の共産党員から、堺と山川にコミンテルン極東民族大会（二二年一月からモスクワで開催）への参加打診がきた。堺と山川はまた近藤にまかせた。近藤は、大杉や徳田をさそった。水曜会で山川がかわいがっていた徳田球一は、大会に参加するにあたり「水曜会の肩書を使わせてほしい」と、山川に頼みにきた。そこで山川は

1921年9月30日　銀座・青柳での売文社(当時近藤栄蔵の経営になっていた)顧問会　白シャツ新居格、右へ大杉、堺、山崎今朝弥、山川、近藤栄蔵

「誰にも相談せず、私の独断で、徳田君が水曜会の肩書を使うのを黙許することにした。そして徳田君がいよいよ出発し、もはや安全地帯に入ったと思われるころまで、西君はじめもっとも身近な人たちにも話をしなかった」(前掲「若き日の印象」)。

結局、一〇月下旬に、アナ派から五名、ボル派から高瀬清、徳田球一の二名が大会参加のため日本をたった。コミンテルンへのはじめての大型代表団であった。大杉はとりやめた。大杉はこのころから、山川とも対決を辞さぬ心境になっていたと思われる。

一一月一二日、山川宅を大杉がおとずれた。菊栄は転地療養中で山川は自炊がおおかった。大杉は焼き豚を持参し、それをつつきながら話ははじまった。

例によってロシア革命について議論になった。大杉はロシアのプロレタリア独裁が気にいらなくなっていた。その帰り際こんなやりとりがあった。大杉「しかし僕らがロシアにいたら、大体において、まああのとおりをやったろうな」。山川「精密に同じことをやったろうな」。大杉「ナニ、精密には同じことはやらぬさ。プリンシプルがちがうから」。山川「そのプリンシプルという奴が、めったにあてにならぬ奴でね」。さいごに大杉は「いつものとおりの如何にも罪のない、面白そうな、ヒ、ヒ、ヒという笑い声を残して、バスケットをさげて出ていった」。そしてこれが大杉と永遠の別れとなった(「大杉君と最後に会うた時」『全集』三巻)。

こうして、二一年一二月から刊行された第三次『労働運動』は、ボル派の高津と近藤を編集部員からはずし、正面からボルシェビキ批判で満たされたものとなった。大杉はもう山川と議論する機会がないまま、関東大震災で虐殺される。

こうしてコミンテルンが仲立ちとなったかのような、アナ派とボル派の蜜月関係は終った。ロシアでのアナキストの反乱もあり、コミンテルンも日本のアナキストは無視するか、ボル派に改宗せぬかぎりは排除するようになった。

第三話 「方向転換」と第一次日本共産党

【1】 日本共産党の結党

山川は、ロシア革命の研究を深めながら、「日本社会主義同盟」の解散による閉塞感の中でコミンテルンからの働きかけに遭遇した。この体験から山川は何を考えたのだろうか。

「同盟」解散後、水曜会をはじめさまざまな小グループが生まれる。そして「こういうグループの間で、特にその連絡会議のような会合で、この際どうしても秘密結社としての共産党をつくらなければダメだという気分がだんだんともりあがってきたのです。それには私自身も大いに責任があるわけで、私の出していた『前衛』や『社会主義研究』でも、ロシアの共産党の組織はどうなっているとか、活動の仕方などをたびたび紹介していました。このようにしていわば共産党熱というようなものがわきあがり、共産党というものがあこがれのマトみたいになったのです」。

このように山川もロシアのような共産党の必要性をそれなりに感じていたのはまちがいない。

しかし他方、現実のコミンテルンの行動には違和感も持ちはじめたようである。二〇年から二一年にかけて、三回おこなわれたコミンテルン関係の国際会議への勧誘については、後につきはなした回想をしている。「コミンテルンの最初のやり方は、誰でもいい、一番初めに会った人に金をやって何かやらせる。そのうちに適当な人をつかめば前の人はすてでのりかえる、こういうやりかたですね」。はじめは大杉、二番目は近藤栄蔵を思いうかべての証言であろう。金は、堺や山川にとって、一番気をつけねばならぬものだった。とくに近藤のような人物が大金を入手すると、どこかで遊蕩し、金使いの荒い人物として官憲にかぎつかれ、そこから洗いだされかねない。それに資金をコミンテルンから支給させるには、もっともらしい理由がいる。『寒村自伝』によれば、大杉の代わりに近藤の極東委員会参加を認めた山川宅の会議（二一年四月）では、「共産主義の秘密結社を組織する問題を協議した」という。それを近藤は「日本共産党報告書」としてコミンテルン側に針小棒大に伝えたらしい（加藤哲郎『大原社会問題研究所雑誌』四八九）。大きな運動をおこしているように報告して、多くの資金をコミンテルンから引きだすようなやりかたも、山川のきらうところだった。山川は「東調布署手記」では、こうした国内の運動への悪影響を「コミンテルンの腐食的な作用」と呼んでいる。

この「手記」では前章でふれた徳田の極東民族大会参加については、つぎのように述べている。「徳田君がやってきて、こんどコミンテルンからこういう申し出をしてきた。それでその条件は誰でもいいから、要するに頭数をそろえてくれ、しかしできれば所属団体をつくってくれ、何々団体から送られたという団体の肩書きをつくってくれということだ、それで自分も行くことにした、ついては水曜会の名前を使わしてくれ、こういう話があったのです」。単なるグループにすぎないのを本格的な団体であるかのようにみせようとする参加者、あるいはそう求めてくるコミンテルンにたいして、愉快には感じなかったであろう。

以降、針小棒大な情勢報告をもとに、コミンテルンから日本への戦術指導もされるようになる。

さらに日本対策の責任者としてモスクワで采配を振るっていた片山潜がよくなかった。片山は日本にいたときから社会主義者仲間の間ではあまり好かれたとはいえず、最後の渡米も、国内の運動を見すてたように受けとめられた。また堺への対抗意識は眉をひそめさせるものがあったらしい。

この件については「東調布署手記」では『自伝』より直裁に語っている。「故国の運動には少しの足溜まりをも有しなかった片山潜氏」が、極東民族大会に参加した吉田一に「大杉栄、荒畑勝三、山川等と相談し堺を除外した共産党組織準備のための委員会を組織」せよと指令した。そして吉田が山川にその旨「勧誘した」。「吉田氏はこの計画を勿論他の人にも持ちめぐったものと見え、この話を漏れ聞いて山川はモスクワの片山と策応して堺排斥の陰謀を企ているといふようなことを云って、故意に堺氏と私との離間を計る人さへもあった」（この件は『改造』三三年三月号で山川が、片山を「モスクワの某氏」、吉田を「労働者」と名を伏せて公表していた。Ⅱ第七話［8］）。「そこで私は当時追々盛んになって来た入露熱に対しても早くも懐疑的となりました。それで大正十一年中でありましたが荒畑氏が是非一度往って見たひといふ話を聞きました際も……私は極力引き留め同氏も其時は思ひ止どまってくれました」。

だが、山川のこうした違和感も、コミンテルンとの間に介在した人びとの個性や未熟さにたいしてであり、コミンテルン自体に疑問をいだくまでには、まだ第一次日本共産党以降しばらくの経験が必要であった。

さて、二〇年末から二一年にかけての社会主義者の拠りどころは、数人から数十人のさまざまな研究サークルだった。質量ともに秀でていた山川の「水曜会」（第二話［10］）は、『水曜会パンフレット』などを発行し活発に社会主義の啓蒙活動もしていた。このパンフレットの多くは山川夫妻が執筆し十数種類発刊され、「いづれも四五千部を売りつくした」（『社会主義研究』二三年一一月号）。のちの日本共産党の中心人物のほとんどはここから育った。

ほかにベテランが中心のサークルには堺の「無産社」、荒畑の京阪「ＬＬ会」、高津正道の「暁民会」があり、若手が組織したものとして、「北郊自主会」（橋浦、吉川ら）、「南葛労働会」（田所、川合義虎、渡辺政之輔、杉浦啓一ら）があった。大杉の「労働運動社」も続いていた。青野季吉、市川正一らは、二二年四月に雑誌『無産階級』を発行した。

以上の政治的な集団とは性格を異にするが、『種蒔く人』の同人があった。中心は、フランス留学で第三インター関係者と交流し帰国した小牧近江である。小牧は外務省に勤めたが、土崎の友人・金子洋文と相談し二一年二月に『種蒔く人』（土崎版）を発刊した。この小さな同人誌は三号で廃刊したが、一〇月に東京で再刊することとなった。小牧と山川との出会いについては、小牧はつぎのように回想している。

東京版を出すすこし前、小牧は堺に会う機会があった。その席上で小牧は「こっそりと、堺さんに、『あなたは第三ですか、第三ですか？』と質問」をしてみた。すると堺は「外務省の小役人くらいに思っていた」初対面の男から「キワドイことを聞かれてちょっとガクゼンとしたようです。しかし、さすがに老巧、堺さんはこう答えました。『それは山川君にきけばわかるよ』。それで私は紹介状ももらわずに大森の山川先生をたずねたのでした」（『ある現代史』）。

小牧は以降山川とともに歩むことになる。また、『無産階級』の青野と市川を山川にひきあわせたのも小牧だった（『唯物史観』一五号「座談会＝文芸戦線をめぐって」）。

こうして族生した諸グループが、社会主義同盟に代わる中心的組織を希求するのは自然の流れだった。

この流れの中で、山川はどういう立場にあったか。

『自伝』では、共産党結成への一般的な責任については認めているが、それ以上の具体的なかかわりについてはつぎのようにしか述べていない。二二年夏、療養中の鎌倉に（共産党を作る決議をしたことについて）「西雅雄、田所輝明、上田茂樹の三君が報告にやってきて初めて知りました。ところで私は、共産党をつくることに異論はないが、技術的に問題があると思ったのと、少なくとも堺、荒畑両君とはあらかじめ相談したいと思ったので、延期しろといったのですが、決議をしてしまったから延期はいいだせないということで、そのままずるずるべったりに共産党ができてしまいました」。

荒畑はじめ多くの人が、後々まで疑問を呈する回想の一つがこれである。山川はたしかに慎重だったかもしれないが、結党の相談に与っており結党大会にも出席している。報告されるまで知らなかったはずはない、というのである。

この問題を検討する前に、日本共産党の機関誌とみなされていた雑誌『前衛』についてふれておこう。

「『前衛』は、ずっと前から水曜会のおもだった人たちの間で『社会主義研究』は保証金なしの学術雑誌で、時事問題が書けなくて不十分だから、新聞紙法による雑誌がもう一つほしいという希望があったのですが、このころになって『社会主義研究』の方はやっとトントンくらいに行くようになり、私に財政上の余裕ができたから、それではというので十一年の一月から出すことにした。堺・荒畑両君にはむろんあらかじめ話をして協力してもらうことになっていたし、猪俣君その他の人も原稿を書いて協力してくれたわけですが、別に雑誌の同人というようなものもつくってなかった」。

『前衛』創刊号　1922年1月

新聞紙法による雑誌は、日本社会主義同盟機関誌『社会主義』が存在していた。それは二一年五月の「同盟」解散後も九月まで刊行され山川もよく寄稿していたが、九月号をもって廃刊となったため、いよいよ何かしら必要になったわけだ。そして一二月には、山川、堺、荒畑で堺宅で協議し、山川の個人雑誌として『前衛』を発行することにした。題名はたまたま堺宅に居合わせた近藤憲二が、アメリカの『ヴァンガード』から思いついたのを採用した（振作「臨終記」）。

この種の雑誌発行は、発禁にともなう保証金の没収への備えなど、一定の組織的な支えが前提であった。山川の大森の家の庭つづきに「前衛社」を間借りでかまえ、資金面の責任は山川がすべて負い、編集実務には田所、上田、西、おくれて高橋貞樹が専念した。編集発行人は最初は田所、途中から上田に代わった。「個人経営の内容は、前衛社の家賃三五円と手伝いの婦人前川隼子（のちの上田夫人）の給料一〇円・裁縫授業料五円を山川菊栄が支払い、雑誌発行費や前衛社の生計費その他いっさいを著者が支出していたものである。……経営は最後まで赤字で、その補填のためには一般雑誌にそれだけ多く執筆しなければならず、著者にとって少なからぬ負担になったようである」（『全集』四巻振作あとがき）。

発行部数は不明だが、第二号の編集後記には、創刊号は「売捌店の申込み高が意外に多く、差当たり一千部足りないといふ騒ぎ」とある。

なお日本共産党は、戦後しばらく『前衛』を党の機関誌と称していたが、さすがに近年は山川の個人雑誌という認識にあらためられている。そうはいっても山川の『前衛』は、当時は唯一つの総合的な社会主義雑誌として、地下の前衛党の見解を発信するものとして受けとめられたことはまちがいない。そして理論的指導者とみなされた山川は、毎号のように重要な論文を執筆した。第一次日本共産党結党前に限っても、「ロ国は共産党の独裁か」（一月号、二月号）、「普通選挙と無産階級の戦術」（三月号）、「『部落民』の権利宣言」（四月号）、「ガンジーの運動とインドの無産階級」（六月号）、「無産階級運動の方向転換」（七・八月合併号）等々。このほかに毎号、時事問題への明快な視点を提供する「当面の問題」を執筆していた。

さて、山川は「東調布署手記」では、当時の自分の態度についてこう述べている。五月の社会主義同盟解散後に、「どういふ形態で運動を進めていくかといふことが、吾々の間の差し当っての問題となりました」。「そこで、自ずから吾々数人の間で時々会合して意見を交換するようになりました。この会合に加はったのは、堺利彦、荒畑勝三、橋浦時雄、高津正道、近藤栄蔵に私」で普選運動などについて意見交換をしたが、その後「近藤栄蔵の上海行き事件」などにもうながされて「自然消滅に帰しました」。この顔ぶれは第二話で紹介した二一年四月頃の大森の山川宅の集まりに同じである。

関係者の回想をみておこう。『寒村自伝』（この集まりを六月とする記述も同書に見られる）によれば、山川宅に堺、山川、高津、橋浦、荒畑、近藤栄蔵があつまり「共産主義秘密結社」の相談をし、極東ビューローへの参加を近藤栄蔵が希望したので承認した。また、高津正道によれば、この会議は「大森駅に近いソバ屋の二階」で開かれ、山川が「組織、規約、方針書を説明した」。しかしこれは近藤が「上海への土産」として「暫定でもよい」から（綱領・規約を）「とにかく一応は決定したことにして」もらいたいと要請したのを受けて急遽つくられた代物だった（高津正道『旗を守りて』）。

橋浦時雄は、当時「共産党創立準備会のようなもの」があり、堺、山川、荒畑、高津、近藤、橋浦が参加し、近藤の上海会議への参加もこの会の代表でいかせたと回想している（未公開「日記」）。『近藤栄蔵自伝』には、「四月末頃」に大森のソバ屋の二階で同様な会議があり、「大杉の代理」で自分が上海にいくことになったと記されている。高瀬清もこのころ「日本共産党準備委員会」が存在していたと回想している。日にちと場所はくいちがうものの、山川は「自然消滅した」とみなしている会合が、多くの関係者にとっては「共産主義秘密結社」の相談の第一歩として受けとめられている。

なお、二一年一二月、「暁民共産党事件」がおきた。高津、堺真柄、高瀬らの「暁民共産主義者団」が、一一月に陸軍大演習反対のビラを「共産党本部」名で軍隊に配布し、数人が検束された。堺、山川らはまったく関知しなかったが、世間を騒がせた最初の「共産党事件」だった。

何よりも日本共産党結党の機運を促進したのは、二二年三月から五月にかけての極東民族大会参加者の帰国である。モスクワでレーニン、トロツキーらに接し、アナキストの大部分も「ボル派」に改宗して帰国した。「第一次共産党の組織を促進した最も直接的の動機となったものは、入露者が帰ったことでありました」（東調布署手記）。

山川は、初夏に「小石川方面で」結党の相談がおこなわれたようだと回想している（前掲振作あとがき）。『寒村自伝』でも、党の第二回「準備委員会」が「小石川掃除町の吉川守圀の家で開かれ、堺、橋浦、高津、田所、上田、西、高野武二、近藤および私などが集まった」とある。これらの集まりで極東民族大会帰国者の熱気もあり結党の機運が促進された。青野季吉は五年後に「二二年六月に共産党組織の準備に着手した」と証言した（改造社『社会科学』二八年二月特輯）。山川が「六月に報告」を受けたと回想しているのと符合する。

山川は、四月から夫妻で交替で鎌倉に転地療養していたくらいの体調だから、結党準備には深くはかかわらなかったことはたしかである。しかし、西、上田、田所からのいわば事後報告を受けただけだったといえるかどうかは疑問である。

なお、このころになると、「冬の時代」の同僚や、水曜会のメンバーとはことなった世界から、あらたな人物が山川に接近してきた。アメリカから帰国した猪俣津南雄と、「読売新聞」特派員としてモスクワに渡り、極東民族大会に参加してから帰国した鈴木茂三郎である。猪俣は二一年一〇月に帰国し、早大講師に赴任して活動をはじめ、『前衛』創刊にあたって山川から協力を求められ、芝耕介の筆名で二号にわたり執筆した（山川による猪俣の追悼文―『全集』一六巻では「芝田耕介」となっているがまちがい）。そのころ山川と猪俣が日常的にどの程度の往き来があったのかはわからない。二二年か二三年に入ってからのころ、猪俣が山川をたずね、モスクワの片山から「大庭柯公は信頼していいか」と聞かれたがどう返事したらよいか、と意見を求めたという（「大庭柯公さんと私」『全集』一三巻）。この問いの意味についてはあとでふれよう（Ⅱ第七話［8］）。

鈴木は二二年三月に帰国して福岡に潜伏していた。「山川聴取書」（人民戦線事件で収監中に、三八年七月～一〇月にかけ警部補が聴取した速記。直筆ではないが、都度文末に本人が署名している）ではつぎのように述べている。（鈴木は）「極東大会ニ出席シ帰国ノ際徳田球一ノ命令ニヨッテ九州地方デ労働ニ従事シテ居タモノデアリマシタ徳田ハ至急党結成ノ上九州ノ鈴木茂三郎ニ命令ヲ授ケル積リデアツタカモシレナイガ思フ様ニ運バナイノデ其侭ニナツテ居ルト云フヨウニ思ハレタノデ私ハ鈴木氏ニソンナ馬鹿ナ命令ハ待ツコトハナイト言ツテ東京デ就職スルヨウ勧メタノデアリマス」。

そして「大正十一年の初夏……福岡の隠れ家から猪俣津南雄に呼び寄せられて大森の山川宅で、二人は隠語でお互いを確認しあってから話を始めた。山川は私に『職業革命家』でなく、生活の基礎を正業に―私はたとえ高利貸しであってもかまわないと思いますがねエ、といって重ねて新聞記者になることを進めた」（鈴木「わが交遊録」）。鈴木は同年一二月に「東京日日」の記者になる。隠語で確認したのが事実なら、二人ともこのときが山川と初対面だったことになる。

［2］　意図せぬ指導者

日本共産党の結党は一般的には二二年七月一五日とされている（近年、運動史関係者の間で「七月一五日結党」説をめぐり異論が提出され論争になってきたが、本書にとってはどちらでもいいことである）。会場は渋谷の高瀬清の間借り部屋。参加者は堺、山川、近藤、高津、橋浦、吉川、高瀬清らというあたりは、ほぼ定説となっている。荒畑は大阪において参加していない。

話はもどるが、山川は、自分の「結党大会」への出席については、いっさい語っていない。振作によれば、山川には今の渋谷区内にある「笹塚か幡が谷の会合に出た記憶があるらしい」（前掲振作あとがき）。だいたい七月一五日の会合は「結党大会」というほど形式をととのえたものだったかどうかも分からない。近藤栄蔵も「準備会」にすぎないと回想している（『近藤栄蔵自伝』）。『寒村自伝』では、この会議は「細胞代表者会議」であって、すこし前に山川、堺、徳田、高津、荒畑らがあつまり、そこで山川が「暫定規約」を提案したのではないか、と述べている。

あとで見るように、第一次共産党事件の裁判で、堺をはじめとする被告たちは、病弱の山川をかばうため、口裏を合わせて、山川の出席も党員であることも否認した。当然山川も否定し続けた。「知らぬ存ぜぬ」をくりかえしていると、本人もわからなくなるらしいが、いくつか集まりがあった内のどれかくらいの印象しかない会合であれば、記憶はいっそうあいまいになったとも考えられる。実際、『自伝』では「千葉県の市川市へ集っていよいよ党ができたのです。これが第一回の大会といわれているのです」と、二三年二月の第二回大会をもって「第一回」としているから、「笹塚か幡が谷」の会合は「大会」とは受けとめていなかったのではないか。

しかし、ほとんどの関係者の回想は、山川の七月一五日の会合への出席を証言している。結党時の当事者による一番詳細な証言は高瀬清によるもの（高瀬『日本共産党創立史話』）であるが、そこでも出席とされている。山川が臨終の床で、菊栄に当時のことを高瀬に会って確かめるよう要請した（『自伝』菊栄あとがき）ことからも、高瀬の記憶に山川も一定の信頼を寄せていたと考えられる。

さて、山川は戦後の回想では党員であったことは公にしている。戦前でも、すでに第一次共産党事件で無罪が確定して数年後に、「東調布署手記」では「事実上党のことは能く知っており、実質的には党員であったと認められても致し方がない」と述べていた。

『自伝』に述べられている山川の党員としての行動は大略以下のようである。

「私のところの大森細胞はたしか西、田所、上田、高橋（貞樹）、やはり水曜会の横田、それに私くらいだったでしょう。西君が細胞のキャプテンです。それでキャプテンだけが執行部と連絡する。他の細胞との横の連絡はできない……だから私のように平党員として細胞の中にいると、大体の党員の見当はついていましたが、見当のつかない人もいる」。「みんな私のところで仕事をしていて家族同様にしていた人ばかりで……特に細胞の会議とかは開いたことがなかった」。「指令のようなものは一度もきたことがない。だから細胞会議を開く必要もなかったわけです」。横田とは横田千元で、大森の山川宅のそばに住んでいた慶応の学生である。

党細胞は、要すれば水曜会の常連がそのまま「細胞」を名乗っただけであった。なお、山川は党員拡大もしたようで、山川に忠実な門下生・足立克明は「私が入党したのは山川さんの直接の勧めであった。時期は震災直前であった」と証言している（『全集』月報5）。なお菊栄も山川から「あなたも党員になっているよ」といわれたという（『全集』四巻菊栄あとがき）。

山川の第一次日本共産党への関与の細部については、さほど重要なこととは思えない。証言できる人物もこの世にもういないし、モスクワのアーカイヴに未発見の第一次資料などもあるかもしれないが、山川伝を書きかえるようなものはあらわれないだろう。『全集』四巻の振作による「あとがき」が一番詳細でかつ事実にもっとも接近したものと思われる。

山川にとっては十数人やそこらで党の形式をととのえるよりも、意志の統一がはかれるようになった前衛的な分子を、どう大衆運動に役立てていくかが関心事だった。たとえば、日本労働組合総連合結成大会対策（二二年九月）である。二二年春から、アナキスト系統の労働組合と総同盟、中立的労働組合などが一丸となった「総連合」を結成しようとしたのである。日本共産党員は総同盟にもアナ系組合にもいたので、山川、荒畑が、総同盟調査部長の党員・野坂参三と、アナ系の機械技工組合の党員・杉浦啓一などを通じて、両派を調整した。野坂は「入党したばかりの党からは、これといった指示もなく、何とか指示を得ようとして、山川とはしばしば接触した」と回想（『風雪のあゆみ』四）している。山川も「あの時は総同盟の方を少し引っ込めてもまとめたいと思いました。といって直接介入することはできないので、野坂君と機械連合の杉浦啓一——これも水曜会に近い人で、当時党に入っていたかどうか知りませんが——この二人と毎日のように集まって色々と作戦を練ったものです。野坂君は総同盟の内部から西尾君たち強硬派のなだめ役、杉浦君……は反総同盟側の急進論者をケンセイするといったぐあいに、準備会までの段階ではある程度の効果をあげたと思うのです」と述べている。

こうして九月三〇日に大阪で総連合結成大会を開くまでこぎつけたが、当日は総同盟（ボル派）とアナ派がはげしくぶつかり混乱し、官憲の解散命令で幕となった。

山川と大杉は前夜同じ列車で東京を発ち、車両も同じだったが、山川には「尾行が付いているので、目だけの挨拶」だった（大杉豊『日録・大杉栄』）。大会場の傍聴席にはアナ・ボル両派の指導者がそろい踏みした。山川と荒畑は、議事の進行具合を観察し、決裂せぬようこまかな指示を野坂を通じて総同盟代議員に伝えた。彼らのほとんどは、大会の解散命令とともに検束され、大阪退去を命じられた。

総連合をめぐる論争は「アナ・ボル論争」といわれたが、両派とも一貫性を有したアナキストでもボルシェビストでもなかったから、体系的な論争がなされたとはいえない。

それは代表的な論客であった大杉と山川のやりとりにも示されている。「集中主義」か『自由連合主義』かの原理問題は保留するよう、事前に「調整」はなされていた。問題となったのは理事を全組合から出すか一定数に絞りこむかであった。アナ派の求めるように全組合から出したら百人近くの理事会となり、実際の運営は不可能だった。大会前夜までこの問題でもめ、何とか妥協案にたどりついたのが「一夜のうちにくつがえった」（山川）のである。山川はこの背後に、アナ派の挑発に乗じた警察当局の介入を感じた。

大杉はアナ派の対応をもっぱら「労働者の気分」とか「個人本位団体主義」といった観念でもって弁護しようとした。これにたいし山川は、「労働階級の『気分』はかりに自由連合にあったとしても、組織され集中された資本勢力と抗争する現実の必要と、この必要をありのままに理解する労働者階級の堅実な常識とは、必ずこの『気分』に打ち勝つに相違ない」（「大杉氏に答う」『改造』二二年一一月号『全集』五巻）と批判した。実際に、アナ派は急速度で退潮し、近代的で戦闘力ある労働組合の組織形態がいかなるものでなければならないかは、活動分子に理解されていった。

さて、『社会主義研究』と『前衛』の執筆と経営上の負担は、健康を損ねた当時の山川にとって過重であった。山川は『前衛』一二三年一月号の編集後記に「この一ヶ年は『前衛』が主として存在のために闘った時代で、本誌を財政的に維持することに、勢い努力の大部分を費やさねばならなかった」と記した。だが一年目にして「どうやら財政上の独立もできたので、この際、一切を挙げて上田君に引き継ぐこととし」、自宅の庭つづきの一軒家にあった「前衛社」も市中の便利な場所に移転することを告知した。二二年暮れ、「前衛社」は、西、上田、高橋、田所ら山川門下の精鋭とともに市内に移転した。また、『社会主義研究』三月号で山川は「社会主義に関する数種の雑誌の合同に加わる」と宣言した。

なお、やはり自宅近くの横田千元の家を借りてあった「水曜会出版部」は存続し、毎週水曜の例会には市中から若手たちがあつまって来て研究にはげんだ。

二三年四月には、山川の個人雑誌であった『社会主義研究』と『前衛』を、青野と市川の『無産階級』と統合し、『赤旗』（セッキ—二三年七月に『階級戦』と改題）として発刊。編集・経営の責任は上田、西、高橋、市川が負うことになった。これは第一次共産党の決定であり、『赤旗』は内部的には党の機関誌となった。山川は「このころから多分党の機関誌になったのだろうと想像はしていましたが、正式にそういう話は聞かなかった」。

合併前の『前衛』最終号（二三年三月号）の編集後記に上田は「兼て一般同志間に出版物過剰の煩が唱えられていた。それは運動全体の上から見て力の分散であり、冗費の重荷であるとともに、また、読者諸君にとっても読書力と時間と経済の重荷であった。出版物整理の声は、限られたる時間と、貧しき懐を以って、精選されたる読み物を精読せんとする読者諸君の悉く一致する要求であると考える」と記した。党の決定といっても、要は実際上の必要と、山川の体調などの事情に応えたものだった。だから、『赤旗』・『階級戦』は四号しかつづかなかったが、党の方針やアピールを掲載できるでもなし、ひきつづき山川は毎号主要な執筆者だった。

コミンテルンも山川を重視していたらしい。二三年二月に来日したソ連大使・ヨッフェはコミンテルンの日本対策の任もおびていた。その歓迎会の席上で「ヨッフェから田口運蔵を通じて私に、ヨーロッパには日本の社会運動や労働運動のことは全然知られていないから、英文で日本社会運動史のパンフレットを出したい。ついては原稿を書いてくれということで、稿料として二百円をことづけてよこしたのです。私はたいへんいいこととは思ったが、何しろ忙しくて書いていられず、その上英文の自信もないので」ある人物にその仕事をまわした。ところが、共産党員だった改造社記者の鐃平名智太郎が「それは党の金だ」といってきたので、「早速金は党へ引渡しました」という（板垣武男宛五三年五月二日『全集』未収録）。

また同年春、「ロスタ通信員」で在日のアントノフが、「労働運動の事情を聞きたい」と山川に面会を求めてきた。二時間ばかし話したが、「労働組合総連合大会分裂」のいきさつについては「なかなか呑みこみにくかったらしい」（前掲「大庭柯公さんと私」）。

このような立場にあった山川は、共産党員からは大事にあつかわれていた。山川が二三年五月のメーデーに参加したさいの様子を、近くに住んでいた野坂参三は『風雪のあゆみ四』でつぎのように回想している。

上田茂樹が野坂に「山川が明日のメーデーのデモに参加したいと言い出したが、なんとかならないか」ともちかけてきた。「山川の願望を、なんとかして叶えさせようと思った」野坂は、総同盟の信頼できる党員たちに秘密裏に知らせ援助をもとめた。「翌朝の九時過ぎだったろうか、山川均が一人でわたしの家の玄関の戸をあけて、はいって来た。その服装を見て、私はびっくりした。彼は、どこで調達したのか、薄藍色の作業服のようなものを着て、古ぼけた鳥打帽子をかぶって、玄関に立ったのである。……彼は子どものように嬉しそうであり、また恥ずかしそうでもあった。それは、わたしと彼との永い付き合いのなかで、彼がただ一回だけ見せた無邪気な表情であった。……出発の前に……彼はポケットから脱脂綿を取り出し、それを二つにちぎり、掌でまるめて口のなかに入れ、左右両方の頬にそれを詰めこんだ。すると、彼の特徴である頬のこけた顔面が一変して、別人のようになってしまった」。

会場の芝公園入り口は警官によって「入場者の首実験」がされていたが、山川は「沖電気の青年労働者」数人のなかにまぎれて「関所を突破した」。行進では、各所で警官が活動家をひき抜く衝突をくりかえしたが、野坂、山本懸蔵、河田嗣郎らが山川の周囲を守り、「行列は、ともかくも上野公園の入り口まで無事にたどり着いた。……そのとき、どこに居たのか上田茂樹が現れて、手際よく山川を引き取ってくれた。……長い、緊張した一日がようやく終った。わたしの心の緊張も一挙に解け、それに代わって、この政治的『冒険』が成功した喜びに胸が熱くなったことを、いまでもよく覚えている。われわれから別れるときに、山川は、感謝をこめた微笑をもって会釈した。そして降り出した小雨のなかを、周囲の誰にも気付かれることなく、人混みに紛れて上野駅の方角へ、こっそり姿を消していったのであった」。

編集と雑誌維持の重荷を降ろした山川が、従来できなかったことに茶目っ気たっぷりに挑んだ姿、そしてそれを熱心に支えた党員たちの姿が活写されている。

山川本人もこの時のことを「思い出のメーデー」(『全集』一八巻)で回想しているが、そこでは「事前検束をまぬかれるために、前々日に監視の目をくぐって家を出た」など若干のくいちがいはあるが、やはり気持の昂ぶりを感じさせるものである。なお、山川の変装は年期が入っていた。初期のメーデーで、堺、大杉、山川で誰が検束されずに最後まで歩きとおすか変装して競争したところ、山川が最後までつかまらなかったという(向坂逸郎談)。

こうして山川はやっとゆとりができたなかで、なすべきことを考えていたと思われる。しかしたちまち第一次日本共産党の一斉検挙に遭遇する。

[3]「方向転換」への道

山川の人生でもっとも世間に影響を与えた提唱の一つは、「無産階級運動の方向転換」(『前衛』一九二二年八月号　以下「方向転換論」)である。

「私自身も、その時は、党をつくったということと、あの考え方との間の矛盾を、それほどはっきり意識していなかった」という山川の回想が、この論文の特殊な性格を端的に示している。つまり、一方で少数の第一次日本共産党の結成にかかわりながら、他方ではそれと無関係に目を日本の無産階級運動総体の動向にそそぎ、「私自身の自己批判と清算であり、私自身の方向転換の踏み切りをつけるということであり、同時に過去の社会主義運動の清算」を提唱したのである。

山川が視野に入れていた無産階級運動総体は、どういう段階にきていたのだろうか。

第一次日本共産党が結党されたころ、無産階級運動は、普通選挙権要求運動の再高揚の気配に接し、従来のサンディカリズム的議会否定主義を卒業し、かつ議会主義にも統合されぬような無産階級独自の政治闘争の模索にむかっていた。

二〇年なかばからの戦後反動恐慌で争議は長期深刻化し、労働組合では妥協的な指導部を乗りこえる意識的活動家もたくさん生まれた。二一年一〇月の友愛会第十周年大会は名称から「友愛会」を削除し、日本労働総同盟に改称した。この大会で東京鉄工組合から「普通選挙実現」の要求項目を削除せよとの提案があり、過半数弱で否決されたがその趣旨は支持された。議会主義への反発はなお強かった。

けれども、かつてのような政治闘争一般への消極的姿勢だけにとどまっていたわけではない。総同盟一一年度大会（二二年九月）は綱領も改定し「労働者階級の完全なる解放と自由平等の新社会の建設を期す」と明記し、「シベリア出兵即時撤兵、労農ロシア承認、治安警察法撤廃」など政治的要求も決議した。これら政治闘争方針の作成には、山川の助言も受けた野坂、赤松、杉浦ら総同盟内党員とシンパのグループ（これは二三年春に左派フラク＝「レフト」になる）の果たした役割が大きかった。

この期の運動のもう一つの前進は、労働組合以外の無産階級の全国的な組織が形成されたことである。

二一年四月、初の女性社会主義者団体「赤瀾会」が発足した。堺真柄が常任で、山川菊栄はその思想的核であったが、「暁民共産党」事件で堺真柄らが検挙され活動は停止した。

二一年一〇月創刊の小牧、金子らによる東京版『種蒔く人』同人もさまざまな政治問題に積極的にかかわった。

二二年三月には、全国水平社が京都で創立され、被差別部落の民が人間としての叫びをあげはじめた。その中心の一人である坂本清一郎は山川に私淑した人物で、大会には堺、山川がそろって臨席した。のちに『特殊部落一千年史』を著す高橋貞樹も、山川の「水曜会」の常連だった。

四月九日には日本農民組合（日農）が創立された。当初は運動も協調的だった。しかし自作農が分解し小作農民の増大が進み、小作農自身のたたかいがはじまると戦闘的となり、準機関誌『農民運動』には堺や山川が寄稿するようになる。

日農の前進は無産階級政治運動に大きな意味を有した。農民組合運動は、地主を相手とするだけでなく、過酷な町村税の負担軽減や耕作権など、群町村の行政に直接かかわることが多く、労働組合がまだ普選運動に否定的だったときから政治運動の必要に直面していた。

こうした全体の形勢を俯瞰しながら、山川は「方向転換論」の予備的な思索をかさねる。「これまでのような意味での社会主義運動というものは、もはやなくなるべきものであり、なくさなければならないというのが、あのころの私の考えでした。古い型の社会主義運動というものは、労働階級の大衆組織である組合運動と、大衆的な政治運動の組織とに解消してゆくべきものだというふうに考えたのです」。

ここにいう「組合運動」と「政治運動」への「解消」を、整理した論文が「労働組合の進化と職分」（『解放』一二年一一、三月号『全集』四巻）である。「方向転換論」の半年前の執筆である。

山川は、イギリス、フランス、ドイツの労働運動の推移を検討する。「労働組合の職業的、純経済的の闘争という狭隘な戦線を拡大して、政治上の階級戦に導いたことは、たしかに社会民主主義の功績であった。けれども議会政策に堕した社会民主主義は、議会と投票を過重視したために、労働組合の職分を見落としていた」。これは主にドイツ社民党と労働組合運動の経験である。ドイツではマルクス派の伝統で、社会主義政党と労働組合の分業が早くから形成されていたが、それはともすれば、「最終目標は……社会民主党となづける祭司の手に委ね」るような機械的な分業にむかい、そして社民党が議会改良主義化するにともない、労働組合も階級解放という「最終目標」を見うしなっていった。

「しかるに労働組合の闘争を、社会民主主義の改良的議会政策から救いだして、産業的革命的の行動に移したのは、たしかにサンジカリズムの功績であった」。だが「サンジカリズムは社会民主党の議会政策主義を否認することに急いだために、無産階級のあらゆる闘争を総合した意味での、政治的目的と政治的闘争とを見落とした」。結果「労働組合は……不当にして過重な任務を負わされた。……そして組合はとうていその任務に堪えない組織となった」。つまり「実際から離れた」理論の無理は反対物に転化し、「CGTは、フランス社会党以上に戦争を遂行するために資本家階級と協力した」。こうフランスのサンジカリズムを総括する。

こうして「資本家的搾取の個々の事実に対する部分部分の闘争」だけではなく「全体としての資本主義に対する闘争」を「有効に遂行するためには、主として経済上の利害を基礎とした労働組合の組織以外に、さらに無産階級の政治上社会上の意識と目的とにもとづいた組織―無産階級の党派―を必要とすることになる」。この両「機関」があって「資本主義に対する無産階級の闘争は、初めて完全に行なわれることになる」。両者の関係はドイツのように機械的な「労働組合と無産階級の党派」の分業ではない。「労働者が自分自身の経済上の利害を、単に経済上の利害として感じているというだけでは、……階級的の意識に到達したものとはいわれない。しかるに主として経済上の利害によって労働者を団結せしめる組合は、労働階級中のこれらの分子をもその組合のうちに包容し……日常当面の闘争によって彼らをいっそう高い階級意識に教育することができる。この意味において、労働組合は社会主義の学校である」。

　労働組合と党、経済闘争と政治闘争の有機的関係の問題は今日では―現代日本で実践しえているかどうかは別として―理論上はあたりまえのことである。けれども山川の明晰な整理は、普通選挙権や政党について拒否反応を示していた労働組合の先進分子の頭の切りかえに、大きな役割を果たしたと思われる。

　また小品ではあるが、『社会主義研究』二二年七月号の「政治の否定と政治の対抗」も、「『政治』に対する無産階級運動の態度」の「三つの段階」をまとめ、最後の段階にいたって「いっさいの階級闘争は、真実の意味における、究極の意味における、革命的の意味における、政治上の闘争となった」と結論つけている。これも、「方向転換論」への布石と思われる。もう一つ関係性をうかがわせる論文がある。『解放』同年七月号の「無産階級の『共同戦線』」（いずれも『全集』五巻）である。前年一二月に第三インタナショナルが、第二インタナショナル、第二半インタナショナルとの共同戦線戦術をうちだし、二二年春に三つのインタナショナルの代表者会議が開催されるなど、世界的な共同戦線の動向を紹介したものである。日本のように少数の「主義者」がこれから大衆に融合しようという段階とは異なり、はるかに進んだ労働運動と強力な共産党と社会民主党の存在が前提の共同戦線であった。だからこれを日本にあてはめようとしたとは考えられない。けれども、次のような指摘は、「方向転換論」にも通じるものである。

　「共産主義者」は「明確にして純一な思想の下に、強固な無産階級の革命的党派を形造ること」に「りっぱな成功をした」。「そこで第二の問題は、大衆を動かすことである。……しかるに大衆の多くは、なお改良主義と中間派の指導の下にある。そしてその間は、共産主義者はこれらの大衆と共に協同の戦線を作らねばならぬ。さもなくば共産党は少数者の塊となって、宣伝の機関たるものにすぎなくなる」。

　しかし一方で山川は普通選挙への棄権戦術はまだ維持していた。「日本の資本主義は、ついにデモクラシーを完成することなしに、無産階級革命への推移をはじめるものとしたならば、無産階級が新たに開かれた議会の門を潜ることは、資本主義的支配の基礎に、さらに新しい安定を与えることになる」（「普通選挙と無産階級の戦術」『前衛』二二年三月号『全集』四巻）。

　無産階級の政党が、はたして「議会の門を」くぐらなくとも済むものかどうか、なお山川は模索する。

【4】「無産階級運動の方向転換」

さて、「方向転換論」は、一二年七月末に「急に思い立って」一晩で一気に書きおろし、印刷所にまわっていた原稿とさしかえて、急きょ『前衛』八月号に間にあわせたという。「東調布署手記」では、『前衛』編集部員の「田所輝明氏とこの文章の内容と同じ意味のことについて話し合ったことがあります。この話の中でどちらが最初に使ひましたか、多分田所氏だったと思ひます、不図『方向転換』といふ言葉を使ひました。その後間もなく私はあの文章を書くことを思ひ立ち、この言葉をそのまま標題に用ひたのでありました」と記している。

山川が乾坤一擲の気合をこめて書いた力作も、検閲で一番重要な節である二ページ分と結論部分の三分の一―つまり論文全体で一六八行の内四七行が、文字の右半分を削る方法で伏字とされた。読者は「古文書学者が蠹簡（虫の食った書きもの）をひもとくように」伏字部分を読みとった（『風雪のあゆみ五』）。

山川の論文では生涯を通しても最大級の検閲伏字だった。

「方向転換論」は三つの柱からなっている。

一つは「過去二〇年間の社会主義運動は自分自身をはっきりさせた時代」であったとの総括である。つまり一九〇三年「平民社」にはじまり日本社会党内論争で純化し、直接行動論から「冬の時代」を経てアナルコ・サンジカリズム全盛期と、それにつづく「ボルシェビズム」化を、社会主義の理論的成長・純化として表現したのである。そして「日本の社会主義運動は、過去二〇年間を通じて、つねに階級闘争主義と革命主義との上に立っていた。……日本の社会主義者ほど、明白に資本主義の撤廃という最後の目標をのみ見つめていたものはない」。他国のように議会改良主義にわざわいされることなく、革命的な意識を得たこと、そして「戦闘的分子が何らかの形で結合したときに、無産階級運動は、まさに一歩をふみしめたものである」。ここにいう「戦闘的分子」の

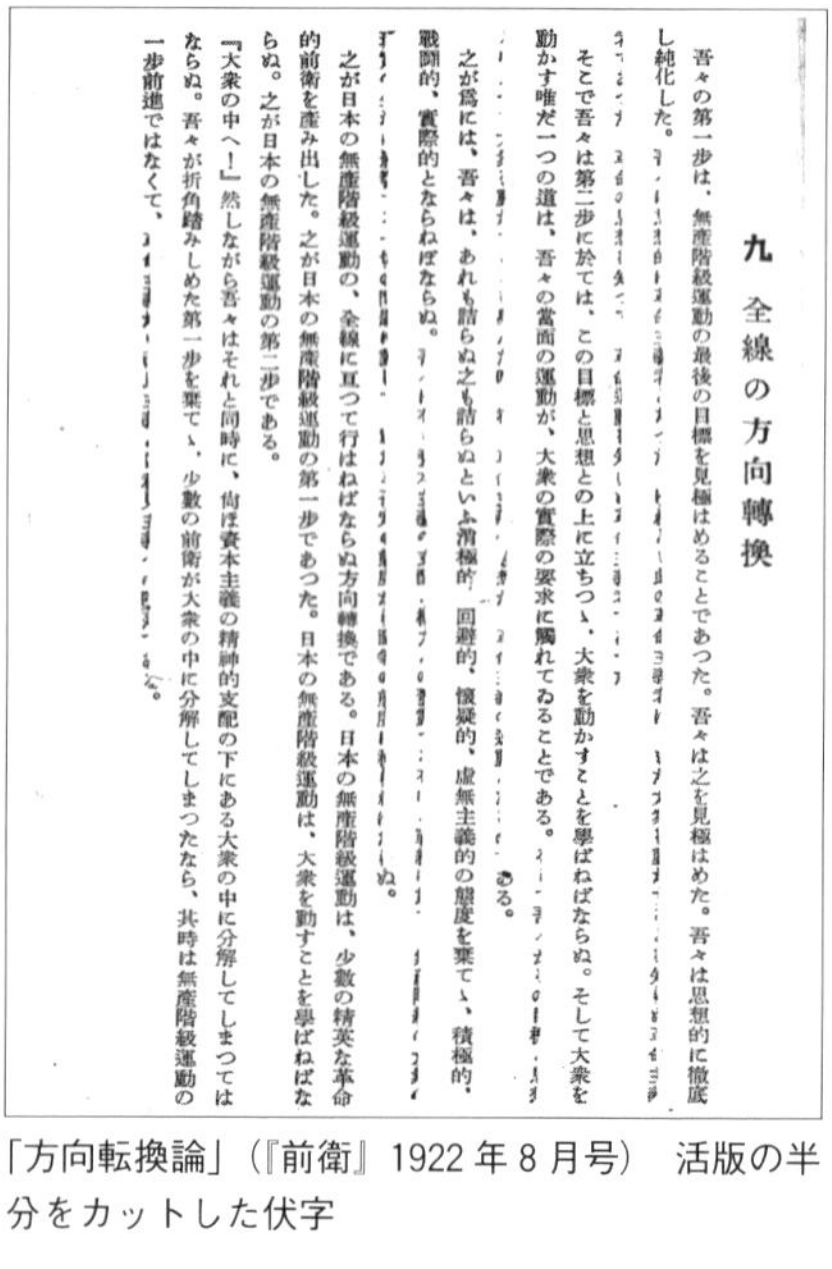
九　全線の方向轉換

吾々の第一歩は、無産階級運動の最後の目標を見極はめることであつた。吾々は之を見極はめた。吾々は思想的に徹底し純化した。

そこで吾々は第二歩に於ては、この目標と思想との上に立ちつゝ、大衆を動かすことを學ばねばならぬ。そして大衆を動かす唯だ一つの道は、吾々の當面の運動が、大衆の實際の要求に觸れてゐることである。

ある。

之が爲には、吾々は、あれも詰らぬ之も詰らぬといふ消極的、回避的、懐疑的、虚無主義的の態度を棄てゝ、積極的、戰鬪的、實際的とならねばならぬ。

ぬ。

之が日本の無產階級運動の、全線に亙つて行はねばならぬ方向轉換である。日本の無產階級運動は、少數の精英な革命的前衛を產み出した。之が日本の無產階級運動の第一歩であつた。日本の無產階級運動は、大衆を動すことを學ばねばならぬ。之が日本の無產階級運動の第二歩である。

『大衆の中へ！』然しながら吾々はそれと同時に、尙ほ資本主義の精神的支配の下にある大衆の中に分解してしまつてはならぬ。吾々が折角踏みしめた第一歩を棄てゝ、少數の前衛が大衆の中に分解してしまつたなら、其時は無產階級運動の一歩前進ではなくて、

「方向転換論」（『前衛』1922年8月号）　活版の半分をカットした伏字

「結合」とは、第一次日本共産党ではなく、日本社会主義同盟に代表される社会主義者の結合を念頭においたと思われる。「日本の組合運動は、労働階級の大衆の運動というよりも、むしろ労働階級の先覚者たり前衛たる少数者の運動であって……政党、ないし思想団体たる性質をも、幾らか持って居る」と述べているように「前衛」を広い視野で規定したのである。

第二に、「大衆の中へ」という反省である。「けれども実際運動の方面では、二〇年間かかって第一歩をふみしめたばかりで、第二歩をふみ出すことを忘れていた。われわれは思想的には純粋の革命主義者になった。けれども実行の上には、次の一歩をふみ出すことを忘れる保守主義者の誤謬におちいっていた」。そして社会主義者は今度は「大衆は何を要求しているか」を見て、それに立脚した運動をおこさねばならぬ。「前衛たる少数者が、徹底し、純化した思想をたずさえて、はるかの後方に残されている大衆の中に、ふたたび、ひきかえしてくることでなければならぬ」。

第三に、それでは第二歩はどう踏み出すか。税金の使途など「ブルジョアの政治」から「民衆の生活は直接の影響をうける」以上、「政治の否定」から「政治の対抗」に転じなければならない。「無産階級が真にブルジョアの政治を否定するならば、単に消極的に否定するばかりでなく、積極的にブルジョアの政治と闘わねばならぬ。ブルジョアの政治に対して、無産階級の政治を対立させなければならぬ」。

なお、最後に「しかしながらわれわれはそれと同時に、なお資本主義の精神的支配の下にある大衆の中に分解してしまってはならぬ」、それは「革命主義から改良主義と日和見主義への堕落である」とつけくわえられていた。

山川はまだすべてを述べてはいない。「あの中には政党ということは言っていません。一ぺんにそこまではとうていついてこられないと思ったので、『政治闘争への戦線の拡大』という言い方をしたのでした」。また、「政治の対抗」の芽として論文で例示したのは、「労農ロシア承認」「治安警察法撤廃」「失業問題の解決」などにとどまり、「普通選挙権要求」は触れていない。配慮からなのか、まだ自身の整理がついていなかったためかは分からない。

しかし多くの配慮をした上でもなお、「猛烈な反撃を食うものと覚悟していました」と回想するくらいだから、相当に大胆な提唱であったのだ。

「方向転換論」のいう「革命的前衛」とは、当時結党されたばかりの第一次日本共産党の数十人をさすのではない。それならば普通選挙に参加したところで「改良主義に堕落」する心配はない。山川のいう「前衛」とは主には総同盟などに「組織された労働者三万人」などをさすのである（「方向転換とその批評」『前衛』二三年一・二月合併号『全集』五巻)。こういう意味の前衛が、未組織の労働者二〇〇万人、小作・自小作農民三八〇万人とどう政治的に結びつき、かつ「大衆の中に分解」せぬようにするかが、山川が問題としたことであった。

山川の関心は、秘密結社・共産党ではなく、はやくも単一無産政党の組織方針にむかっていたのである。

山川は政治的に重要な提言をするにあたり、決して観念的に考えるのではなく、ひろく運動全体を鳥瞰して大きな機運をつかみ、そのうちにふくまれる前むきな傾向を支持し促進しようとした。「方向転換論」も「猛烈な反発」は一部のアナキストをのぞいてはほとんどなく、労働運動界などにひろく受けいれられていったのは、やはり当時の機運の反映でもあった。

支配階級の側からすると、「男子普選」によって国民の多数を政治的に統合しないといけない段階に入っていた。そのためには、小ブルジョアジーの政治勢力を通じた労働者階級の政治参加を拡大するのは必至であった。また、農村における地主勢力が「農民党」を結成し、自小作農までを政治的にとりこもうとする動きもはじまった。そして関東大震災後の一〇月、山本内閣は「普通選挙断行」を表明した。

無産階級運動の側でも政治闘争への積極化がはじまった。二三年春の「三悪法反対運動」である。「三悪法」のひとつ「過激社会主義取締法案」は実は二二年春の議会にも提出されていた。ところがこのときは労働組合には「弾圧がくるのは当然」というアナキズム風の余韻があってほとんど反対運動をおこさなかった。しかし二三年春の三悪法（過激社会主義取締法案、小作争議調停法案、労働組合法案）反対運動では、農民組合、水平社、総同盟などの共同行動がはじまった。労働組合は他の無産階級勢力との共闘を政治的課題で組めるまでになった。一年間の成長は大きい。この反対運動は、政府をして悪法採択を断念せしめ、はじめて政治闘争に勝利したのである。国会では多数派の野党が反対に回ったのが廃案の理由ではあったが、無産階級の指導部には自信となった。

こういう形勢のもとで、「方向転換論」はアナキストをのぞく無産階級運動の指導部すべての合言葉になった。だが「私が書いたとおりの意味で支持してくれた人ばかりではないので、……あれを口実にして右旋回をやろうという人までも支持してくれたから、現象的には非常な大きな影響に見えるのです」。すなわち、その受けとめ方にも二通りあった。一つは山川の本意を理解したものであるが、もう一つは「われわれは誤っていた」という「方向転換論」中の一言をとらまえて、「方向転換論は社会主義者の詫び証文であって、これからは議会主義の水路で政治に進出すべきだ」と喧伝する勢力である。鈴木文治や小ブルジョア政論家たちはそのように主張した。これにたいし山川は、「或る形勢の下において は『方向転換』の立場から、議会運動に参加し得るように、或る形勢の下では同じく『方向転換』の精神に基づいて、議会をボイコットすることもできる」とし、仮りに「議会参加を有利とする」場合でも、無産階級の政治運動が「ブルジョアないし小ブルジョア急進分子の政治運動」に溶けこんでしまえば、それは「方向転換ではなくて、歴史の逆転である」と反論した（「無産階級政治運動の出発点」『改造』二三年一月号、「『方向転換』の小ブルジョア的解釈」『解放』一月号『全集』五巻）。

「方向転換論」は「右傾化」ないし「運動の行き詰まり」ではないかという批評も寄せられた。これにたいしては「『方向転換』とその批評」（前掲）で誤解を解いた。「方向転換は、行き詰まりの結果ではなくて、無産階級運動の前に大なる希望と光明が輝いた結果である」。「今日まで三万人の規模で行なわれていた無産階級の運動を、一〇万人、二〇万人、否二〇〇万人の規模で複生しようとする努力である」。「かような努力が……何故に『まわれ右』であろうか。そしてかような意味での『方向転換』が、はたして無産階級運動が行き詰まった結果としておこり得るであろうか」。そして大事なのは「ブルジョアと小ブルジョアの政治勢力から大衆を引き離して、無産階級の独立した政治勢力に結束」させることだと、のちの共同戦線党論につらなる提起をしたのである。

だが二三年初の段階で執筆されたこの論文でもなお山川は選挙参加への迷いをかくさない。「無産階級の政治的対抗……という立場からいえば、積極的の棄権ないしはボイコットは、或る場合には投票権を行使する以上に、有力にして有意義な無産階級の政治運動となるということを忘れてはならぬ」。しかし日本の実際の形勢が、棄権運動をとるべきかどうか「もとより私の観察は決定的のものではない。したがって、なお多数の人々の観測と判断とによって、最後の決定をしなければならぬことは無論である」。

このころの迷いは「東調布署手記」でも語られている。「私が後年提唱しました大衆政党の思想は方向転換論の当然の発展としてその内に含蓄せられているものではありましたが、しかし当時、無産政党についての私の考えはまだ熟してをりませんでしたし、また当時の実際運動の状態も、まだ政党問題に深入りするに適していなかったのでありまして、当時の私の言説にはかかる実情に対する妥協が多分に含まれてをりました」。しかし「当時私が接近していた若い人達のうちで熱心に政党樹立の急務を主張していた人々の主張を聴きますと、普選は早晩実施されるにちがいないが、一度び普選が実施せられたなら大衆は、今日は政治運動に反対している人々までも、必ず雪崩を打って選挙運動に殺到するにちがいない。そして吾々は置き去りを喰って孤立する恐れがある」という。こういう「若い人達」の意見が「多数の人々の観測と判断」の内容であったと推測される。

山川にはもうすこし仲間たちの判断に耳をかたむける時間が必要だった。そして「方向転換論」が、「実情に対する妥協」を越え、政党組織化の論拠となるのは、共産党弾圧と関東大震災を経てからであった。

〔5〕日本共産党事件と関東大震災

二三年二月四日には日本共産党第二回大会と呼ばれる会合が千葉県市川市で持たれた。山川は欠席したが、荒畑がはじめて出席した。このころ猪俣が入党する。つづいて三月一五日、東京・石神井で「臨時党大会」が開かれた。

高瀬によれば、当日、堺から組織については一四細胞、五八人と報告された。また、コミンテルンへの結党の正式報告に荒畑を派遣することを確認した。猪俣が議長を務めて綱領（ブハーリンの指導で片山潜を中心にコミンテルンが作成したとされる「二二年テーゼ草案」。「君主制廃止」が明記されていた）の審議をおこなった。もっとも天皇制については、堺が慎重で議論を避けたというのが定説である。

二つの大会のころ、山川は『社会主義研究』、『前衛』の二つの個人雑誌の後始末をしている最中だった。

「二二年テーゼ草案」については「党の細胞へ流して討議したというようなことはありません。少なくとも私の細胞では。この細胞は論客ぞろいでしたが、天皇制が議論になったことは一度もありません。第一、その綱領のことはウワサを小耳にはさんだという程度で、正体の本文を見たことがなかったのです」と回想している。

党員の個人個人としては労働組合運動や農民組合運動の中枢におり強い影響力をもっていた。しかし、堺や山川、荒畑などの世代をのぞいては非合法活動の経験にとぼしく、少数の党員は秘密裡の会合を開くだけで相当の精力を消耗してしまい、形式だけは諸外国のまねをして厳密化しても、スパイが潜入し情報は筒抜けで一網打尽となってしまった。

五月一〇日に早大軍事研究団事件に関連して、内務省みずからが「共産党関係者の大々的な検挙が近くある」とフレームアップしていた。だから事前から検挙を関係者は予測していたので、亡命する時間的余裕もあった。

当局が決定的な証拠としたのは石神井大会「議事録」で、それはスパイ・坂口某の策謀で当局の手にわたってしまったらしい。坂口は山川も面識があり、「私のところなどへもちょいちょい小遣いをもらいにきていましたが、何だか薄気味の悪い信用する気になれない男でした……その事件の後は、われわれの間からは姿を消しました」。

「治安警察法」容疑で党員のいっせい検挙がされたのは六月五日である。山川は、前年帰省したとき父・清平から「孫の顔がみたい」と請われ、五月末に帰省する予定だった。二つの雑誌の整理もついて、やっと余裕ができたのだろう。しかし一〇日の早大事件で、いつ検挙され足止めを食らうかわからなくなったので二五日には倉敷にむけ出発した。検挙の当日は、大森の留守宅も捜索されたが、帰省先には追っ手はのびず検挙はまぬかれた。検挙の理由が、市川大会、石神井大会の両大会への参加であり、押収した証拠品には山川の名はなかったからである。

だが検挙を伝えた新聞の号外には、山川の名が飛びかっていた。「東京朝日」（六月六日）は見出し二段ぬきで「山川氏宅には刑事廿名出張、探査一時間に亘る。山川氏は岡山に帰郷中なので直ちに逮捕方電命」とあった。本人の「新聞に現われた共産党事件」（『改造』七月号『全集』五巻）によれば、「私は五日の朝は東京で検挙されたり、逃亡したり、潜伏したり、逮捕命令を移牒されたり、礼状を執行されたり、五日の晩には郷里で逮捕、東京へ護送されたりしている」。新聞記者による、首魁・山川への見こみ記事である。この件を獄中の堺にも報告している。

「小生の如きも、東京電話では東京で検挙せられて居り、岡山の新聞では郷里に潜伏中を逮捕され、大阪電話では今東京に護送中といふ始末、小生は検挙せられる心当たりもなく、また現に本人は茲にかうして居るとは信じて居るものの、あまり評判が高いので（本人の意識はいちばんあてにならぬといふ、かねての老兄の教の如く）或は逮捕護送されたのが本統で、茲に居るのは小生の抜け殻かも知れず、その辺を確めかたぐ、特に老兄等の上も案じられるので早速帰京してみました……」（『全集』五巻）。

それはさておき、六月五日前と思われるが、党の使いとして水島某が大森の留守宅にあらわれ、菊栄に「これから倉敷にいって山川に会うが、何か用はないかという。私はもうすぐ帰ることだから特に頼む用件もないと答えると、非常に深刻な顔つきで、何か言いたげにしてためらい、結局心残りな様子で立ち去ったが、数日後、山川が帰宅してからきいたところでは、水島青年は党の命をうけて、山川に国外へ亡命の指令を伝えにいったのだという。山川はその意思はないのでことわったという。『ばかばかしい。外国へいったって何もすることはないじゃないか。日本のはかにわれわれの働くところはないよ』というのがそのいいぶんだった」（『全集』五巻菊栄あとがき）。水島が山川を倉敷にたずねたのは六月六日。「亡命」をことわった山川は翌七日には振作の手を引いて帰京した。

山川への「亡命」受けいれは、ロシア滞在中であった荒畑と佐野、高瀬らが協議してのことだったらしい。在ロの「日本人共産主義者団」名のコミンテルンへの報告文書ではつぎのように述べていた。

「われわれは万が一かかること（山川の収監―引用者）があれば、我々の将来の運動上、又氏自身の健康上の問題であることを考慮し山川氏をこの地（モスクワないしウラジオストック―引用者）に招致することを決議した。……若しこの決議に山川氏が従われるやうならば、『諸君』に於いて氏の出発、旅行に際して、万全の策を講ぜられんことを希望する。尚ほこの地では療養上は何の不自由はない」（加藤哲郎『大原社会問題研究所雑誌』四八九）。

さて、共産党はほとんどの指導部が検挙され、一部は亡命したため、臨時の委員会を置いた。そのメンバーは青野季吉、佐野文夫、赤松克麿あたりといわれる。

七月ころ山川は「委員会に加はって協力してくれと」と要請されたが辞退した。「しかし一面、先輩友人達の受難を前にして全く傍観の態度を取ることも忍びざるものがありました。それで再三の懇請に対して次のような妥協を承諾することとしました。即ち委員会への参加は断はること、……しかし委員会が或る特定の事務的な仕事を限定して……依頼するならば、私は出来うる限り努力してみる」ことにした。そしてさしあたり「検挙漏れの党員が若干ある筈だからそれを捜し出して委員会との連絡をつけること、入獄者及び家族の救援の手筈をととのへることの二つ」を引きうけた。「そして外廻りの仕事をする人として、委員会は私に河合某といふ青年を附けてくれました」。だが「この頃から私の身辺も俄かに警戒が厳重となり、河合青年と私との連絡さへも杜絶え勝ちとなりましたため……ぐずぐずしているうちに、九月一日の大震災となりました」（以上、東調布署手記）。

大震災では、やっと人生はじめての持家としておちついた大森の二階建てはペチャンコになった。周りは無事だったというからやはり安普請だったのだ。菊栄と振作は三田の奥山医院へいっていたが、お手伝いの女性が生き埋めになっていて、山川は必死で救出した。二日間庭で寝て、三日目に警察から「社会主義者をめぐる形勢不穏で危険につき退去せよ」と勧告されたが「厄介ばらいをするためと疑い、動かず」。四日目になって知人達からも忠告され足立とともにある家に非難したが、そこも家主の親戚が国粋会員なので早々に立ち退き、九日まで連日のあとかたづけ……等々（『全集』五巻振作あとがき）、病弱の山川にとっては大変な活躍だった。

一方、東京と横浜で朝鮮人と中国人六〇〇〇人のポグロムがおこなわれ、平沢計七、河合義虎ら九名、さらには大杉栄、伊藤野枝と甥っ子の橘宗一少年を虐殺した白色テロの手は、山川の身辺にも迫った。山川家の所轄警察の勧告もおおげさではなく、「大森方面の警備隊長」が、大杉らを殺した甘粕大尉との功名あらそいから「山川夫妻をやるつもりでさんざんさがし」自宅近辺に聞き込みにあらわれたが、避難先を近所の者もあきらかにしなかったので助かった（『女二代の記』）。しかし逃亡の途中から「三人いっしょにいることは危険なので、私と菊栄親子とは離ればなれになった」（前掲「わが愛妻物語」）。子づれだった大杉ら三人の虐殺の報が伝わったのかも知れぬ。

この状態で山川は、翌二日に郷里の父・清平に手紙を出している（『全集』五巻）。そこには家族の無事が記され、さらに「林兄上・姉上様」（林源十郎夫妻）宛に「桂二郎殿より立派な桃を沢山頂きました、御礼申上げます」とある。桂二郎は源十郎夫妻の次男だが地震の前日に山川家に桃を贈ってきていた。それを地震当日、菊栄が奥山医院にとどけたのである。天地がひっくり返り、一家の命すらあぶない騒動のなかで、そんな些事まで礼状をしたためたのも、倉敷に安泰を装い心配をさせないためだったかもしれない。

しかしさすがに疲労困憊し、しばらく麹町の菊栄の実家に避難した。

一一月頃、山川が共産党事件で巣鴨に入獄中の堺にあてた手紙（前掲）では「十月の初から熱が出て……都落ちの一人に数えられるのもいやなので、ぐづぐづしてゐるうち、かねて地震前から少々異常を呈して居った脊椎骨が、地震のために狂ふたものか段々傷みだし、とうとうカリエスといふことになった」と報告している。そして「震災後の住宅難と社会主義者への恐怖から……借家のできる見込みが立たず、また過労のため健康状態が悪く奥山仲医師から冬の間を温暖な郷里で過ごすよう厳しく云われたので、倒壊した家の材木を……布施勝治（弁護士―引用者）に売った代金一〇〇〇円を持って一一月中旬に東京をたら……一一月一六日倉敷に帰着。一二月一〇日、共産党から連絡に派遣された足立克明が契約しておいた兵庫県明石郡垂水村の借家に移転。一週間後には……西垂水海岸の貸し家を一年契約で借りて移転した」（前掲振作あとがき）。「一週間後」に移転したのは、「大阪朝日」が山川の垂水転居を報じたため家主に正体がバレ、例によってたちのきを請われたのである。

ふりかえれば山川にとって家族とやっとおちつけたのは、大森入新井の自宅がはじめてだった。入獄をはさんだ大須賀との不幸な別れとその後の流転、菊栄とむすばれてからすぐの療養のための別居、大森春日神社裏の借家におちついたものの、激務と一家そろっての闘病、そして病に耐えられる自宅を入新井にやっとこさえ、雑誌の編集責任も逃れ、一息ついたとたんの共産党事件と関東大震災だったのである。

戦前の社会主義者としてはこういう類の苦労はめずらしい。家族や自分の生活の糧は二の次で、非合法地下活動に入ったり、生活費は組織や同志の支えでまかなうという職業的「主義者」の道は、壮年以降の山川は意識してさけてきた。小ブルジョア的というそしりもまったく気にかけなかった。家族の人格をそれぞれ尊重し、おのれの運動のための犠牲にするようなことはさけ、子供を立派に育てあげ、食い扶持は自分で計画的に確保するという生き方をつらぬこうとした。普通の市井の人の生活のありかたから、あまりにかけはなれた生活態度からは、民衆の心をつかむ社会主義運動も生まれないという生活信条があったのではないか。鈴木茂三郎に「金貸しでもいいから正業をもって運動をしろ」と諭したことも想起される。

[6] 垂水・御影時代―頭の整理

こうして山川は二三年末からは垂水、二五年五月から二六年一月までは御影に居を定め、しばらく東京から離れることになる。兵庫は労働運動の伝統ある地域であり、その上大震災のために、各種催しは東京ではなく阪神でひらかれることも多く、かつて蟄居した宇野のようにのんびりできるところではない。しかし岡山時代や宇野時代がそうであったように、兵庫にこもった間にも理論的な蓄積と明確な定見を身につけ、一段と進化して運動の中心地に理論的指導者としてふたたびあらわれることになる。

山川が垂水におちついたころ、山本内閣は男子普選の実施を震災のわずか一カ月後(一〇月二二日)に表明した。翌二四年一月には与党であった政友会が分裂。一部が野党・憲政会や急進小ブルジョア勢力の革新倶楽部と「護憲三派」を構成し、普選と政党政治の実現をかかげ「第二次護憲運動」を展開した。そして五月の総選挙では、護憲三派が圧勝し、加藤高明内閣を出発点に本格的なブルジョア政党による議会政治への時期に入る。成人男子への普通選挙権付与は間近な政治日程にのぼった。

こうした情勢のなかで、二四年二月一〇日の総同盟第一三回大会は、議会への進出を方針化し、「現実主義への方向転換」とみなされた。一一月には島中雄三、赤松克麿、鈴木茂三郎らにより、「政治問題研究会」組織化にむけての相談がはじめられ、無産政党結成の重要な推進力になる。

こうした情勢を見定めた山川のわりきりは実に早かった。倉敷に帰省する直前の一一月四日に「新形勢と新方策」(『全集』五巻)が執筆された。そこでは議会のボイコットの是非は「重要な問題には相違ない。けれども第二に重要な問題である。第一に重要な問題は、無産階級の大衆を、小ブルジョア民主主義の指導にひきわたすかどうかという問題である」とした。そして「都会と農村における無産階級が、政治的に離散することを防ぎ、政治の戦線に、全無産階級を政治的に結束すること、これが第一の問題」だと、「全無産階級を独立した一個の」政党に組織するという提起を、はじめて本格的におこなった。そして棄権運動は「革命的形勢が相当に切迫した状況のもとでなければ積極的の大衆運動になることはできぬ」とした。情勢次第では「積極的棄権」は「望ましいこと」ではあるが、「けれども無産階級の戦術は、われわれの願望によって定まるものではなく、実際の形勢によって定まるものである」と述べた。

震災直後の疲労こんぱい状態でも、時勢への観察力はまったくおとろえていない。おどろくべき頭脳である。

そして垂水におちついてすぐ執筆し、補筆して『改造』二四年五月号に発表した「日本におけるデモクラシーの発達と無産階級の政治運動」は、わりきりをさらに展開する。

そこでも、帝国主義段階における日本資本主義は、イギリスのような長期の自由主義的、民主主義的な安定を与えないと言う、すでに論じていたことを再確認する。しかし問題は、日本の特殊な点はいったいなにか。山川はあきらかに分析を一歩進める。すなわち、「一九一七年三月のロシアと一九一八年一一月のドイツにおいては、ブルジョア・デモクラシーに安定を与えぬと言うことは、ただちに政権を、無産階級の手に収めることを意味していた。日本の今日には、決してこれに似よった形勢すらもない。日本の場合、少なくとも当面の問題としては、ブルジョア・デモクラシーに安定を与えぬと言うことは、無産階級がどの程度まで、独立した政治勢力として、小ブルジョア自由主義の思想支配からも、その政治運動からも独立するかということを意味している」。

そこで「積極的大衆的の棄権運動は……第一の望ましい方法であった。そして第一の望ましい方法が実際上に不可能なことがわかったなら、われわれは何らの躊躇もなく、第二の望ましい方法をとらねばならぬ」。「第二の方法」とは「選挙権の積極的行使」である。

結論は躊躇ないものであるが、山川は日本の経験をいま少していねいに総括する。「数年前の日本の無産階級運動が、棄権説をとることを必要とした実際の状勢は、もっと複雑であった。当時無産階級の力はあまりに小さく、無産階級運動の組織と訓練とはあまりに薄弱であり、わずかに組合に組織せられた少数の工場労働者は、無産大衆とは全然切り離されていたばかりでなく、組合運動はその発生期にあって、思想上の基礎も確立していなかった。そこでブルジョアの政治勢力の侵入を防ぎ、小さいながらも、独立した無産階級意識の結晶体を作り、かくて次の時期に進むべき足場を築くためには、ブルジョアの政治に対して消極的否定の態度をとることは、唯一の方法であった。したがってこの意味での棄権説には、消極的の意義しかないものであった。

それにもかかわらず一方には、全ヨーロッパの資本主義は、一時的の小安定を回復する多少の徴候を現しては来たが、何人もそうだと確信することはできなかった。したがって××（革命―引用者）的形勢が累進的に高まってゆくという希望は、なお多くの人々によって抱かれていた。そしてかような希望は、日本の今後に多かれ少なかれ発達するブルジョア・デモクラシーに安定を与えぬという根本原則が、実際どの程度で行なわれ得るかという限度をも、勢い誇張して考えさせた」。そして「一時的にもせよ、そしてきわめて薄弱な基礎の上にもせよ、不安定な小安定を回復する望みができた。したがって無産階級の運動は、切迫した形勢に応ずるための方法から、多かれ少なかれ緩和した正常の形勢に応じた方法に復帰することを必要としたのである」。

そして「かつては消極的の否定によって、ブルジョアの政治勢力から独立することを必要とした無産階級は、今や与えられた投票権を行使することによって、ブルジョアの政治勢力に対抗することが、必ずしも不可能でなくなった。農民運動の急速な発達は、無産階級の勢力をいちじるしく増大したばかりでなく……無産階級のあらゆる要素を包容する無産階級政党を可能とするようになった」。

山川の頭脳に反映した、無産階級運動の数年間の自己批判である。

さて山川の進化はここにとどまらない。この論文ではファシズムにまで言及する。帝国主義段階において資本主義的デモクラシーの「不安定」さは強まり、「必要になった瞬間に、ブルジョアジーはいつでも、ファスチズムの独裁を以ってこれに代えることを躊躇せぬ」と指摘した。

またつぎのようにも述べた。「或る程度にブルジョア・デモクラシーが発達していないでは、無産階級が政治的に成熟することは至難である。政治の民主化は、無産階級運動を堕落せしめるものであって、政治的自由が奪われて居れば居るほど、無産階級は革命的になると考えるのは、労働者の生活が悪くなればなるほど、労働階級は革命的になるというのと同じであって、それは或る場合の真理であっても、すべての場合における真理ではない。戦後のドイツの労働者は、生活がどん底に沈んで行けば行くほど、革命的になりつつあるとは云われない。またイタリアの無産階級は、ファスチストの独裁政治によって、いっそう革命的になったとは思われぬ」。

執筆の一年ほど前、イタリアでムッソリーニのファシスト政権が発足した。執筆の直前と思われるが一一月八日にヒトラーがミュンヘン一揆をくわだてた。だがコミンテルンも、ファシズムの台頭は資本主義の矛盾の激化のあらわれであって、社会主義革命にとって不利だとはいえないと規定した。のちに山川はこういう認識をきびしく批判することになる。世界資本主義の相対的安定期への移行に対応した運動のあり方を示しながら、一方ではファシズムの危険にも着目したことは、山川の情勢認識のするどさを示している。世界的にも当時は類例をみない透徹した見通しであった。

さて、震災直後から垂水在住の二四年春まで、党の指示で山川の世話をやいたのは足立克明だった。足立は「震災直前に」「山川さんの直接の勧めで」入党し、大森の山川宅のそばに住んでいた。震災直後に「党中央部の使い走り的な書記にされ」、一二月はじめに山川より一足先に神戸に帰り、山川の家を垂水に確保した。足立は「党と山川の連絡係」の役割も負っていたが「何の仕事も党から指示されなかった」(足立克明『全集』月報6)。なお、垂水住まいは「一冬の予定」だったらしく、二四年の六月には鎌倉あたりに越すつもりで、家をさがしてもらっていた。しかし「家も借りられず医師の許しも得られないまま」(以上『全集』五巻振作あとがき) 兵庫県に住みつづけることになる。

大森の家と同様、垂水の家も「巡査部長一人、巡査三人」が家主の家に常駐し見張っていた。そして西垂水海岸の借家も半年とたたぬうちに追い出され御影に転居する。

東京では、二三年一二月に、堺をはじめ共産党事件の被告が全員保釈されていた(翌年一月には全員が起訴)。堺は保釈されて間もなくの一月五〜六日に垂水の山川をおとずれた。保釈後の残務が山積していたであろうし、もう五五歳の高齢で獄中生活はかなりこたえていたはずである。それでもまっ先に山川をたずねたのは山川を守るためだった。一月中に東京から予審判事が家宅捜査と、カリエスで病臥中の山川の臨床尋問にくることになっていたからである。

堺が留置所でとりしらべられた際、堺本人のことよりも、山川が石神井大会に出席していたと証言するよう「繰り返し繰り返し其の事で私(堺―引用者)を責めた」。さらに堺を責めた検事は「吉川守邦君を呼び出して、山川を引き受けろと迫ったそうだ。『引き受けろ』とは山川を罪に落とせという意味である。そして其の言ひ草の中には、『山川はあの体ではどうせ永くは生きない。それ程ならいっそ獄中で花々しく死なせた方がいいぢゃないか』という無茶な言葉まであったそうだ。」(堺「判検事の『文化的』進歩」)。石神井大会の欠席はおし通せたのだが、こんどは山川は党員だったかどうかをしつこく責められた。これも堺はじめみんなで否定した。党の機密文書で「大森」とあるのは山川をさすのではと問いつめられても、「大森とは大森細胞のことだ」といい張った。

1924～25 年　垂水の海岸から望む明石海峡　山川撮影　二人は菊栄と振作か「無数の白帆が潮流に従って一定の方向に同じ速度で一せいに動くかとみるまに、また潮流のかげんでピタリととまる。」と菊栄が『女二代の記』で回想した風景

ところが堺がとりしらべ以外の雑談の中で、うっかりと山川のことを「大森が」としゃべってしまったので、党員だとの容疑の理由となってしまった（『全集』五巻振作あとがき）。そこで、こうしたこまかな点にいたるまで、口裏あわせを臨床尋問の前にしておいて、被害を最小限に食い止めようとしたのであろう。臨床尋問は一月に二回おこなわれ、一月一九日に山川も起訴された。しかし同志による口裏あわせが効を奏したのと、党員名簿には載っていなかったことなどから、二五年八月二〇日に一審で無罪となった。検察は控訴したが二審でも無罪となる。

　さて、共産党事件被告が保釈されると、さっそく獄外にあった臨時指導部と今後の方針を協議した。そして、森ガ崎での二四年三月の会議で、荒畑など一部の反対はあったが「解党」の方向になり、「残務処理委員会」（ビューロー）を設置することになった。

　九月ころと推測されるが、市川正一が垂水をおとずれ、残務処理委員会への参加を求めたが、山川はことわった。山川は参加を希望された理由を推測して、「多数の意見は解党に一致していたのでありますが、徳田球一氏その他少数の人々は強硬にこれに反対して困っていたやうでありました、それで曾ての個人的関係からして、徳田氏の態度を緩和する適任者が私以外に見当たらなかったので、私の介入が希望されたものだと私は解しておりました」。山川は固辞し「半日も押問答を繰返へした末、市川氏は辞去しました」（東調布署手記）。さらに「十三年の初秋」、神戸の野坂参三の別荘で、堺、佐野文夫らがあつまった際、山川が呼ばれ「運動を今後どういふ風にしたらよいものだらうかといふことに就いて雑談的な話が出ただけで……要するに共産党を再建すべきか否かといふことに帰着するのでありましたが、これについては誰にもまだ定まった意見が無いやうに見えました。……別荘の芝生に寝そべったりして一日を過ごし、べつだん要領をえずして別れました」（同）。ただし振作によればこの記述については時期と顔ぶれに記憶ちがいもあるやに思われるという（『全集』五巻あとがき）。

その後、大森で『前衛』の編集にたずさわっていた水平社の高橋貞樹が下宿し、阪神方面の活動家がたずねてくるようになる。とりわけ坂本清一郎、西光万吉ら水平運動関係者が多くおとずれた。

最後の別れをつげに来る者もいた。二四年の「五、六月ごろ思いがけなく村木源次郎さんがたずねて来、生れてまもないころ、抱いて世話をした振作の小学生姿を見て喜び……二、三日のんびり遊んでいきましたが、あとから思えば、これはこの世のおわかれにわざわざ来てくれたものでした。この年九月、村木さんは大杉さんらの仇討ちといって福田大将の暗殺を企てて成らず、……獄中で危篤に陥り、仮出獄を許されて途中で息をひきとりました」（『おんな二代の記』）。村木は大杉派の生粋のアナキスト。菊栄が結婚してすぐ鎌倉で結核の療養をしたときも、山川一家が大森の春日神社裏の借家に移ったときも、しばらく住み込みで家事をてつだってくれた。

なお、震災前から垂水移住時にかけて、山川の重要著作が多く刊行される。パンフレット・『資本主義のからくり』（二三年四月）。民本主義者批判、小泉批判などの論争文をまとめた『敵陣を俯瞰して』（二三年四月）。時評類をまとめた『井の底から見た日本』（二四年二月）などである。この本に付記されている「校正を了えて」は、当局の郵便物検閲をこんな具合にからかっている。

一月二九日に垂水の家についた堺のハガキは、すでに明石には一月二五日についていた。明石から垂水まで電車で一五分。「兎に角、郵便―か何か―の調子が変になって居るのは、この界隈だといふことが分かる」。『井の底から見た日本』の校正刷りの書留小包二つは、一週間たっても印刷所にとどかない。そこで「関西に於ける法曹界の有力者数名に依頼して、いよいよ大仕掛けに原稿の迷ひ児探しに取り掛かった。すると不思議に其の翌日の十日目の朝、件の原稿小包は、吉田書店の店頭にひょっくり姿を現はした。しかし今更二つ一緒に着くのも、さすがに極まりが悪かったものと見え、一つの方は、わざわざ一日おいて着いた。ここらは案外律義なところがあって、いぢらしい」。しかも「郵便規則第百四十二条」の「危険な伝染病流行地帯から来た郵便物」として「消毒」のために開封されていた。したがって「この小冊子に盛られた思想は……其筋の手によって完全に滅菌消毒された、消毒済みの思想」だから御安心を、と付記したのである。

冗談まじりに語っているとはいえ、まことに山川への監視と干渉はひどかった。

[7] 堺、荒畑―共産党への態度それぞれ

共産党における堺と荒畑の立場について付言しておこう。

一九年春に売文社を解散してからも、山川と堺、荒畑は平民講演会、労働組合研究会、『新社会』、『社会主義研究』の編集・寄稿、日本社会主義同盟結成など協力しあってきた。しかし、社会主義同盟が解散して、山川が水曜会、堺が無産社などそれぞれの周囲にグループを組織し、また第一次日本共産党が結成され事実上の委員長を堺がにない、荒畑も党の中枢をになうなど、それぞれの場での任務がふえていった。

そして共産党の結党がかえって三人の関係を窮屈にしてしまい、以前のようには往き来できなくなったと考えられる。

「堺、荒畑両氏と三人で久し振りで会食しました際、荒畑氏が、時に僕はプロフィンテルンの組織はどうなっているかを調べる役目を仰せつかっているのだが資料がなくて弱っている、山川君は多分何か材料を持っているだらうから近いうちに話を聞きに行くと云ひますと、堺氏が憤然色をなし、それはいけない、いくら親友の間柄でもそういふことを他の人に話すのは規律を乱すことになると云ひましたので、荒畑氏は……それならよそうといふことで終ったことがあります」(東調布署手記)。

堺が配慮して、山川をかばうために党関係者にできるだけ接触させないように努めたとも考えられる。

それはともかく、二二年夏以降、三人の交流の記録は急に少なくなる。

まず堺である。堺が、日本における共産党について触れた論文は、『赤旗』一二三年四月号の「日本政界の現在および未来」があげられる。そこでは「普選がすみやかに決行されることは確実」という前提で、労働者階級やブルジョア急進勢力などの新興階級を代表する政党がどのようなあらわれ方をするかが、予測されている。そして「共産主義的の色彩を帯びる」「社会党」から、「労働運動者を中心として、ブルジョア急進主義者と社会主義者を左右に加えた……労働党」、さらには「ブルジョア急進主義者中心」の「民主党」までが想定されている。しかし「共産主義者が公の政党として立ちう

る場合も、まずありそうに思われない」と明言した。

さらに、共産党事件の検挙後に遠まわしに共産党にふれた文章として、『改造』一二四年一月号に掲載された「獄中を顧みつつ」があげられる。そこでは「『秘密結社』などというものの再び必要でないように、『我々の公然政党』を出現させたいものだと考えている」と述べていた。これも、共産党事件で保釈され、裁判までの間に執筆された事情を勘案しなければならないが、本心と考えられる。

しかし第一次共産党のなかで、堺は委員長としての責任は一手に引きうけた。石神井大会では、猪俣はじめ若手が「天皇制」について討議しようとしたのにたいし、討議自体を回避させた。党員は知識としては非合法活動について知っていただけで、またあるていどの経験はあっても自由なアメリカでのことであった。不慣れな若者がにない、冒険主義者もいる集まりは信用はできないのである。

捜査で石神井大会議事録や党員名簿が押収されたとの報が伝わるや、ただちに堺を中心に、幹部の国外逃亡から病弱の山川を守る対策にいたるまで手がうたれた。

「堺先生には当時党の決定として国外亡命をしてもらう手はずがとられていたが、先生は委員長として党の最高責任者であり、同時に、同志の間で一番の高齢者であったので一身にこの事件の全責任を負い、従容として死につくという悲壮な覚悟を決めておられたのであった」（高瀬清『日本共産党創立史話』）。

そして堺は保釈されてすぐ垂水に山川をたずね、帰京すると森が崎の会議に参加し解党を決した。

荒畑は行動的だった。石神井大会で、コミンテルン執行委員会に結党の報告をすべく指名され、三月下旬にモスクワにむかった。モスクワではレーニン、トロツキーなど革命の巨頭の姿に接し、感激屋の荒畑はいっそう意欲をかきたてられた。モスクワで日本での共産党事件を伝え聞き、日本への帰路に近藤栄蔵、佐野、高津らと合流し、しばらくともにすごして日本の運動についても意見交換をした。そして大震災の報に接し帰国の途についた。そしてしばし潜伏し、一二月はじめころ上京した。麹町に避難中の山川を夜陰にまぎれてたずね、意見を質そうとしたが、厳重な警戒でとてもゆっくり話せる状態ではなく早々に引きあげざるをえなかった。

その間、山川は解党に賛成だと人づてに聞かされ、大勢は解党にむかっているなかで、荒畑は「孤立無援であった」。「執行部の諸君とは幾度か秘密の会見を重ねて討論したが、党はもうすでに実質的に解散してしまっていて、執行部は単に事実上の解党を形式的に承認するための残骸にすぎなかったから、もとより私（荒畑）の反対論などが大勢を挽回し得る筈もない」（『寒村自伝』）。

荒畑はそれでも森が崎会議で、残務処理のための委員会（ビューロー）の設置を強くとなえ、荒畑、青野、佐野（文夫）、北原竜雄、徳田がメンバーとして確認された。

山川は遠く兵庫にとどまって思索しつつ、理論的にわりきりつぎの展望を整理した。堺はわりきりながらも、最後まで後輩の面倒と後始末に責任をもった。荒畑は最後までたてまえを忠実に実践しようと、再建の足がかりを残そうとした。

これだけ三人三様であっても、信頼関係が決定的に壊れなかったのも、それぞれの辛苦と勉学がスケールの大きい人物をつくり出していたからであろう。

なお、検挙はまぬかれた山川もふくめ、第一次共産党事件では二九人が起訴された。そのうち、共産党再建にくわわらず「労農」同人への参加など、山川と行をともにする者は、堺、山川、吉川、猪俣、荒畑、橋浦、高津ら一〇人以上にのぼる。また検挙・起訴されずビューローで働いていたひとびとの内、青野と足立は労農派に参加する。

［8］ボルシェビズムの相対化とレーニンへの敬意

第一次共産党の解党は、山川にとっては模索の完了でもあった。いったい日本においてロシア的条件下の「ボルシェビキ党」が可能なのか。不可能とすれば労働者・農民の政党（無産政党）はいかなる性格でなければならないか、結論に達したのである。

山川は当時の思想的な転機をつぎのように述べている。

「ボルシェビズム即ちロシアの共産主義はロシアの特殊事情にのみ妥当するマルクス主義の解釈であり……共産主義思想即マルクス主義といふ考へ方も亦誤りであることを知りました。かくて私は、社会民主主義でもなく共産主義でもなく、もう一度それ以前の本来のマルクス主義に立ち帰り吾国の特殊条件に即してマルクス学説の発展を試みなければならぬといふことを痛感するに至りました。この根本思想は、爾後、私が運動から引退を決意する頃まで、大体において変化がありません」（東調布署手記）。

山川は、『社会主義研究』などでソビエト・ロシアの社会主義建設やレーニンの理論を精力的に紹介してきた（第二話［9］）。また『労農露西亜の労働』（二五年一月『全集』未収録）では、資本主義から社会主義への「過渡的段階」における労働組合の役割という、ボルシェビキ内で論争になっていた問題にも照明をあてていた。

けれども『階級戦』（二三年八月号）に掲載した「ロシアの支配階級」を最後に、本格的なこの種の論文はすくなくなる。そのあたりの事情について「東調布署手記」はつぎのように述べている。

「大正十二年頃から以後」になると、「ロシアに関する書籍や資料」、ロシア渡航者の増大、露語による原書研究などがひろがり、「私の受け売的紹介は最早や意義を失った」。もう一つは「ロシアに対する私の当面の興味が著しく減じた為め、十二年頃からは、私はロシア紹介をやめたのです」。

「さらにその後の時期になり、ロシア革命とロシア的理論とに対する私の認識が変化した一方、ロシアの国内ではトロツキー等の反対派が逐われたり、ジノヴィエフ、カメネフ等の新反対派などの内訌が相次いで起こり、ソ連について語ることは一種の陰鬱と不快が伴ふようになりましたので、その頃からはソ連に関する執筆の依頼は殆んどすべて謝絶して来たのでありました。ロシアの革命に対し私の態度がかういふ風に変化して来た動機は、その実情に関する知識が増し、従って批判的となったためでありました」。

その例として山川は二つの「実情」をあげる。一つは「ロシア革命の礼賛者たちは、あとから戦時共産主義でしかなくなったところのものによってロシアは日々に社会主義社会として成長してゐるものと信ぜしめられていた」。ところが「新経済政策が採用されると、この社会主義は『戦時共産主義』でしかないものとなり、ロシア革命礼賛者たちはあわててその説明や主張を変へなければならないといふ有様でした」。もう一つは、コミンテルンが労働者政党と労働組合を分裂させたが、この方針がゆき詰ると「急旋回して……統一戦線を提唱する」という風で、「いくら追随的な習慣の人々をも次第に懐疑的批判的たらしめずにはおかなかったのです」。

レーニンの理論の受けとめにも変化があったとしたためられている。

「一年初とおもわれるが、カウツキーとレーニンの「論争を読みましても、私は鋭利にして光彩のある、その上ロシア革命といふ活き活きとした事実を迫力として吾々に迫るレーニンの主張が優れていると考へたのでありました」。「大正十年十一年の頃初めてレーニンの理論を読んで間もないころはその理論を一応そういふものとして受け入れたのでありました。……しかしボリシェビキが社会民主主義に対立させて共産主義の特徴的本質的な理論として主張しているところのものの多くは、ロシアに於ける極めて特殊な具体的条件の下に政権の掌握に成功したボリシェビキの実践を理論化したものでありました。そういふ意味において共産主義の理論がロシアにおいて適切なものであり、また正しいものであることを認めれば認めるほどそれは他の異なった条件の下には適応のできないものが多いこと、従ってまた、それは一般的な妥当性を持つといふ意味での法則または理論ではないことを認めるようになりました」。

「かくて私は、ほぼ大正十三年十四年の頃になるとロシア革命及びその理論から受けた影響を整理し、だいたい次の如き思想に到達しておりました」。

すなわち、「ボリシェヴィズム」の理論は「ロシア革命のうちに於ける価値は充分に評価せられるべきものである」。同時に「社会主義への社会的推移の一般的な法則は、マルクス説が説明したとおりであるとしても、その具体的なコースは決して一つではなくて多様であること」。日本のような「ヨーロッパ諸国とも著しく異なった条件の下にある運動」に、ボリシェビズムの理論を「強行しようとするコミンテルンの影響は吾国の無産者運動の順当な成長にとって致命的に有害である」ということである。

そして「大正十三年の初めころには、私のこういふ考えがほゞ明確になりかけておりました。それ故に共産党再建への協力を断ったのでありました」。

さらに山川はコミンテルンへの期待の減退を告白している。「コミンテルンはそれを構成する人的要素から云っても大したものでないことを感じて来た」。「政策を編み出す能力においても、その理論沢山なのにも拘らず大したものではないことが分かった」。「コミンテルンの勢力扶植と政策強行とのために各国の労働者運動が犠牲にされてゐることを痛感させられた」等々。

以上の「東調布署手記」は、人民戦線事件で収監中の執筆であり、コミンテルンとの関係を追及されていた最中だから、コミンテルンとの距離を大きくみせる必要があったと考えられる。だからある程度わりびいて受けとめねばなるまい。

しかし「手記」に示されたボルシェビズムへの批判は、スターリンによる反対派粛清への嫌悪やコミンテルンの有害性の強調などは別として、戦後『自伝』（岩波版）に収録された「共産党と労農派の対立点」（五六年秋におこなわれた座談会の要約）にも継承されている。また社会主義へのコースの「多様」性についても、五六年の論文「社会主義への道は一つではない」にあらためて展開される（下巻第一二話［10］）。

だから二四年ころからというもの、「この根本思想は、爾後、私が運動から引退を決意するころまで、大体において変化はありません」というのには、いつわりはない。ここでいう「運動からの引退を決意」とは三一、二年ごろのことと思われる（第六話［10］）。しかし、戦後の山川の考えも基本的には変わっていない。山川の社会主義者としての人生を一九〇四年ころからとするならば、約二〇年間の模索をへて、一時的な「運動からの引退」時期をはさむものの、二〇年代半ば以降の三〇余年間の基本的スタンスは固めたことになる。そしてこのスタンスが、「非共産党マルクス主義」などとも呼ばれる、「労農派マルクス主義」の筋となっていく。

しかし、以降もレーニンへの批判はすくなくとも筆にはしなかった。そしてレーニンについては、コミンテルン流の「レーニン主義」礼賛とはかなりにことなった角度から、その真価を評価していた。おそらくその認識も、以降三〇余年間というもの変わらなかったのではなかろうか。

たとえばレーニンの追悼文（「ニコライ・レーニン」『改造』二四年四月号『全集』五巻）にはこうある。

「レーニンは、自分一個の独創の学説をたてようとはしないで、徹頭徹尾、マルクスの学説をもって終始した」。「しかしレーニンがマルクス主義を忠実に実行しようとしたのは、……真実に社会進化の法則を説明していると信じたからであった。レーニンほど、実際の事実を見定める場合に、自分の希望や幻想に動かされなかった人はない」。

そしてこういう態度が「レーニンをして、いつでも大勢のおもむかざるをえない必然の途、唯一の途をうちあてさせた」。「もしレーニンがえらいとすれば、それは一〇人なみの人よりも社会が動こうとし、動かざるをえざる必然の途、唯一の途を、少しばかり早く見定めたところにある。そしてひとたびこの途を見定めると、……彼は決してわき目をふらなかった。彼は決して脇道へは行かなかった。彼は恐ろしい勢いをもってまっしぐらにこの途を突進した」。「レーニンにおいて、われわれは理論と実践との間に、寸分の間隙だもなかったことを見る」。

たしかにコミンテルンの「加入二一ヶ条」を推進したのもレーニンだった。それは、ヨーロッパに革命的情勢が存在する時期なら、一挙にドイツなどで革命を成功させるには必要な措置だったろう。けれども資本主義が相対的安定期に入ったならば、それは通用するのか大きな問題だったはずである。だがレーニンはすでに病に伏し、二四年一月二一日に没していた。そしてレーニン死後、コミンテルンの指導は硬直する。そして日本共産党の再建はその硬直性を山川にいっそう体感させていく。

とはいえ、山川は同じころ執筆した論文（「レーニンの風ぼう」『全集』五巻）で、なお希望を述べている。「レーニンは死んだ。けれども彼がいのちによって培うた新しいロ国は人間の歴史に不滅の跡を残すだろう。そしてレーニンの偉大は、かれがこの大きな歴史的事実を作り出したのだからではなくて、この大きな歴史的事実が、かれを生み出したのだからである」。山川は、一年ほど前に、レーニンが死んでも、ロシアやコミンテルンの各支部から「適当な人物」がいくらでも生みだされるだろうと、あるアンケートに回答していた（「レーニンもし死なば」『全集』四巻）。

しかし実際はそういうわけにはいかず、レーニン死後、スターリン・ブハーリン派とジノヴィエフ・トロツキー・カーメネフらの合同反対派とのあらそいが表面化し、人材が粛清されていく。他国の共産党はコミンテルンに人材を送りだすどころでなく、ロシア共産党内の分派闘争のあおりをくらい、むしろモスクワで権力をにぎった勢力による支配が強まっていく。「東調布署手記」にある「コミンテルンの人的要素」や「政策能力」への失望もこういう現実の反映と考えられる。

だからといって、マルクス主義に落胆するほど、山川のマルクス主義は軽いものではない。マルクス主義を逸脱したとすれば、それは自分ではなくコミンテルンなのである。レーニンを真実に継承するとは、日本の歴史的条件に応じた主体的努力のあり方を見定めることである。そういう心構えで、山川は関心を国内の無産階級運動に集中させていく。

そしてレーニンの業績自体を体系的に紹介したのも山川だった。わが国初の『レーニン著作集』をみずから監修・編纂し、西や佐野文夫、田所など水曜会育ちのメンバーに翻訳させ、二六年三月から全一〇巻を白揚社から刊行したのである。著作集の第一巻は、ネップにかんする論稿を網羅した『新経済政策』だが、山川の訳出である。その「緒言」（二五年一二月執筆『全集』七巻）にいう。

「ブルジョアの世界は新経済政策の採用を見て、ロシア革命が資本主義に降伏したものだとして歓呼した。然るにレーニンは、新経済政策によって、ロシア革命は初めて打破りがたき社会主義的基礎を置くことが出来たと主張する」。「レーニン主義の戦術は、彼れの謂ゆる退却の時期に於いて最もよくその特徴を示していると云うことができる」。

また二七年秋には「社会主義サヴェート共和国同盟の現勢」（『全集』未収録）を『社会経済大系』に執筆したが、そこでも「同盟の国民経済が躍進的な復興期を過ぎ、いよいよ平和な、順調な社会主義経済の発展時代に入った」と述べていた。

〔9〕 定まる立ち位置——鎌倉に住む

山川は、再建日本共産党とのかかわりを決着つけようとした。

二四年秋の市川正一の来訪と、野坂別荘での堺らとの懇親のあとは、しばらく共産党関係者との接触はなかったらしい。翌二五年二月一三〜二七日にかけ共産党事件の公判出席のために上京し、東京の蒲田の知人宅に逗留した。そこにまず猪俣津南雄と田所輝明がたずねてきた。両人は「若し共産党が再建されるとしても自分は断じて参加せぬつもりだと語っておりました」（東調布署手記）。そして兵庫に帰る一〜二日前、堺と荒畑がおとずれた。その場面は『自伝』でもくわしく述べられている。荒畑は共産党再建にかんする文書（山川はこれを「上海テーゼ」ではなかったかと回想）を示し、再建への協力を求めた。「しばらく考えた末、僕は協力できないと答えました。……すると荒畑君は堺さんに、あなたはどうですと聞くと、堺さんは僕も同意見だと答えました。これ以上どちらからも、たいして議論はしなかった。……こうして多年一緒にやってきた荒畑君と、しばらく別れることになりました。それで党とは全然関係が絶えたわけです」。

「東調布署手記」では、山川と堺が荒畑の申し出をことわった後「暫く沈黙が続きましたが、私は、僕らが参加しない場合この計画はどうなるかと訊きましたら、荒畑氏は止むを得ず君等なしに進められるだらうと思ふと答えてこの話を終りました」とある。また「私共二人が協力を断はりましたのは、綱領や政策について異論があったとか、又は綱領や政策が私共の考への如く訂正されたなら協力するといふような条件的な拒絶ではなくて、コミンテルンの指揮の下に共産党を組織するといふことに全面的に反対の意思を表示したものでありました」と説明している。

しかし「党とは全然関係が絶えた」というのは事実とはいえない。共産党関係者はなお一定期間、すくなくとも福本イズムが風靡するまでは山川を重視して関係を保った。山川もまた「長年の親友たる荒畑氏が如何に進退したかについて、非常に気掛りでたまらなかった」と述懐しているが、西をはじめ水曜会で育てた若者たちのゆくすえも気がかりだったにちがいない。

五月頃「荒畑氏は大阪に来た序でに私のところを訪問してくれました。しかし党再建の問題には私は一言も出さなければ荒畑氏も何も云いませんでした。……その後……堺氏が所要で来阪しました際、荒畑氏も同伴し、久し振りで三人宝塚へ遊びに往ったことがありましたがこの時も私共はまるで痛い所に触れるのを避けるかのように運動上のこと、就中共産党再建の問題にはどちらからも一言も触れませんでした」（東調布署手記）。

このような山川の対応に、荒畑はやはり傷ついていた。「堺、山川の両先輩から協力を断られたことは、私にとって特に大きな打撃であった」。これだけでなく、総同盟の分裂問題や徳田への不快感などがかさなり、荒畑は「ノイローゼに陥り……妻の切願と医師の勧告に従い、しばらく一切を放擲して九州一巡の旅に出た」（『寒村自伝』）。

水曜会出身の若い活動家にたいしても、運動上の必要があれば、相談に乗り執筆や協力を惜しまなかった。相手が党員かどうかはわからないが、それは聞き質そうとはしなかった。

山川を慕っておとずれる者の一人に、間庭末吉がいた。彼は共産党の方針には釈然とせぬままにしたがっていた労働青年で、のちに党員名簿を所持したまま検挙された。名簿による一斉検挙をゆるした者として党からも指弾され、獄中で孤独のうちに亡くなる。山川夫妻はかわいがっていて、一二五年、二六年と二度の正月には、山川家に遊びにきていた。『おんな二代の記』に菊栄がその悲惨な境遇を偲んでいる。

山川の生活は個人的にもおちつかなかった。つい半年前に家賃の値上げを迫られ転居したばかりの借家から、五月なかばにまた追いたてをくらい、垂水から御影に転居を余儀なくされた。

御影の借家については「大阪朝日」がこう報じた。「或学生が山川さんのお住居を探したが……山川男爵の別邸らしい堂々たる洋館の外はトウトウ見付からなくてスゴスゴ引返した。処がホントはそれが山川さんの借家だったのだ。この家には昨年借りて居た仏蘭西人が強盗に襲はれて斬られ、それ以来借り手がなく化物屋敷だ等といふ噂をするものもあった」。正確にはフランス人が、強盗に強姦され死に損なった妻を椅子で滅多打ちにして殺害したという、もっとおぞましい館だった。それはともかく、おかげで月一五〇円の家賃が年八五〇円に下がったのだからありがたい。山川は何ら意に介せず、「私はその事件のあった当の部屋に独りで寝てゐるのですが、まだ幽霊は出て来ませぬ、どうせ会話は出来まいと思ふて馬鹿にしてゐるのでせう」（一二五年六月ごろの堺為子宛書簡『全集』六巻）と呑気なものだった。そして以来、洋

1925年1月1日　垂水高丸の家　均の隣が間庭末吉、振作を膝にしているのは藤原栄次郎（間庭の同志）と思われる

風の生活が気に入って、好んで洋風家屋に住むようになる。

それはさておき、幽霊屋敷に移ってからも共産党関係者の個人的来訪はつづいた。「党の会議や何かで地方から出てくる人がちょいちょい私のところにも寄りまして、どうも話をしていると、私が党にはいっているものと思い込んだ話しぶりをする人がいくらもありました」。共産党再建ビューローの徳田球一たちは、党の権威づけのためにも、山川を党員ということにしておいたのだろう。夏ころ、当時労働総同盟神戸連合会主事だった青柿善一郎と徳田がそろっておとずれた。その際、「徳田が山川さんへ、『福本和夫の誤謬を「労働新聞」紙上に、教養乏しい労働者にもよくわかるように説明してほしい』……と話していました」（青柿善一郎『全集』月報６）。

なお、徳田の予審調書には、ソ連大使館員ヤンソンの「意見ニヨリテ特ニ山川トビユーロートノ間ヲ密接ニスル事ニナリマシタ」。「ヤンソント協議ノ結果、グループ活動ヲ一層積極的ナラシムル為メ山川ヲ東京ニ呼寄セル事ヲ決定シビユーローハ同人ノ移転費用ヲ負担スル事ヲ決シ」云々とある。鎌倉移転のことであろうが、徳田は山川が党員であるとするために針小棒大に陳述したものと思われる。

また垂水から御影にかけての時期に接触を密にしたのは総同盟左派＝評議会の指導部だった。山川も総同盟左派の動向には関心をよせていた。総同盟内の左右対立が最初に表面化した総同盟関東同盟会大会（一四年一〇月）は、上京した菊栄が傍聴して山川に報告した。関東大震災の関係で、当時総同盟関係の大会や中央委員会は大阪や神戸で開催されることが多かった。二五年三月に左派が大阪で「革新同盟」を旗あげし、指導部が山川にアドバイスを求めに来ると、山川はそれに応え詳細な指針を示した。そして「革新同盟」をもとに左派が神戸で日本労働組合評議会を五月に結成する際には、「創立大会宣言」と「綱領草案」を起草した。

もう一つ実際運動分野で重要なのは政治研究会であったが、山川夫妻は政治研究会神戸支部にやはり理論的指針を与え、無産政党綱領における婦人の要求をまとめた。労働組合婦人部問題とあわせ、これも政研本部や評議会全体の論争をまきおこしていく。

八月二〇日、共産党事件の一審判決で無罪となった（検察は控訴）。『解放』二五年一〇月号で「ぼくらの無罪は当然のこととは云え、当然のことが裁判所で行なわれたことは、いかにも意外である。ぼくもたびたび裁判の宣告を受けたが無罪は初めてで、もし出廷でもしておれば、きっと思わず頭を下げたろう。刑事政策上たしかに有効だ。みんな無罪だったら非常な効果があがったろう」と、例によって権力をからかっていた。

こうしてふたたび運動の中枢と接触するようになり、そろそろ東京方面にもどらないと、何かと不便を感じるようになった。しかし、健康状態を考えると、極度の多忙はさけなければならない。どうすべきか、山川は自分の社会主義運動におけるポジションを定めつつあった。特定の組織の要について影響力を発揮するというのではなく、山川じしんがよく使った表現でいえば「モーラル・インフルエンス」で寄与する立場に徹しようとしたのである。たしかに彼の「モーラル・インフルエンス」は大きかった。

そういうポジションには誰でもたてるものではない。実際運動家から信頼されていなければ、「口先の輩」「評論家」とみなされ、一時もてはやされることはあっても相手にされるものではない。実際、社会主義運動の周囲には、「評論家」は五万といただろうが、山川のような人物はめずらしい。

無論山川も若いころは、平民社では黙々と「奴隷の仕事」を進んで引きうけ、事務方をつとめた。売文社では「生れてはじめて、そしてこれが最後だが、会社の理事という肩書きをもつえらい人に出世した」。実際、堺の片腕として経営もふくめて「社」全体に気配りをした。日本社会主義同盟の設立にあたっては、発起人としてもっとも重要な総同盟対策にみずから汗をかいた。『社会主義研究』、『前衛』の編集から経営、関係者の生活費にいたるまで山川は責任をもった。「水曜会」の出版、研究会の指導や専従的に手伝った若手の生活資金も、山川が工面した。ただ第一次共産党以降、しだいにこうした組織的な活動上の責任から離れはじめたのはまちがいない。健康の悪化も大きな要因であったと思われる。

「東調布署手記」では次のように述べている。

「日本社会主義同盟の組織運動以後になりますと、私は狭い意味での実際運動からは漸次に遠ざかったのでありました。……しかし実際運動に対する私の関心は少しも減じたのではありません。唯だ私は、自分の健康、自分の性格、自分の才能を以ってして出来得る範囲内の事と、この範囲外のことの間にはっきりと線を引き、常にこの範囲内において……分相応の貢献をなすことを以って満足し、それ以上を望んで焦慮したり、幻影を追ふようなことをしなくなったのです。これは年齢と実際運動の多少の経験とが私に輿へた教訓の結果であったと思ひます」。

「ことに……関東大震災以降の時期になりますと前述の如き私の考へは益々明確になりました。従ってこの頃からは無産運動への関係は専ら言論文章によって訴へることを以って満足し、私が運動に対してかかる立場を取ることに対して常に批評や非難を聞きましたが敢へて意に介しなくなりました」。

山川にとって第一次共産党への半端なかかわりはトラウマにもなったのではなかろうか。結党の準備について報告に来た西、田所、上田の三青年──いずれも水曜会の優等生──にたいし「延期しろといったのですが、……そのままずるずるべったりに共産党ができてしまった」経過は、とくに相手が強く諫止すれば翻意させられる愛弟子ばかりだっただけに、再建共産党の極左化が進むほどに痛恨となったにちがいない。

実際運動は中途半端にはかかわれない、徹底的に責任をはたすかどうか、そのためには人を動かす精力をおしまぬことができるかどうか。実際運動でエネルギーをもっとも消耗するのは敵とたたかうときよりも、内部の人間関係の調整であると、山川は痛感していた。その上、四〇歳代に入ってからは、カリエスや胃病をはじめ、ますます病気がちになっていた。奥山医師との相談なしには、居住地も定められず行動もおこせなかった。

共産党事件以降、関係者が秘密裏にあつまること自体が大変な緊張と労力を要するものとなった。連絡は尾行をまいて街頭で相手を確かめながらでないとできない。山川くらいの要注意人物はそんなことはできない。いわゆる「付き人」が必要だが、それもよほど旧知の人物でないかぎり、信頼できるかどうか保証の限りではない。相手と会って、表情をみながらやりとりしないと意は通じない。実際運動は多くの人がかかわるようになるほど、体力、気力の消耗度は高くなる。

日本労働組合評議会の結成、政治研究会の活発化など、運動が大きく高揚しようとしているとき、自分はどういうポジションで貢献するか、兵庫から東京方面に再度居を定める場の選択にも反映したと考えられる。

山川にとって、東京に近からず遠からず、健康上も凌ぎやすい地域といえば、転地療養の経験もある鎌倉である。

二五年晩秋に菊栄は鎌倉に借家をさがしに行き、例によって最初契約できた一軒では家主に正体がばれてことわられ、菊栄の実家の母、森田千代名義でやっと材木座に借りることができた。なお、震災で大森の家が倒壊してから、垂水＝御影時代をふくめ、四年間で引越しを余儀なくされた回数は八回である。

山川が材木座におちついたのは二六年一月五日だった。こうして同じ鎌倉のエリア内で若干の転居はするものの、以降山川は鎌倉の地から、戦後も──民主人民連盟提唱時は別として──「モーラル・インフルエンス」を発揮してゆくことになる。

第四話　孤高——福本イズム

[1]　政治運動への進出

　山川がその内面においてコミンテルンから自立し、運動上のポジションを定めた兵庫時代は、男子普通選挙による財閥・独占資本の政治勢力への国民の統合と、治安維持法による弾圧策が一体で準備された時期だった。また一九二五年を前後する数年間は、社会主義運動が戦前においてもっとも大衆的に発展した時期だった。労働者・農民の政治勢力の分断支配はまだ固定せず、治安維持法による弾圧体制も緒についたばかりで、大経営労働運動の企業内化はまだなされていないという条件のもとで、運動が飛躍的に成長したのである。

　社会主義が日本労働組合評議会や農民組合の活動家の指導理論として浸透し、無産政党の準備も左派の主導で開始された。大経営における争議がひろがり、協調主義的労働組合もふくめて、ほとんどが個人加盟の企業横断的・地域的労働組合であった。組織率は数％にすぎなかったが、その質は高く組織率だけでははかれぬ影響を労働者におよぼしていた。

　支配階級はこうした前進にたいし一方では徹底的な強圧策で対応し、企業外からのオルグを排除し、社会主義者や強硬派労組員を追放した。労働組合運動にクサビがうちこまれ、左右の分化がつくられはじめる。労働組合は総同盟と評議会を軸に左右に二分されてゆくが、総同盟所属組合員が労働貴族であったわけではない。総同盟も二〇年代なかばは、評議会と競うように戦闘的な争議を組織した。

　無産政党樹立の運動は、農民組合や知識人、学生、水平社など幅の広いひとびとの期待に支えられていた。それは政治研究会を推進力とし、農民組合や政治運動家が左右の労働組合をまとめ、単一の無産政党をめざしていた。その努力は二五年一二月に農民労働党として結実し、解散させられても左派の賢明な譲歩によって、二六年三月の労働農民党結成にまでこぎつける。この時までは、単一無産政党結成にもっとも熱心なのは左派であった。しかしすぐに分裂の季節がおとずれるのである。

一方、社会主義理論の分野ではあらたな分化がはじまる。大量の学生や労働者が社会主義理論を吸収し、実際運動にも参加しはじめると、堺、山川の周りにまとまっていた「ボル派」が分化しはじめる。その直接の要因は日本共産党の再建と福本イズムの登場である。

無産政党が具体化すると、前衛党＝共産党との関係が問われ、それに付随して政治闘争と経済闘争、目的意識性と自然発生性などの問題をどう考えるかが課題となった。いつかはくぐらねばならない理論上の課題であった。

「福本イズム」がこうした論点の多くに火をつけた。だが「福本イズム」の風靡には、特殊日本的な土壌があった。日本の社会主義思想の発展は、諸外国とくらべ異様に速くかつ浅薄に進んだ。小ブルジョア民主主義、階級協調主義、サンジカリズム、アナキズムなど、世界が通過した思想傾向は、日本においても一通り直輸入された。西欧では諸思想は一世紀以上をかけて、しかも一八四八年革命やパリコミューン、仏・伊のサンジカリズム的な労働組合運動などの巨大な大衆的運動を通じて評価され消化された。修正主義論争も強大なドイツ社会民主労働党の実践の中で展開された。

これに反して、日本は、革命的民主主義を成長させず、第一次大戦後に大量に発生した社会主義者の多くは、不完全燃焼した自由民権運動と「民主」ならぬ「民本主義」にふれただけで、民主主義の学校も卒業できていなかった。ロシアも遅れて資本主義化し、労働者は急速に革命化したが、ボルシェビキは革命的民主主義運動の蓄積という財産を継承していた。日本では一五年足らずのうちに少数の「主義者」の観念のうえでのみ「ボル派」になったのである。

山川は田所宛の書簡（二五年七月二五日『全集』六巻）でこう述べた。「近来痛切に感ずることは、どうも日本の運動は、波が小刻みだといふことである。今始まったかと思ふと、直ぐ反動が来る。反動が始まったかと思ふと更にその反動が働き出す。……そのためどちらかの方向の運動も底まで徹底しないで、常に海面の水のみが流れてゆく。これは『方向転換』以後の運動の発展を見てゐると痛切に感ぜられる」。

堺や山川は長い時を経て社会主義を身につけたが、自分の社会主義は大衆とは乖離したものだと、まだしも自覚していた。しかし、第一次日本共産党結党のころから大量に運動に流れこみ、そして共産党再建にむかった若い社会主義者たちの多くは、二一～三年でマルクス主義を吸収した。しかも、マルクス主義の一般理論を消化するゆとりもなく、帝国主義段階のマルクス主義とされた「レーニン主義」が不消化のまま、福本イズムを入り口として日本の若きインテリをしびれさせた。さらにはコミンテルンの戦術指導が、相当程度の共産党と労働運動を有していた諸国とはくらべものにならぬほど幼弱な日本の運動にもちこまれた。

おのずと「どちらかの方向の運動も底まで徹底しないで、常に海面の水のみが流れてゆく」状態となる。この海面の「小刻みな波」にゆられている大多数の、運動に参加してまだ数年の活動家にとっては、海底で動かぬようにみえる山川や堺は、何か物足りなく感じられはじめていたのである。

だが、山川はなお無産政党の形成にあたっては、左派全体の知将だった。

山川とその周辺の活動家は、一方で共産党を結成しながらも、他方では無産政党の必要性を痛感しはじめていた。しかし（札付きの社会主義者であった）「われわれが提唱したのでは大衆的な政党にはならない。それでこれくらいの人たちに提唱者になってもらうという人選までしたのですが、さてそれでは誰が猫のクビに鈴をつけるかということになって、技術的にゆきづまってなかなか実行に移せなかった」。そうこうしている内に「無産政党樹立の準備会が初めて表面に現われたのは十三年の政治研究会ですが、あれにも堺、荒畑、山川ははいっていません。この三人の顔をそろえると、無論、弾圧がくるので遠慮したのです。鈴木、青野、黒田といったような―多分みな第一次共産党の関係者だと思いますが、あまり色のついてない諸君がやってくれたのです」。

政治研究会（政研）の前身は、二三年一二月に主に鈴木茂三郎が準備して発足させた「政治問題研究会」である。青野季吉、鈴木らは第一次共産党の解党後は無産政党の方に精力を注いでいた。山川にも勧められて職業革命家ではなく新聞記者として活動していた鈴木は、「読売」での「労農露西亜の国賓として」という連載もので世に認められていた。そして、島中雄三、高橋亀吉、青野、猪俣、赤松、吉川もさそい、一二月一八日に「政治問題研究会」を発足させた。そこには松岡駒吉、加藤勘十、三宅正一も参加した。

山川と堺は、協力はしたが表には出なかった。荒畑は共産党再建に精力を集中したが、第一次共産党関係者の多くが政治問題研究会に活動の場を得た。機関誌として二四年四月に『政治運動』（九月に『政治研究』と改題）が発刊され、山川は六月号に初の執筆（「無産階級政党の諸問題」）をして以降、無産政党の組織形態、綱領・政策について指針となる論文を精力的に寄稿する。

またのちに『労農』同人として山川と合流する、あたらしい顔ぶれも政研に参加してくる。東大助教授の大森義太郎は、同僚の有沢広巳、山田盛太郎をともなって入会してきた。第一次共産党員だったが検挙をまぬかれた高野実は、猪俣の紹介で政研本部書記として活動した。猪俣は保釈後にビューロー入りを求められたが消極的で、代理として高野がビューローに顔を出すこともあった（津村喬『猪俣津南雄研究』九号）。

普通選挙実施がせまり、無産政党樹立への機運が高まるなかで、「政治問題研究会」は二四年六月に「政治研究会」（以下、政研）に発展した。これを警戒したのは総同盟の幹部である。彼らは、無産政党が自分たちの手の届かぬところで結成されるのを恐れ、政研への組合員の参加を禁止し、無産政党は「総同盟と農民組合が協議して」組織化にあたるとの態度を決定した（二四年九月）。

しかし政研は地方支部を組織し、活発に研究会や政党組織化の宣伝を展開し、二五年四月の第二回大会時では一道三府三九県組織、四千人の会員にまで発展した。そして総同盟の縄張主義は威力をうしない、六月に日本農民組合が無産政党組織準備会を提唱してから事態は大きく前進する。

さて、総同盟幹部の排他的な動きを牽制した要因として大きいのは、総同盟の分裂である。

二四年二月の総同盟第一三回大会は「方向転換大会」といわれたが、「転換」の方向には政治闘争への進出という傾向と、「現実主義」への傾向が混在していた。四月の関東鉄工組合大会では左派が右派幹部を放逐した。左派の中心は渡辺政之輔や杉浦啓一らで共産党事件の被告であり、総同盟主流派は「共産分子」への警戒を急速に強める。一二月には総同盟の最大地方組織・関東同盟会はついに左派組合除名を強行した。総同盟中央委員会は調停に努めたが、対立は拡大した。二五年四月には左派が「総同盟革新同盟」を旗あげし、五月一六日の中央委員会は左派二三組合を除名した。除名された組合は二四日に「日本労働組合評議会」（評議会）を結成した。山川は春から総同盟左派幹部へのアドバイスを与えていくが、[3] で見るように、当時の山川の分裂への対応は評価のわかれるところとなる。

総同盟主流が政研の全国的無産政党結成の動きに反発したのに反し、評議会は発足後ただちに政研への参加をうちだした。政研には労働者の活動分子が大量に参加し、労働組合における総同盟の縄張主義を大きく制約することとなった。

そして、日本農民組合が六月に労働組合、農民組合に「無産政党組織準備会」（以後「党組織準備会」）を呼びかけ、総同盟も消極的ながら評議会とならんで参加した。八月一〇日に開催された第一回「党組織準備会」には政研や水平社も参加し、各団体が綱領と規約の案を提出することにした。九月に開催された「党組織準備会第一回綱領規約調査委員会」では、各団体の綱領案が検討され、左派の評議会、政研、水平社青年同盟の案が採択され、右派の案はすべて否決された。総同盟など右派は、これを機に脱退の動きを見せ、一時「党組織準備会」は解体の危機に直面した。

だがこのときは左派は柔軟になり、一〇月の「党組織準備会第二回綱領規約調査委員会」では大幅に譲歩し、右派提案を復活させた。さらに一一月に総同盟が「党組織準備会」からの脱退を宣言するやいなや、翌日には評議会も「自発的脱退」を、政研も「自発的解散」を明言し、単一の無産政党結党のために最大限の譲歩をした。その結果、総同盟と評議会をのぞいた中間的な勢力によって、ひとまず一二月一日には日本初の無産政党・農民労働党が結党大会を開催することができた。しかし農民労働党は即日、治安警察法によって結社を禁止された。

それでも単一無産政党結成へのいきおいは衰えず、翌日に日農は「再組織化」を宣言し、四カ月後の二六年三月の労働農民党結党にむかうのである。

農民労働党結成にこぎつける過程では、左派の排除をもとめて単一の無産政党の実現を妨害しつづけたのは右派だった。一方左派はねばり強く、単一の無産政党の実現までは大胆な妥協も辞さなかった。左派は、政研内部の対立は表面化するものの、なお結束しており、左翼分子の間には共産党再建への賛否をこえた大局的な一致が維持されていた。

こうした状況が、山川を、無産政党の組織化にあたり、左派総体に大いに精神的影響を与える立場においたのである。

なお、ビューローの活動としては、二四年五月の雑誌『マルクス主義』の創刊が重要である。二三年八月に廃刊された『階級戦』の前金をひきついだ雑誌として刊行された。編集と経営は当初は西雅雄一人でおこなった。「東調布署手記」では、「当時西氏はこれといって仕事がなかったので堺氏が援助してこの雑誌を出すようになったものと聞いてをりました」と述べられている。初期の主要筆者には共産党再建に参加しない山川、堺、青野らがおり、一二月号からは猪俣も登場した。ビューローが「上海テーゼ」にしたがって共産党再建に着手してから、しだいにビューローの機関誌的性格を強めていくが、しばらくは山川が無産政党の組織や綱領のありかたについての重要論文を執筆した。

［2］　単一無産政党論の成熟

こうした無産階級の政治運動への進出にさいして、山川は兵庫時代に思索した無産政党のあり方を精力的に提起していく。政治研究会機関誌『政治研究』、『マルクス主義』さらには『改造』などに毎月のように発表される論文は、無産政党を実現しようと努力する多くの活動分子の指針となった。

第三話［6］で紹介したように、日本資本主義とデモクラシーのあり方、そして無産階級運動の役割については、「日本におけるデモクラシーの発達と無産階級の政治運動」（『改造』二四年五月号）で総括的に示されていた。この論文は「方向転換論」と単一無産政党論をつなぐものであった。

単一無産政党論の骨格についての最初のまとまった論文は「無産階級政党の諸問題」（『政治研究』二四年六月）である。結成さるべき党の第一の任務は「まだブルジョアジーの政治的毒素におかされておらぬ政治的に純潔な全無産階級を、能たうかぎりの最大限度で」独立した政治勢力に結集することとされた。男子普通選挙を契機に無産階級を「小ブルジョア進歩主義」に溶解せしめようとする作用にたいし、サンジカリズムを経て成長してきた労働組合や農民組合の「政治的純潔」の「消極的」性格を、「積極的な抵抗力ある」ものへと転化することによって対抗しようというのである。しかし山川は、この「純潔」さについて「一面から見れば、無産階級の大衆は何らの政治上の経験をも訓練をも経ておらぬから、ひとたびブルジョアジーの政治勢力に接触した場合には……その政治的毒素におかされる危険を十分に持っている」と指摘することを忘れていない。「小ブルジョア進歩主義」や議会改良主義の内から「徐々に結晶した」「無産階級の独立した政治運動」という先進国のような出自はたどる必要はないが、日本の場合は別の危険性もはらんでいるという指摘は、のちに現実となる。

それはともかく、このような性格をもつ党の「綱領」は、無産階級の闘争目標を示す行動綱領でなければならない。「資本主義と最後の決定的勝利を争う」旗印をかかげるべしという要求は、「能たう限りの最大限度で無産階級を組織する」という一歩を踏み出すためには犠牲にされなければならない。けれども「無産階級党がこの一歩を立派に踏みしめたなら、第二の重要な一歩を踏み出すことは容易である」。そして「無産階級の決定的の闘争が政綱のうちに漸次的に重要な部分を占めてくる」。

ここでも山川は重要な留保を忘れない。すなわち「無産階級の歴史的使命をもって大衆を教育」することは必要であり、「無産階級運動の理論を過小視してはならぬ」。「いかなる人も、何らの理論なしで居られる人はいない。もし無産階級的の理論を持って、この必要の空隙を満たさぬなら、ブルジョアの理論がこれを満たすだろう」。そして「理論上の教育と宣伝のための……特別の機関」の必要性も示唆していた。だがこれまた現実の推移は、「ブルジョアの理論」、さらには親ファシズムの理論が「空隙」に入りこんでいく。

組織のあり方についてもラフなスケッチを示した。労働組合や農民組合などの団体加盟と、個人加盟の併用である。ただ詳細はまだ提起されていない。そして強調したことは、政党結成については「一般大衆の公然の討論にのぼさねばならぬ。……この討論によって醸成せられた形勢と機運のうちからのみ、初めて大衆的の政党が生れてくる」ということである。総同盟や一部のボスによる談合で、気に食わない者を排除し結成しようとするのに釘をさしたのである。

つづいて『改造』二五年一月号に発表された「無産政党の組織形態」は、もしも「無産階級の諸要素を一つの組織に結束することができないで、いくつかの無産階級政党が対立したならば、日本の無産階級運動はかなりに長い年月の間、その影響をこうむることを忘れてはならぬ」と、結成される無産政党はまず「単一」である必要を強調した。その上で無産政党の内に、もっとも進んだ階級意識を有する労働組合に組織された労働者の精神的な指導性を発揮しうるには、どのような組織形態がありうるかを詳細に論じた。そして最後にこの組織形態の案は「過去一〇カ月間における多くの人々の意見と批評とを総合した所産にほかならぬ」と記した。

総同盟などには純然たる団体連合体の党を求める意見があり、労組以外の政研などの活動家たちは純然たる個人加盟の地域単位組織を主張していた。山川はこれらを「総合し」、かつ組織労働者が精神的に指導できる機会を、「個人単位の組織を破壊せぬ程度において……限定された意味に於いて団体を認め」、団体からの大会代議員も一般支部より低い基準以下で選出するような方法を提唱したのである（この辺の事情は二五年九月の河野密宛書簡に述べられている。『全集』六巻）。

『政治研究』の「無産政党綱領の問題」（『全集』六巻）では、政治研究会の論議の進捗にあわせて、「綱領」の性格をさらに厳格に示した。政研内では、無産階級が現実に政権をとることを想定した「原則綱領」策定の必要も語られていたからである。

まず無産政党の綱領には「資本主義の発展行程のうちに占める無産階級の歴史的任務についての……原則的な見解」および「無産階級政党が政権を握った瞬間から実行に移す……政治上の段取り」と、「政権掌握にいたるまでの道程における闘争の指標となるべき行動上の綱領」があると規定する。そして「原則的な見解」つまり原則綱領は「無産階級が或る程度に政治的に成熟してこそはじめて形成せられるもの」であって今は望まれない。したがって原則綱領によって規定される「政権掌握して実行に移す段取り」も当面は「空想」にすぎない。そこで現実に無産階級政党のかかげるべきは「行動上の綱領」であると説く。

山川の論旨で重要なのは、強いて「原則綱領」や「政権掌握」を前提の綱領を策定しようとすれば、無産政党を構成する要素の意識からして、それは「無産階級の進歩した部分の要求とは全くあい容れないところの、根本から改良主義的なものとなるばかりでなく、小ブルジョア急進党の約束と大差ないものとなる恐れがある」と指摘したことである。

それでは無産政党はどのようにして、その綱領に小ブルジョア民主主義や自由主義と区別された無産階級の独自性を示すのか。この問題について「経済上の要求において、無産階級政党たる性質を大胆に表示すること」と答えていた。「無産政党はいかなる組織を持つべきか」（『マルクス主義』八月号『全集』六巻）では「共同戦線の特殊な一形態」という規定が示された。無産政党は「最も進んだ階級意識を代表する組織された都市労働者と、組織された農村のプロレタリア的要素の共同戦線」である。さらにこれが「都市と農村における未組織プロレタリアと準プロレタリアとを無産政党という形態の内で政治的に指導することである」。

こうした「共同戦線党論」は、日本の具体的な諸条件を考えぬいたものであった。しかし山川自身はこれを特殊日本的なものと考えていたわけではない。「東調布署手記」では大要つぎのように述べている。合法文書では言及できないような、共産党と無産政党の関係を、配慮ぬきで語っているのでわかりやすい。

すなわち、コミンテルン支部としての日本共産党のような党は、「科学的社会主義以前のワイトリングの思想に近いもので、マルクス主義のうちには見出すことの出来ない思想」である。「共産党以前の社会主義政党は、社会主義的綱領を掲げた政党ではありました。が、共産党に比較すればある程度、共同戦線党的な性質をもつものでありました。従って共同戦線党の……性質は別段取り立てて論議の題目となるべき事柄でもなく、……現に先進諸国においても、曽て無産党のそういふ性質が問題となった例めしもなく、それは又、わざわざ共同戦線党などといふ言葉をもって説明する必要もない自明のことだったのであります」。「然るにわが国では……共産党なる特殊な組織原則による政党が先ず存在し、一般的な意味での無産政党が後から成立するといふ例外的な状態であったため、……無産政党の共同戦線党的な性質が問題とされるに至ったのでありました」。

先進諸国の社会主義政党は、資本主義の上向的発展の時代には大衆的な共同戦線党の実態を維持しつつ成長したとみなしたのである。

実際、ドイツ社民党は、「ゴータ綱領」による無原則的な統一はあっても、労働者運動の前進とともに大多数の労働階級を傘下に維持しつつ、「エルフルト綱領」（科学的な原則綱領）を制定するまでに発展した。ただし山川によれば、「エルフルト綱領」の党であっても当時のドイツのすべての組織労働者を単一の政党にまとめえたのであり、その意味で共同戦線党といってよいのである。ドイツ社民党は、その後帝国主義戦争に対応しえず分裂したが、ドイツ共産党は独立社民党との一体化によって一定の大衆的基盤を継承できた。これに反し、主体的にも客体的にも条件が大きくことなる日本では、大衆的な無産政党は、まずは「原則綱領」をかかげないで出発するほかないというのが、山川の判断であった。

後世、治安維持法と天皇制のもとで原則綱領をかかげるのが不可能であったために、山川は共同戦線党論を採ったという理解が一般的となった。そういう面はないわけではない。けれども、ボルシェビキはツアーリズムの下で堂々と民主主義革命のプロレタリア革命への転化をかかげて大衆的な非合法運動を組織し、党組織自体は職業的革命家に限定したが、工場労働者の多数から支持された。ドイツ社民党も、ビスマルクの社会主義鎮圧法に抗し、非合法運動をふくめ実力で合法的運動領域を切り開いていった。これに反して最大限に合法活動の条件にめぐまれていても、イギリス共産党はいっこうに大衆政党にならなかった。

支配階級が合法運動を許容しないという事情にだけ、「行動綱領」をかかげる共同戦線党を唱えた理由を求めるとすれば、それはたんなる日和見主義の誹りをまぬかれない。しかし、革命的民主主義運動の経験も、横断的労働運動の訓練もほとんどない、日本の無産階級の主体的鍛錬の程度を見定めて、共同戦線党論は提唱されたのである。このあたりは後日、「共同戦線党の検討」としてまとめられる（第六話［9］）

［3］総同盟分裂へのかかわり

山川は無産政党論を成熟させるかたわら、評議会の結成についても助言を求められ密接にかかわった。二五年四月に大阪で総同盟内の左翼反対派組織「総同盟革新同盟」が形成されると、すぐに山川はこまかな戦術の指針を「メモ」化し、革新同盟幹部に手渡した（『全集』六巻）。

このメモは自身も傍聴した三月の総同盟大会の経過をふまえたものである。メモは左右対立の経過をつぶさに観察し、総同盟幹部にとっては「分裂は予定の行動であり、永い間の組織的計画であった」ので、分裂は不可避だとの認識を示していた。そして「分裂の場合の勢力関係、及び組織計画」を具体的な地域と組合名をあげて詳細に示した。重要なのは「分裂は右翼対左翼の立場で行はれるものではなく、右翼に対する謂ゆる正義派の立場で行はれるものである」と注意していることである。つまり組合運動における左翼的方針と右翼的方針の対立を問題にしたのではない。あくまで「分裂によって、自己の命令に盲従する従順な小さな王国を造って之に君臨しようとしている」右派幹部の態度と、対決しようというのである。だから少数派が分裂して開催する大会の方針では「組合運動の全国的一致、名実相伴う総同盟」などを示すよう求めた。

一方で山川は、もし左派が「自己の命令に盲従する従順な小さな王国」をつくるようなことになれば、こんどは左派から組合員大衆が離反すると注意するのを忘れない。

のちに「二七年テーゼ」などコミンテルンからの分裂批判もあって、共産党系から、山川は総同盟の分裂を指導したと論難されることになった。当時荒畑も山川の態度には批判的だった。また近年の研究者も、総同盟分裂を山川の過失と見なしがちである。そこでこの問題を精査しておこう。

荒畑は『自伝』で、総同盟レフトの野坂が総同盟の三月の大会を傍聴していた山川に「割ろうか割るまいか」と問うたら、山川は「割るべし」といい、さらに「大きくか小さくか」と問うと「大きく」と答えたので、分裂に踏みきったと回想している。「東調布署手記」では「分裂は最早や不可避でありまして、……この場合私は大きく分裂した方が、吾国の組合運動の統一のために有利な情勢を生むであらうと考へました」と述べている。しかし、これらの決断も、あくまで右派幹部による分裂が「不可避」との認識が前提だった。そして山川は、統一のためにこそ分裂が必要と判断した。

山川が総同盟の分裂について当時公にした主な論文は、「組合運動の現勢と全国総連合の機運」（『報知新聞』二五年五月八日）、「内紛の社会的背景」（『マルクス主義』六月号　いずれも『全集』六巻）である。そこでは第一に総同盟幹部の「革新派」（左派）排除の決意がきわめて強いこと—分裂によってその半数をうしなうにしても左派とは分離したいという意志があったこと、第二に、総同盟を数量的にも上回る海軍連盟や交通労働総同盟などの組合が成長しており、総同盟は労働戦線統一の母体ではなくなっていたこと、第三に、分裂によって総同盟の相対的地位がいっそう小さくなったことを指摘した。

そして排他的な総同盟が力をうしなうことによって、「傾向と意見を異にした」組合が相違を認めつつ再度一つになり、「全国的総連合」を形成する条件ができると主張したのである。これはひとり山川だけの考えではなかった。「評議会の創立前後には私は……多くの幹部たちから意見を聞く便宜を持ちましたが、彼等は皆、評議会の第一の使命は組合運動大合同の実現のための梃子となることで、評議会の組織は寧ろ暫定的なもので、固定させてはならぬといふことに一致しておりました」（東調布署手記）。また、山川は労働組合の再統一の展望を、単一無産政党の先行的実現にも求めていた。

「包容的な無産政党を成立せしめること、そして無産政党における協力を通して逆に労働組合の統一を促す」（東調布署手記）と期していた。

実際、日農が二五年六月に呼びかけた無産政党組織準備会に、総同盟は評議会と並んで一構成団体として参加せざるをえなかった。総同盟が旧来の強力な「組合帝国主義」を誇っていたなら、日農がこのような呼びかけをすること自体、はばかられたであろう。

山川はこのように評議会の発展に期待を寄せ、五月二四日の日本労働組合評議会創立大会の「大会宣言」と「綱領草案」を起草した。両者とも部分的な修正をしただけでほぼそのまま採択された。創立大会は神戸で開催されたので、山川は終日大会を傍聴し、菊栄は祝電を打った。

その後も山川は評議会の組織的充実への提言をつづけ、「労働組合の大衆化の方針」、「労働組合の産別整理の組織方針」など指針を文書化（『全集』六巻）して評議会指導部に手渡したり、菊栄とともに労働組合婦人部運動の重要性を説いた。これらは、闘士型の幹部が組合運動を請負的にになうことからはびこる幹部の縄張主義や親分子分関係、女性蔑視などの前近代的風潮を克服しようとするものだった。とくに「組合の大衆化」は労働組合を幹部だけのものから、組合員一人ひとりが主体的に参加するものへと変革せねばならぬと力説し、そのための重要な柱に組合員教育をあげていた。

しかし山川は、早くも評議会の一部に危惧をいだきはじめた。それは産業労働調査所で、評議会への調査教育活動にたずさわっていた田所究の私信にうかがえる（二五年七月二九日『全集』六巻）。

「最も心配になることは、現在の少数派運動に対する反動である。之は必ず来る」。（評議会機関紙の）「労働新聞」は「色があまりに着きすぎて居る。まるでR・I・T・U（赤色労働組合インタナショナル—引用者）の機関紙としか思われぬ」。

評議会が、早くも「左翼組合」にむかう気配を懸念したの

1925年10月の肖像　御影の洋館にて

である。そしてまもなく、「反動」はやってくる。

［4］ビューローへの危惧

日本共産党再建への荒畑の協力要請をことわり、山川は一応は共産党再建と縁を切ったことになる。しかし二六年一月に御影から鎌倉に転居する前後に、また共産党関係者が山川に接近してくる。それには、彗星のごとく登場した福本和夫の存在がかかわっていた。

福本が「方向転換を批判する論文を書いたのは……十四年（大正―引用者）の暮でしょう。西君からあれについて何か書かないかということだったから、書こうと言っておいたのですが……東京にきてみると、福本説は党内でもすでに有力で、反対者との間の論争になっている、つまり党内問題になっているということがわかったのです。……そこで私が書き始めると、勢い党内の反対論者と一緒になって福本攻撃をやることになる。私は共産党内の論争にまきこまれたくなかったのです」。

この回想はややはしょっている。福本が雑誌『マルクス主義』に北条一雄名ではじめて山川の所説を批評したのは、二五年一〇月号の「『方向転換』はいかなる諸過程をとるか、我々はいまそれのいかなる過程を過程しつつあるか」である。ここには山川へのあからさまな批判はない。「方向転換論」の独特な解釈が展開されていただけである。「東調布署手記」では、そのころの対話と思われるが、西が「冗談半分に、先生に『マルクス主義』の主筆になって頂き福本氏に編集長をやって貰ったらどうかといふ説がありますよと云ったので、私は、それは名案だねと答えたことがありました」と述べている。また山川は、（福本の文章を）「一読しましたが何分難解のために充分に理解することは出来ませんでした。……いづれ福本氏に逢って教を乞ひたいと思っておりましたが、その機会が」なかったとも述べている。

再建ビューローのメンバーも、当初は大変な理論家があらわれたから山川と議論させてみたらおもしろかろう、という程度の受けとめだったのではなかろうか。

福本が正面から山川批判をしたのは、『マルクス主義』二六年二月号と五月号に連載された「山川氏の方向転換論の転換より始めざるべからず」である。それでも山川はビューロー側から排除されたわけではない。同年夏に水野成夫が「初めて福本を私のところへ連れてきたのですが、話していると、しきりに彼は『会社、会社』と言うのです……会社というのは党のことだと気がつきました。それで私は別れる時に、『君、会社というようなことは、軽々しく人にいわない方がいいだろう』と注意したことがあります。だから彼なんかも私は入っているものと思っていたのでしょう」。

　このときの面談については福本和夫も、「二六年三、四月のこと」として、次のように回想している。（『マルクス主義』の）「私が副主筆のおり、主筆は山川氏であったため、編集手伝いの水野成夫君に案内され、挨拶かたがた編集上の用務を兼ねて山川氏を鎌倉のお宅に一度訪ねたことがあった。……会談の内容はすっかり思い出せないが、梯子段の上り口にチャブ台を置いて、昼飯におすしをご馳走になって帰ったことを記憶している」（『革命運動裸像』）。西は冗談めかして山川に主筆就任を要請して、ビューローには受諾されたことにしておいたのかもしれない。福本は、西から「主筆に会いに行くように」といわれて山川をたずねたのであろう。強く批判した相手と対面して、すしを食った以外はおぼえていないという福本も奇人だ。比較的のんきな人間関係が、ビューロー関係者と保たれていたことをうかがわせる。

　山川は「何かの利用価値があって、コミンテルンに対しては堺、山川も党内にいるというかっこうにしてあった」と推測している。ただ「十五年の後半以降になりますと、この種の個人的な接触も全くなくなりました。かくて大正十五年の後半頃から昭和二年の頃までの間に、唯だ三回だけ党関係者と私との間に交渉がありました」（東調布署手記）。この「三回」の交渉については［7］でふれよう。

　さて、そういうなかでも山川とビューローの対立が表面化する。政研が無産政党綱領の政研案を作成する過程で、山川夫妻が所属する政研神戸支部案として提出した提案の一部が、政研の実権を掌握していたビューローのメンバーから拒否されたのである。

　事のおこりは二五年夏に、山川夫妻の意見をもとに政研神戸支部婦人部が意見書として本部に提出した「婦人の要求条項」である。それは「性および民族の如何を問わず、一律の最低賃金額を要求」、「同一労働に対する、男女同一賃金率の要求」などをかかげた。このような当然の要求を再確認しなければならなかった事情を次のように述べている。「諸団体の（無産政党綱領）草案がほぼ明らかになってみると、むしろわれわれ（山川夫妻）をして意外の感を抱かせたものは、ひとり労働総同盟の草案に『婦人の社会的地位の向上』という一項目がある以外には、いずれの草案にも（特に『左翼』と認められた団体の草案に）婦人に特殊な政治的、社会的要求を代表する、ほとんど一つの項目をも見い出しえないことであった」（「『婦人の要求条項』について」『全集』六巻）。ところが政研本部の佐野学、渡辺政之輔らが、これを「小ブルジョア的要求である」として拒否したのである。

　そのわけは、「男女の生活費が違うのだから同一賃金要求はマルクス価値論に反する」「植民地民族への同等の権利の要求は、植民地の隷属を前提とするものだからいけない」というのであった。山川は「婦人および植民地民族の問題に対して、われわれはいかなる態度をとるべきか」という問題は、「デモクラシー徹底の要求に対するわれわれの根本的な見解にも、密接な関係を持っている」のであって、民族や性差による特殊要求をすべて階級対立に解消してしまい、これら特殊要求は階級的ではないかのように否定したのはまちがっていると批判した。また、九月下旬に「手記」をしたため、関係者に「一読をわずらわせることにした」(「『婦人の要求条項』について」と「綱領の問題」の二つの「手記」『全集』六巻)。

なお、この議論の半年後、今度は評議会内で「婦人部論争」がおきた。総同盟のころから菊栄は男性幹部の消極的姿勢に抗して婦人部運動強化をうったえてきた。ところが評議会第二回大会(二六年四月)で、婦人部廃止論が大勢を占め、菊栄はこれとも論争しなければならなかった。

しかし山川は、評議会への危惧も、政研指導部への批判も、親しい者には「メモ」を示したりしたものの公にはしなかった。それは彼らの「言動は当時はまだ一つの過誤として犯されていたに過ぎないもので、後年の共産党の主張のように……理論化されたものではなかった」からだった(東調布署手記)。「『婦人の要求条項』について」を公にするのは、再建共産党と明確に対立する二八年になってからである。

一方、政研内では、山川の関与せぬところから対立が表面化する。政研の活動は活発化し、幅広い各界のメンバーを結集していた。評議会の発足で労働組合活動家が大量に入会して政研の勢力が強まり、当初は参加を呼びかけられなかった無産政党の「党組織準備会」にも参加できるようになった。ところが二五年八月にビューローが「コミュニスト・グループ」として強化され、フラクションが活発化するにつれて、政研内に摩擦が生まれる。八月には高橋亀吉らが左派の攻勢に反発して政研を離脱した。

九月一四日に開催された政研支部代表者会議で、綱領と規約案をめぐり、鈴木と黒田が全体をまとめるために出した案は、徳田、市川、佐野文夫らビューローの強硬派によって否決され、佐野案が決定された。さらにこの佐野案が一七～一八日に開催された党組織準備会綱領規約委員会に提案され、右派の反対をおしきって採択された。その後、左派は強硬姿勢をあらためたが、政研内部ではビューロー系のこうしたやり方への不信はもうおさまりがつかなかった。

一〇月七日の政研第三回臨時大会では右派系(島中雄三、三輪寿壮ら)が役員を辞任、中央委員に推薦された大森義太郎も辞退した。鈴木・黒田派は、東京の一部と下伊那(羽生三七)くらいで、大会に新人会学生などに大量動員をかけた徳田、市川、佐野一派に圧倒された。大会直後に、鈴木を中心に、黒田、大森らが対策を練りはじめ、政研内では、ビューローに反発するグループが形成され、雑誌『大衆』の発刊につらなっていく。この動きには山川はもとより堺や荒畑も関与していない。

堺は、第一次共産党解党を決定した会議（二四年三月・森が崎会議）に参加して以降は、ビューローの活動には参加しなかったが、政研には期待をよせた。創設のころ資金援助の申し出を鈴木にしたが、鈴木はなお堺をビューローの頭目と認識していたので婉曲にことわったという。堺も遠慮しておもてだって関与しなかった。そして二六年六月に入獄し、一二月末に出獄するまでしばらく獄中生活に入る。

荒畑は、解党に反対しビューローの中心になり、さらに解党をコミンテルンに報告するために上海に渡った（二四年夏）。しかし再建ビューロー会議ではすでに主導権は帰国した佐野学や徳田らにあり、荒畑は「関西地方委員長」とされ、ほされた形であった。また、荒畑は徳田の私生活上の行状にも反発を強めていた。

荒畑は『マルクス主義』二五年一二月号の「無産政党と共同戦線」では、ロシアでは非合法でも強力な革命政党存立の条件はあったが、「日本の無産階級は果たして独立の革命的政党を組織するまでに思想上の見解と政治上の経験を有しているだろうか」と述べている。彼も二六年三月には第一次共産党事件で禁固一〇カ月の刑で下獄する。

猪俣や橋浦なども同じころ下獄した。山川は二六年四月に控訴審の判決で無罪が確定していた。福本イズムの嵐がふきあれはじめたころ、山川の盟友はみな獄中にあった。

［5］　鈴木茂三郎の「中間派左翼論」を批判

農民労働党が結党・即日解散を命じられた二五年一二月一日の「翌朝だったか、緊張しきった、青ざめた顔をして鍋山貞親氏が御影の家へとびこんで来ました。善後策の相談だったのでしょう」と菊栄は回想している（『おんな二代の記』）。

無産政党の再組織化は日農の主導によってはじまった。二六年一月には再組織のための「第一回準備会」が開催され、農民労働党の不成功の経験から、総同盟の不参加と結社禁止の口実を与えぬために、評議会など左翼は参加を遠慮した。

さらに二月一三日の「第二回準備会」では、評議会、無産青年同盟、水平社青年部、政研の「左翼四団体」メンバーにたいし「共産主義的色彩を有する者は絶対に入党を拒絶する」申しあわせ（「玉姫クラブ申合せ」）がされた。それでも「左翼四団体」は隠忍自重した。数カ月前とはうってかわった慎重さだった。鎌倉にもどった山川の意向も作用したのかもしれない。単一無産政党結成の大義は、なお多くの左翼分子の行動を律していた。

こうして三月五日に、労働農民党が結成された。委員長は杉山元治郎（日農会長）で、綱領は山川が期待したようなものでもない、三項目の簡単なもので、「我等は、我が国の国情に即し、無産階級の政治的、経済的、社会的解放の実現を期す」と第一項目に明記されていた。政府もこれでは禁止できなかった。

しかし結党はしたものの、総同盟は左派排除にやっきとなり、実際の党員拡大も運動もほとんど進まなかった。「わが国の国情に即し」という「綱領」へも、また左派を排して出発した経過へも、活動家の不信と躊躇が生れていた。

こうした情勢をにらみ、山川は『マルクス主義』（二六年四月号）に「労働農民党の任務について」（『全集』七巻）を執筆した。最初に「もし労農党が成功あるスタートを切ることに失敗して、少しでも停頓無気力の状態を示すことがあったなら、それはおそらく対立政党を組織する計画に機会を与えることになる」と警告する。そして「中央機関に過大な活動を要求する」のでなく「おのおのの地方は自発的積極的に活動し、労農党が無産階級のいっさいの要素の共同戦線党たる性質を、動かすことのできない既成の事実としなければならぬ」と、地方から左派もふくめた組織的な実態をつくりだすよう求めた。また「我が国情に即し」などという党の「宣言」のために、「左翼分子が、労働農民党に対する熱心を、意識的にでも無意識的にでも少しでも失ったら、過ちはこれらの左翼分子にある」と、活動家に躊躇せぬようにうったえた。

労農党の中央でも努力がされた。四月の中央執行委員会では、左派への門戸開放を趣旨とする日農の方針が、総同盟の案を破り決定された。ところが総同盟側はまきかえし、七月の第三回中執でふたたび門戸閉鎖方針を決定させた。一方、日農から脱退した右派農民組合は「日本農民党組織準備委員会」を旗あげした。左右の対立が激化するなかで、分散化傾向も表面化し、九月に実施された初の男子普選による地方選挙もほとんどとりくめなかった。

こうした停滞を打破する指針となったのが、山川の「労働農民党と左翼の任務」（『マルクス主義』九月号『全集』七巻）である。これは各方面に波紋をひろげた。

第三回中央執行委員会の左派にたいする再度の「門戸閉鎖」は、「無産階級運動の内部に、支配階級と意識的に協力するところの一勢力が、意識的の右翼として明確に結成したことを、正式に告示したものである。この形勢は、……意識的の左翼分子が、単一無産政党の形成の過程に対して取るべき態度の上に、重要な変更の必要を迫ったものである」。

すなわち、二五年一〇月以降、「左翼は単一政党を救うがために、その退却をつづけてきた」。しかしこのまま退却をつづけていては、「労農党を永久に単一政党ならざる政党に変質しようとする意識的右翼」に協力することになる。かくて「かつては左翼の退却が単一政党を救う唯一の方法であったものが、いまや左翼が積極的に進出することが、単一政党の結成を擁護する唯一の方法となった」。そして、地方に続々と結成されつつある支部は、左翼を排除せぬ単一無産政党の実態をそなえており、これに反し本部は「中央機関と……備え付けてある椅子テーブル若干」にすぎないのだから、「右傾主義に対する闘争は、単一無産政党たる実質を備えた地方支部の組織という形をとって、積極的具体的に現わされなければならぬ」。

この論文の中で山川は「単一無産政党の形成……を待たないで、分化の作用が予期せられたよりも急激に進行した」と述べた。のちに福本イストはこれをもって、山川が左右の分化が急速に進行する日本資本主義の特質への見通しを誤った証拠として喧伝した。しかし、山川にとっては、右翼に対置させるのは左翼的方針ではなく、あくまでも単一無産政党実現への努力だったのである。

一方、政研でのビューローの画策に反発を強めていた鈴木茂三郎は、『大衆』九月号で「中間派左翼結成論」（「左翼除外と左翼当面の任務」）をとなえた。労農党内の「中間派」をまず結集し、「左翼」と連携させて右翼と対抗すべきだと主張したのである。山川は「中間派左翼結成論」への反論（「『中間派』左翼の結成か単一左翼の形成か」『全集』七巻）を『大衆』に寄稿したが、鈴木に掲載を拒否され、『マルクス主義』一〇月号（「雑誌『大衆』批判特集号」）に掲載した。

これは「中間派左翼結成論」批判が主題ではあるが、それだけではないひねりがあり、ビューロー系への婉曲な批判もふくまれている。

「（一）君は無産者運動の内部から意識的に支配階級に協力する勢力を助けるか、それともこの勢力と闘うか。

（二）君は無産階級の政治勢力が、強固にして単一な政党に結成することを阻止しようとする支配階級の計画に、無産者運動の内部から意識的に策応する勢力を助けるか、それともこの勢力と闘うか。

（三）君は労働者と農民との組合運動の全国的結合を妨げようとする資本家と地主の願望に、無産階級の内部から意識的に迎合する勢力を助けるか、それともこの勢力と闘うか。

現在の瞬間においては、この答によって、この答によってのみ、その人が右翼であるか左翼であるかが決定する」。

山川にとっては、真実の左翼とは、ときの条件に応じ、全無産階級的かつ長期的な利益を実現するための環を見定める者のことである。真の左翼たろうとするのか否かを、『大衆』グループだけでなくビューロー・グループにも問うたのだ。

そして山川は左翼陣営の欠陥を指摘する。「右翼の行動は、より計画的であり、より統一的であるにもかかわらず……左翼分子の間にはほとんど何らの連絡と統一がない」。「鈴木氏が……左翼以外に『中間派左翼』と名づける別個の異様な左翼……を認められ、さらにただの左翼とは別個の左翼にこれを『結成』する必要をさえも感ぜられたということは、左翼の陣形に存する大なる欠陥を反映したものにほかならぬ」。

右翼は、左翼に「共産派の烙印」をおそうとする。だから「中間派左翼」結成をすることは客観的にこの烙印を保障することになるのだが、同時に左翼の一部にもある、あえて「中間派左翼」の向うを張る「左翼」たろうとする稚拙さも反省すべきである、というのである。政研の内紛、福本イズムの台頭という、当時の複雑な事情においては、多くの左翼分子にはこの山川の「ひねり」はよく伝わったに違いない。だからこの論文は「左翼」からも反発された。

そして最後に山川は「左翼当面の急務」を提唱する。

「(一)……上に掲げた三つの問題に対する態度を綱領として、すべての労農団体を通じ、また組合以外の要素をも包容した、単一左翼運動を組織すること。

(二) この運動は、非公式ないしは内密な連絡ではなくて、一切の左翼分子に門戸を開放した公然の運動であるべきこと。

(三) この運動は独立した機関紙を持つべきこと」。

一年余後の『労農』同人の形成につらなる提言であった。

なお、鈴木は翌月の『大衆』一一月号「編集後記」でつぎのように述べた。

「山川氏の、熱意をこめたる意見と態度には、示教されたところも多く又感謝しなければならぬと思ふ。殊に、氏の論文を、おこがましくも批判したる筆者は、当然、此の論文にお答へしなければ、すまないと思ひ、又お答へすべく些か私見を抱ひてゐるが、かかる特殊の問題の論争は、意外の方面に波及し易く、事実好ましからぬ影響のおこったことを関知したが為に、『大衆』はこれを取扱はないことにした。氏には、いづれ手紙を以って、お詫びします」。

鈴木や『大衆』グループは、山川の批判を重く受けとめたのはまちがいない。他方、ビューローにとっては、おもしろくなかったのでる。

[6] 労働農民党大会―対決を決意

評議会組合活動家や旧政研会員など積極的な左派分子は、日農などとともに労農党の地方支部準備会をつぎつぎと結成した。そして二六年一〇月には日農がまた左派への門戸開放を決議した。おいつめられた総同盟、市電自治会、組合総連合、安部磯雄などは、一〇月二四日の労農党第四回中央執行委員会で脱退を宣言した。

　脱退した総同盟は新党結成に着手し、安部を擁して社会民衆党（以下社民党）を一二月五日に結党した。綱領では「無産階級」という表現を「勤労諸階級」という表現に変え、「急進主義政党の排斥」を謳った。

　他方、総同盟内にも社民党結成反対派が存在した。この勢力は、総同盟にも評議会にも属さない中間派労組と日農内中間派に接近し、総同盟から除名された日本鉱夫組合などに日農の一部、労農党から脱退した労働組合総連合、市電自治会などと合流、一二月九日に日本労農党（以下日労党）を結成した。その綱領と政策は、労農党とほとんど変わりなかった。指導部には三輪寿壮、麻生久、浅沼稲次郎、田所、河野密らがいた。この他、日農の右翼が分裂し、日本農民党（平野力三）を結成した。

　こうして、無産政党は出発点から左（労農党）・右（社民党、日農党）・中間（日労党）に分裂してしまった。

　とはいえ、分裂直後は、労農党と日労党の間で、日農を仲立ちにして合同の努力がなされていた。日農は原則として労農党支持だが、地方によっては日労党参加も認めるという態度であったし、両党の「綱領」「政策」ともに大差ないものであったから、社民党は別として、まずは両党中心に再統一しようとするのは自然であった。日農中央委員会は「極左小児病」と「社会民衆党、日本農民党」の両方を「排斥」することを条件に両党の対等合併を提案し、労農党はこれにもとずき日労党と協議した。しかし日労党は「左翼小児病者」の排除を条件とした。それでも労農党は合同の方針を変えなかった。二六年一二月一二日の労農党第一回大会にも合同の案が本部から提案されていたのである。

　ところが本部からの合同提案にたいし、再建共産党系の代議員から「日労党現在の指導精神にして変更せざるかぎり」合同は反対との決議が提案され、可決された。五日前に「五色大会」で再建された日本共産党の指示による決議の採択である。これによって分裂は固定してしまった。この大会決議の採択が、あとでふれるように山川をして再建共産党への全面対決を決意させる。

　さて山川は、労農党第四回中央執行委員会での右派の退場について論じた「労働農民党の『分裂』」（『改造』二六年一二月号『全集』七巻）では、「党の実際の組織から全然遊離していた従来の中央執行委員会の分裂にすぎないものであって、党そのものにはほとんどすこしの影響もない」とみなしていた。そして右派は「小ブルジョア党」を結成するが「これは単一無産政党の幻滅であろうか」。「しかりと答えるのは、労農党の結党式によって、単一政党がすでにでき上がっていたものの如く考える幻想者」である。「単一無産政党の樹立は、無産階級政治運動の展開する過程―しかも困難な過程―であって……、この実現に意義があるように、同時にそれを実現せしめようとすることに、その実現そのものに劣らぬ重大な意義がある」。

日労党について最初に論じたのは「無産階級政治戦線の混乱」（『改造』二七年一月号『全集』七巻）である。実はこの論文は福本イストにはじめて反論したものでもある。

社民党の結成は、「無産階級政治運動の陣営から、小ブルジョア的非階級的政治運動が離脱し去ることを意味している が、日本労農党の場合は、無産階級政治運動の戦線が二つに分かれることを意味している」。そして日労党は「中間派左翼結成」への一歩であり遺憾なことであるが、しかし問題は「或る人々をしてみずから『中間派左翼』と意識させ、その……結成の必要を感ぜせしめ」た「事実」にある。そしてこの「事実」を克服するのではなく「中間派左翼論の論破によって中間派左翼の結成そのものを論破しえたかのごとく考えて勝利に陶酔することは……理論闘争を理論的遊戯に帰せしめるものである」。この辺りは、さきの鈴木茂三郎批判のヒネリの展開であった。

そして山川は自分の「大左翼結成」の主張が、「中間派と結ばんとするものである」として「『マルクス主義』の同人諸君その他からは、猛烈な反対批評を受けた」ことを明らかにした上で断言する。

「私は『マルクス主義』の諸君とは単に枝葉の点についてでなく、根本的な点において……見解を異にするものであることを、この機会に明言しておきたいと思う」。

二四年五月の創刊いらい重要論文を執筆し、一時は本人の意向とは無関係に「主筆」あつかいまでされた山川は、ついに二年半を経て『マルクス主義』にたいする事実上の絶縁を宣言したのである。この決意は労農党第一回大会で「日本労農党現在の指導精神にして変更せざる限り反対す」との決議が採択されたことで促されたと考えられる。この絶縁宣言は労農党大会の三日後に執筆されているからである。

［7］「二七年テーゼ」をめぐって

山川と再建共産党との関係は、二六年末に再建共産党系との絶縁を決意してから二七年秋までは、やや複雑な人間関係をたどる。福本イズムの跋扈にくわえ、堺、荒畑、猪俣、徳田、佐野学らの重要人物が、第一次共産党事件での入獄から二七年一月までに出獄したことと、一七年七月にコミンテルンの「二七年テーゼ」が決定されたことが、その複雑さの要因だった。

欧州留学から二二年に帰国し、山口高商の助教授になっていた福本和夫は無名だった。『マルクス主義』二四年一二月号に難渋なマルクス経済学についての寄稿をしてから注目され、山川への批判を北条一雄の筆名で執筆してからすぐ、二五年五月ころには実際運動の経験は皆無にもかかわらず、再建ビューローにむかえられ、一〇月には共産党再建大会の数人の議案起草委員に用いられるまでになった。

前後して荒畑、徳田、渡辺、佐野学ら古参のビューロー指導部が入獄した。その間は佐野文夫、北浦千太郎ら若手がビューローをになうことになり、福本と理論的に対抗できる者はいなかった。外国で仕入れたマルクス主義の最新用語を駆使し、山川をも遠慮なく批判した福本は、山川に物足りなさを感じていた若手を急速にひきつけた。そして「理論闘争」の重視と「結合の前の分離論」によって、まずは分裂を肯定し促進すべきだという態度が流行となった。

この間、堺もふくめ同僚が皆獄中にあったため、山川はほとんど孤立無援だった。とはいえ共産党にとって山川はまだ利用価値があった。共産党再建の準備会合では、一方的に山川を「再建大会議案起草委員長」ということにしていたらしい。佐野文夫、鍋山が福本に議案起草委員就任を請うた際、福本にたいして「山川委員長ノ下ニ君カ一員トシテ協力シテ呉レル事ニ感情上ノ不満ハナイカ」と確かめたという。福本も、山川が起草委員会に一回も顔を出さないのは健康上の理由と思っていた（以上「福本和夫予審尋問調書」）。

こうして、運動経験ある者が獄中にあるまま共産党が再建され、しかもそこで福本が七人の中央委員の一人に選出されたのだから、いきおいその指導も無産政党の分裂固定化にむかった。

二六年一二月には堺、橋浦らが、翌年一月に荒畑、猪俣、佐野学、徳田らが出獄した。出獄して目の当たりにしたのは惨憺たる分裂状態だった。佐野学らは新参者の福本が幅を利かせているのに反発し、荒畑のもとをおとずれ、福本イズムへの不満をうったえ、共産党統制委員長への就任を要請した。荒畑は即座にことわった。だが佐野はその後も反福本で堺や荒畑の協力を求め、四月には反福本イズムの雑誌の共同発行を提案してきた。山川もこの提案には賛成したので、堺、荒畑は五月発行という計画を立案した。その際、佐野は資金の調達も依頼してきたので、堺が引きうけることとした。ところが、荒畑によればわずか二週間後には佐野は態度を豹変させ、計画は中止となった（荒畑「日和見的実践から反動的実践へ」『労農』二八年三月号）。

［4］でふれた「東調布署手記」にいう、共産党関係との「大正十五年後半以降の……三回の」交渉の最初が、この発行計画である。「東調布署手記」では、雑誌発行の相談にたいして（山川は）「雑誌の出ることはけっこうだが、しかし

佐野氏と一緒に福本イズム反対の雑誌をやるのは共産党の党内問題に党員と党外者とが一緒になってやることとなり面白くないといふので断りました」とある。荒畑の回想とはややことなっている。

同じころ、徳田の書簡をたずさえた青年が山川のもとにあらわれた。手紙の趣旨は「もし先生にして自分の属する機関に協力されるお考へがあるならば……お目に掛かって相談したい」というもので、山川はことわった。最後（三回目）は二七年の五、六月ころ、水曜会の優等生だった上田茂樹が「渡辺政之輔が是非先生に逢ひたいが、東京に出掛けて頂けなければこちらに伺ってもよいとのこと」と伝えにきた。これもことわった（以上同「手記」）。なお、渡辺は水曜会時代から山川と親しく、二四年三月に渡辺と丹野セツの結婚を仲だちしたのは山川だった。なお、上田はのちに共産党員として検挙されてから消息不明で獄死と推測され、渡辺は異国で官憲に追いつめられ自決する。

「東調布署手記」ではつぎのようなことも述べている。

「大正十五年の末頃か昭和二年の初頃だったかと思ひますが。或る人が（多分堺氏だったと思ひます）共産党では君のパーティー・ネーム（党内で用いる変名）をそろへて使っているといふ噂があるよと……云ったのを思ひだしました、或る時期の間は堺氏なり私なりも党に協力しているような体裁にしておくことが便利な事情があったのではないか」。パーティー・ネームは「星」だった。

コミンテルンはそう簡単に福本を信用できなかったようだ。ソ連大使館通商部員としてコミンテルンの日本の窓口であったヤンソンも、福本イズムに危惧をいだいていた。彼は徳田に山川との接触を強めるようもとめたことは、徳田も供述している（第三話［9］）。春ころ、ヤンソンは大倉旭（ロスタ通信社勤務。山川の水曜会にも出入りしていた）を通じて荒畑に、コミンテルンにたいし入露して福本イズムへの意見を述べるように求めたがことわられた。同じころ、山川にたいしても、大倉旭を通じ福本批判の意見書の提出を求めた。山川はことわったが、再三の要請がきたので、あくまで党外の個人的意見とことわった上で、ヤンソンにたいする意見はしたためた。この意見書の存在については青野宛の書簡（二八年一〇月一〇日『全集』八巻）で山川自身も示唆している。

これを、大倉旭からたのまれて鎌倉の山川宅までうけとりにいったのは足立克明だった。意見書は足立によれば「原稿用紙半切れ一五〇～二〇〇枚」という。特高の監視小屋の眼をくらますために、山川宅からすぐ近くの小牧近江宅にたくみに移り、酒盛りをした翌日、意見書をふところに鎌倉をあとにした（足立克明『全集』月報８）。

なお、渡辺は山川に面談を求めた直後にモスクワに行き

「二七年テーゼ」の作成にたずさわっているから、山川の意見を直接聞いておきたかったのかもしれない。

さて、コミンテルンの「二七年テーゼ」にある「同志Ｈｏｓｓｉ」（山川のパーティー・ネーム）の意見がこの山川の意見とされている。山川はあくまでヤンソンへの個人的「所見」を渡しただけであったというたてまえからか、「同志Ｈｏｓｓｉ」の意見とされるものが自分の「所見」であると認めたことはない。振作は、この「所見」らしきものが「モスクワに保存されていると聞くが、編者は筆跡を確認していない」という（『全集』七巻編者あとがき）。

このモスクワのマルクス・レーニン主義研究所に保存されていた英文の「山川意見書」なるものは九二年に日本でも公表された（村田陽一編『初期日本共産党とコミンテルン』）。三部にわかれており、第一部は、翻訳とはいえ文体からして山川の執筆とは思えぬ部分が多くを占め、何者か（猪俣か？）の作文とも推測できる。これに反して第二部と第三部は当時山川が論じていたことをそのまままとめたものである。文章の流れも山川らしい。とはいえ、山川の手になる意見書の翻訳かどうかは、肉筆の原文か山川本人のサインでもないかぎり証明できない。そういう前提ではあるが、「意見書」のうち山川のものらしい部分では次のように述べている。

『マルクス主義』（二六年一月号）で福本による山川批判がはじまった「当時、私は、この批判を、運動の現実、発展を観察する機会がなかったどこかの学者の意見であろうと考えた。……一九二六年の春かその前後には、これがたんなる一学者の批判ではなくして、マルクス主義グループのかなりの成員に支持された意見であることがわかった。さらに一九二六年の夏以降は、これが私にたいするマルクス主義グループそのものの闘争であることを、私は理解せざるを得なかった」。

山川とはややことなった対応をしたのは猪俣である。

猪俣は再建ビューローには参加しなかったが、二五年六月から産業労働調査所の研究者となり、共産党事件で入獄。二七年一月の出獄後に入党をはたらきかけられるが拒否。福本イズムに危機感をもち、おそらくヤンソンを通じて日本資本主義の現状分析の資料をコミンテルンに送付しつづけた。山川とはことなり、コミンテルンに正確な情報を伝えることによって日本共産党を正そうと努力したようだ。

一方、コミンテルンは七月にモスクワに福本をはじめ共産党幹部を招聘し、福本は徹底的に批判された。この批判は、それまで福本礼讃であった徳田をはじめ、同行した日本共産党幹部を一晩で反福本主義に転換させた。

ブハーリンを主査に起草された「二七年テーゼ」要約は、八月一九日の「プラウダ」に「コミンテルン執行委員会の決議」として掲載され、日本に伝えられた。蔵原惟人訳の「要約」（『文芸戦線』一〇月号）は「×××（共産党—引用者）には二つの悪傾向が存在していた」としてつぎのように述べていた。「一つの傾向は×××の過小評価、即ち×××を労働団体へ混入し左翼労働組合又は労農政党をもって是に代へんとする努力である」。もう一つは「大衆から離れ其の首脳部に比較的多数のインテリゲントを有する日本×××にとっては殊更に危険」な傾向であって、その「主要な罪過は、党の宗派的性質の伝道、『マルクス主義的に思考する個性』の伝道、『統一と分離』の理論」等々である。

この二つの「悪傾向」は共に福本イズムをさしていると理解することもできた。山川もさきに紹介した青野宛の書簡（『全集』八巻）ではつぎのように述べている。「或る人から運動の現状に対する私一個の見解を聞いて参考に供したいと希望され、私一個の所見を述べたことがありますが、そのうちにも、私は極左分子は、組合を左翼組合とし、政党を左翼政党に変質して、前衛党の代用物たらしめようとしてゐるものだといふことを、特に力説しておきました。かように内容的に考へれば、決議に指摘してある前記の誤謬は、勿論、現在の極左分子に精密に該当するものであることはあきらかです」。しかし決議の指摘するのはあくまで「×××」の内部の悪傾向であって、「『×××』なるものに関知せざる者にとっては無関係な筈」である。そして「『折衷主義者』が褒められたなどと思うと大きな当て外れです。のみならず、これは全然事実と相反した仮想の上に下された決定であって、恐らくは報告者か通信者が虚偽の報道をし、この報道に誤られて下された決定であって、正鵠を得てゐないことは無論でしょう」。

デリケートな表現ではあるが、コミンテルンから批判された自分たちの左翼組合化や左翼政党による共産党の代行化などの責任を、「折衷主義者」＝「山川一派」におしつける徳田らの「虚偽の報道」によって決議されたものと、山川は察したのではないだろうか。実際、総同盟から評議会を分裂させたのは山川のあやまちだというような評価が、コミンテルン＝再建日本共産党からなされるのである。

いずれにせよ山川は、コミンテルンは自分たちにはきびしく対応すると予想した。

しかし山川のようなクールな反応は当時は例外であって、かなりの人びとが、コミンテルンは主要には福本を批判したものと受けとめた。要約では福本批判の方が、山川をさすとされた「Ｈｏｓｓｉ」批判の三倍近くもあった。そこで、この「要約」を掲載したのも、福本イズムに批判的な『大衆』や、山川支持者が多い『文芸戦線』の一〇月号であった。「一七年テーゼ」の日本資本主義分析は猪俣の認識とほとんど同一であることもあいまって、猪俣をはじめ福本に批判的であった人びとは勢いづいた。猪俣は前記証言で「二七年テーゼ」を見て（再建共産党批判への）「従来感じ来たれる制限の除かれたことを知り、且つ此の際に誤謬の克服のために闘うことは筆者の義務であることを知った」と述べている。

労芸内の反福本イズムの理論家・青野もつぎのように述べていた。「このテーゼは日本の無産階級運動の一小部分しか持たぬ我々の組織の中においてさへ、強い反響を呼んだものである」（『文芸戦線』二七年一二月号）。小堀甚二も「テーゼ」は「我々の頭に漠然と反映していた日本資本主義及び無産階級運動の主体的条件の現状及びそれに対する批判を我々に代わって言い、より一層確信つけるものとして理解された」（同前）と論じた。

ビューローに批判的だった者たちも、コミンテルンが福本批判をしたことに喝采したのである。

［8］福本イズム批判に起つ

福本は、当時リヤザーノフらによって『ドイツ・イデオロギー』として公にされたマルクスの初期論稿など、日本では知られていなかった文献を大量に紹介した。さらに理論的権威であったブハーリン、ジノヴィエフを「その思考において十分に唯物弁証法的でない」と切りすてた。

福本は、たちまち学生や若きマルクス主義者たちの注目の的となった。ところで福本の種本は留学中に親しくなった、カール・コルシュ、ゲオルグ・ルカッチらの論稿であった。かれらは、第二インターが理解したマルクス主義は、生産力と生産関係の矛盾は漸進的な、自然史的な過程で止揚すると考える経済史観であって、革命的実践（質的飛躍）の契機を重視する弁証法的史的唯物論の立場に立っていないと批判した。意識的要素を軽視するから、物質的条件がととのっているとは言えない後進資本主義国ロシアで、帝国主義戦争という一時的混乱を、質的飛躍の契機として革命をおこしたのを、カウツキーらは理解できない。そのような態度はマルクス主義の主体的・革命的な方法＝戦闘的弁証法的唯物論の欠如に起因すると断じ、目的意識性を極度に強調したのである。

福本はこの議論を、運動のレベルがまるで初歩段階にあった日本の運動に――レーニンの『何をなすべきか』の自己流の解釈をかさねて――直輸入した。

ちょうど日本でも、無産政党や労働組合が分裂の季節をむかえていた。この分裂をどう受けとめるか、山川が説いたように、左翼の自制によって克服すべきなのか、革命的な勢力の形成のためには当然の過程として受けとめるべきなのか、迷える若き活動家にとって、福本の「結合の前には分離せよ」という断言は、煩悶を解決してくれるご宣託であった。

福本はいう。二二年の山川の「方向転換論」ではまだ経済闘争から組合主義的政治に「ズルズルベッタリ」に「転換」したにすぎず、自然発生的なものでしかない。そこで「質的に飛躍」して、マルクス主義的政治意識をたたかい取るためには、旧来の経済主義的な唯物史観を排し、戦闘的弁証法的唯物論の方法にたって強力な理論闘争を展開しなくてはならない。そのためには、組合主義政治意識として結晶した日労党や、なお自然発生性に依存している山川とは絶縁せねばならない。日本資本主義は急速に没落しつつあり、今こそ徹底的に理論闘争を展開することによって、マルクス主義的政治意識が全体化し日本共産党は急速に強大となる。

これが福本の主張であった。

福本イズムをめぐる論争は「理論闘争」と称され、当時の論壇を風靡した。かんじんの山川は、公には沈黙を守っていたが、私信では胸の内をこう伝えていた。

（二六年末ころからの山川の労農党についての論文は）「多数のマルキシストの猛然たる反対を呼び起こしたものであって、私が『折衷主義者』『日和見主義者』『俗学主義者』等々のタイトルを獲得した、云はば卒業論文なのである」。しかしこれらの意見は「独断で捏ね上げた考へ」ではない。

「私は一年中、私の病室から殆んど出ないと云ってもよい。それ故に私の見解が独断に陥らないために、私は特別の警戒を加へてゐる。私は実際の形勢の動きと、大衆のムードとを学ぶため、大衆は何を欲して居り、どう動かんと又動き得るかを学ぶため、そしてその瞬間に必要なものは何であるかと云ふことと、その可能の限度はどこにあるかといふことを知るためには、出来得るかぎりの努力をしたつもりである」。「これらの文章は、いづれもその瞬間の特定の必要に応ずるために書いたもの」であって「従って、それは勢ひ一方的である。若し一方的であることを許さぬなら、それは畢竟、一般的な衛生法と健康法を繰り返す」だけに終る（以上、「N氏宛書簡」『全集』七巻）。

堺に宛てた手紙では、水曜会時代に手塩にかけて育てたはずの西雅雄らを、「放蕩息子」として痛烈に皮肉っている。

当時西は、山川は「質」よりも「労働組合の組合員数とかいふような現象形態に重きをおく」と批評していたらしい。

「一体、労農党の党員はどの位あるだらう？といふ私の問いに対し西君は十三万くらいだと答へられた。……私の想像の十倍ばかりであるから、私は十三万！　僕はずいぶん最近における実際の事情にうとい、それでは僕の見解に誤りがあるのも当然だ！と答へると西君は、自分も痛切にそう思ふ……と私の無智に同情を表してゐた。しかし労農党の党員数なんか、労農党そのものではなくて現象形態なんだから、一万だろうが十万だろうが大した問題じゃない」（二七年四月二一日『全集』七巻）。当時労農党員数は公称ですら一万強程度と思われる。

さて、意見を公にしなかった山川もやっと重い腰をあげるときがきた。

改造社の社長・山本実彦が、ジャーナリストの嗅覚でヒットさせようと編集したのが、『社会科学』の「理論闘争批判特集」（二七年八月）である。それには、沈黙を守ってきた山川をはじめ、北浦千太郎、河野密、荒畑などがいっせいに福本への駁論を執筆した。その中でも白眉は山川の「私はこう考える」（『全集』八巻）である。

山川は「私はこう考える」で、まず一二三年の「方向転換論」の性格を「マルクス主義的政治意識を戦い取るための運動」でないどころか「単純に経済闘争から政治闘争への進出展開」でさえもないところに意味があったと述べた。なぜなら「経済闘争の範囲内で純化した意識」から「社会の全階級関係を対象としたプロレタリア的政治行動への意識」へは一足飛びに理論闘争によって飛びこえられるものではなく、まずは運動の「大衆化」という橋を渡らねばならなかったからである。そして、労働者の自然発生的な闘争は、階級的な意識に発展する要素を必ずふくんでいるのであって、これをできるかぎり大衆的に拡げること―経済闘争の分野でもサンディカリズムの先鋭な行動から大衆的な労働組合運動へ、そしてアナキスティックな政治否定から、「組合主義的政治」であるにせよ政治的改良への大衆の要求に応える運動へ転換することが、まず当面の必要であったという。

「マルクス主義的政治意識」、いいかえれば「前衛」の意識は、「まず理論闘争によって戦いとり」しかるのちに「実践に移る」ような性格のものではない。それは大衆運動の「永久にして不断の努力」を通じて「成熟」するものである。そして、今日の労農党も「マルクス主義的政治意識」に立った大衆運動をおこしているとはとてもいえない。また「左翼」と自称する評議会の運動もその性格は経済闘争の段階であって、そこにむりやり「政治闘争」の性質を「付与」するのは無意味である。このように山川は論じた。

そしてレーニンの「何をなすべきか」で説くところの、マルクス主義的政治意識は、当時のサンディカリズムがとどまっていた雇用主と労働者のせまい関係の「外部」から、すなわち、労働者自身の状態だけでなくすべての被抑圧階級の状態へ視野を広げ、それらと共にたたかうことと、社会主義理論の「注入」が一体となることによってのみ形成されるのであって、福本のように理論闘争をすることで獲得されると理解するのは一面的だと批判した。また山川は、レーニンが『左翼小児病』で、ロシアのボルシェビキは「半世紀間の悩みと犠牲」「ヨーロッパにおける経験との比較」によってはじめて「革命的理論としてのマルクシズムを勝ち得た」、「革命的理論は、大衆を包容し真実に革命的な運動の実践との密接な結合を通してのみ完成せられる」と強調した部分を援用した。レーニンはつねに時の条件にあわせて端的に方針をさし示す。『何をなすべきか』の強調点と『左翼小児病』の強調点は、その背景となった情勢によってちがうのであって、それを理解した上で統一的に把握しなければならない。実際運動の経験豊かな山川は、観念からマルクス主義に入った福本と比べ、レーニンの把握も総合的であった。

この「私はこう考える」によって、あらためて「前衛」の問題、目的意識と自然成長性および、組合主義的政治とマルクス主義的政治の区別と関連などが整理されたわけである。

もっともこの仕事は山川にとってはあまり気乗りはしなかった。青野宛の書簡（二七年一〇月一〇日）（「或る同志への書簡」『全集』八巻）ではつぎのように真情を述べている。

「私の従来の態度は、『理論闘争』の回避であるという非難をも、よく伝え聞きました。しかし、あれが何らかの意味で『理論闘争』だということに、そもそも私は根本的な異存があったのです。のみならず、大本教のお筆先に匹敵する論文と、その暗誦口真似とに対して、同じような高遠な理論的ナンセンスをもって答えることは、問題をますます大衆にわからなくすることで、問題の解決にちかよるゆえんではありませぬ」。「一つの見解から他の見解への変化と推移の過程が、遅くはあるが、しかも真底から、力強く、確固として行われるということ、これがどこの国の運動を見ても、インテリゲンチャとくらべていちじるしく異なっている、労働者の特質の一つであるのです、私は日本の労働者、しかもその前衛的分子の間には、かような意味で、甚だしく労働者らしくない傾向がきわめて有力だということを、痛切に感じざるを得ないのです。これはきわめて重大な問題、根本的に重大な問題だと思います」。

福本の論文に傾倒した人から自分の考えをよく聞かれるが、「私はいつでも、その雑誌を取り出して、君は正直なところ、この論文がわかりましたか？　いったいなにを、どうしようというのですか？　と反問するのです。私の経験では、今日までただの一人として、この反問に答え得た人はありません。実際私自身、その論文を読んで、現実に何をどうしようというのか、とうてい捕捉しがたいものなのです。日本の労働者は、大胆に、率直に、敢然として目に見えない黄金の布を、私の目には見えないといわないのでしょうか。私は率先して、私にはわからぬといいたいのです」。

ところで、政治的に福本イズムの没落を早めるのに功績のあったのは「二七年テーゼ」であったのは見たとおりである。

だがそれは福本を批判する限りでは有効であったが、日本共産党に根本的な反省をせまるものではなかった。

「テーゼ」の全体像は八カ月以上ものちに邦訳で一般の目にふれるようになった。「日本資本主義はその発展の上向線をたどっている」として「急激な没落」説を否定し、労働組合の統一と労農党および日労党の「融合」が急務だと、要約より福本イズムの批判は具体的だった。しかし一方で解党を批判し、「集中的な大衆的共産党」建設を日本に求め、また「左翼社会民主主義者」「中央派」の「裏切りの暴露」戦術を強調する無理難題をかかげていた。そのことが、福本個人は「清算」しても、二八年の総選挙で共産党を公然化するという稚拙な行動をもたらすのである。福本主義への帰依も、その「清算」も、日本共産党にとっては簡単であったが、その体質はかわらなかった。

それだけに福本イズムの清算にたいし、山川は半端な態度はとらなかった。「われわれの任務は、徹底的に宗派的小児病を清算することである。この清算を妥協に終わらしめない唯一の方法は、この闘争を出来うるかぎり、大衆的なスケールに発展せしめることだと思います」(青野宛二七年一二月二七日『全集』八巻)。

[9]「邸宅」を建てる

山川は二六年一月に鎌倉材木座の借家におちついてから、体調も優れず外出もせず、もっぱら文筆にいそしんだ。すでに紹介した評議会や労農党にかんする雑誌論文のほか、大きい仕事は白揚社の『レーニン著作集』の編纂だった。堺をはじめ、西、上田などかつての弟子もくみ入れ翻訳に精を出していた。

四月二八日には共産党事件の控訴審で無罪が確定したが、そのころから堺、橋浦など僚友が入獄してゆく(荒畑はすでに入獄中だった)。しばらくは、古参では山川一人が娑婆に残され、福本イズムが喧騒をきわめても、心中をうちあけられる古参の同志は菊栄を別とすればいなかった。鎌倉の最初の借家は山川の名前を隠し、菊栄の実家の母・森田千代名義でやっと借りられた。しかも家賃は一年分前払いが条件だった。

『文芸春秋』二六年一一月号に掲載された随筆「日向問答」(『全集』七巻)は旧友・足助素一(A)と自分(Y)との会話をもとにして、当時の山川家の状態を語ったものである。

(Y)は「一年前払いだから助かることもあるよ。ともかくいちど家賃を渡してさえしまえば、少なくとも一ヵ年間は安住の場所があるわけだ。でないと、いつ追っ払われるかわからんからな」と述べている。なにしろ兵庫時代をふくめ、

1926年4月　共産党事件控訴審判決で無罪が確定した時　左から2人目堺、隣が山川

「大家と××の共同戦線」のおかげで「二年半の間に七回引っ越した」のだからたしかに一安心だった。

　とはいえ決して安住の地ではない。(A)は「君のところの郵便物はすべて開封されるという評判だから、僕のごとき臆病者はめったに手紙も、よう出さんよ」という。

　(Y)尾行は「そこらを散歩してもついてくる」し、「ワイフが八百屋まで大根を買いにいってもついてくる」。「こどもには感心についてこぬ。もっとも、さきごろ、同級のこどもが二、三度遊びにきたら、つけて往って途中で名前をしらべたそうだよ」。

　山川宅をおとずれた者は、家のそばに設置された警察の監視小屋の前を通るとき、よく所持品検査をされるというくだりはこうだ。

Y「そんな本を持っていると怪しまれるぞ！」
A「どうして？」
Y「表紙が赤いぞ！」
A「ハッ、ハッ、ハッ、ハッ」
Y「笑いごとじゃないよ。このあいだも、そんなことで危うく検束されかかった人があるよ」

「検束」云々は、ある組合活動家が小屋の前で風呂敷包みを開かされ、中西伊之助の小説『赤道』を所持していたので、あやうく連行されそうになったことをさす。

　さて一年の前払いが切れたので、山川はまた引っこしせざるをえなくなった。そこで一念発起して家を建てることにした。その間、一二月から半年間、同じ鎌倉の稲村ガ崎に借家して仮住まいとした。すぐ近所に小牧近江がいた。すでに面識のあった小牧とは家族ぐるみで交遊がはじまり、振作と小牧の子・近江谷左馬之介は幼なじみとなった。越してすぐに大森義太郎が足立克明の紹介で山川宅を訪問した。初対面であったが、大森はたちまち山川に傾倒し、近くに転居した。

さて、堺が出獄したのは一二月二九日だった。山川は出むかえに行こうとしていた。山川は留守を守る堺為子を気遣ってマメにハガキを出していた。出獄二日前の、為子宛のハガキにはこうある。「いよいよあと一日となりました、何彼と御心せわしいこと、お察し致します。……ここ数日来、夜の寒いことは格外です。いゝ時にお帰りになれることを喜びます。……二十九日には是非出掛けるつもりでゐましたところ、一昨日から禁足令が下りましたので当分出ることが出来ません。……悪しからずお許しを願ひます」。大正天皇が死んで、東京周辺の要注意人物には「禁足令」がおりて、身動きが取れなかった。山川は堺の帰宅にあわせ二九日付けでハガキをだしている。「今日は何だかやれやれといったような気持になりました。……出獄日和とでもいふのでしょうか、それとも急にこういふ明るい暖かい世界につれ出して、地獄と極楽とのちがひをよく思ひ知らせ、性懲りもない悪人をも正道に立ち帰らせようといふ神様のお思召しなのでしょうか。何れにせよ、早く最近の地獄のお話でも承りたいものです」（ともに『全集』未収録）。

為子は堺の入獄中に夜店を出して生活費を得ようと苦労したが、そのさい「薬屋の山川均氏の発案で、たばこ嫌ひになる薬といふのを売り始めた」が「せいぜい私の小遣ひになる程度の利益」だった（為子「妻の見た堺利彦」『中央公論』三三年春季特輯）。

1927年1月22日　出獄した堺（左）、荒畑（中）と江ノ島に遊ぶ記念写真

年が明けて一月二二日、堺と、一月一二日に出獄した荒畑がそろって山川のところに遊びにきた。三人がそろうのは二六年一月に、鎌倉に越す直前の山川宅をおとずれ宝塚に遊んだとき以来一年ぶりだった。そのときは荒畑は共産党再建に挺身しており、おたがいにその問題は「痛いものに触れぬよう」口にしなかった。だが今度は再建共産党の統制委員長就任を「断然拒絶」したあとだった。

三人は山川家でくつろいだあと、電車で江ノ島にでかけ、記念写真を撮り、水族館を見学し、貝細工の大仏を買い、岩本楼で夕飯を食い、帰りの江ノ電車中で若い娘さんからミカンをもらい上機嫌だった（堺利彦「新社会の新婦人をみた」）。

このころになると、第一次共産党事件の出獄者、堺、荒畑、橋浦、吉川ら気心しれた旧友が周辺に姿を見せ、小牧とは—おそらく小牧宅に遊びにくる青野ら『文芸戦線』関係者とも—近所づきあいがはじまり、鈴木とは「中間派左翼結成論」をめぐるギクシャクがとけ、人との交流もにぎわいをとりもどしたものと思われる。

さて山川の自宅が鎌倉極楽寺の借地に完成し転居したのは二七年五月だった。たまたま小牧が家を建てるというので、いろいろ注文をつけられるよう同じ大工に依頼した。

これが「山川氏が一万数千円を投じて宏壮な大邸宅を建てた」と大きく新聞で報じられた。ごていねいに「月収は八〇〇円」とも付記された。ともに十倍以上誇大であったろう。山川は「病室兼仕事場」（『中央公論』二七年七月号『全集』七巻）という小文でこの「大邸宅」に触れている。

「二人ともが、一年の大部分を寝床のうえで過ごすようになってからは、私のところでは、家賃が生活費の三分の一を占めるのがおきまりとなり、時としては生活費の半分を取ることもある」。さらに「震災後の四年間には、つごう八回の引越し」を余儀なくされたこと。普通の家のならわしである「一家の君主の玉座」の床の間つき座敷、次が茶の間などといった差別はもとより、「仕事にいちばん必要な時は夜なので仕事の邪魔をされぬため、子供は小さい頃から、日が暮れるとすぐ寝かせることにした」ので　家団欒の広間といったものもまったく必要のないこと。必要なのは「各人が自由に病気をし、各人が自由に仕事をし、勝手な時に寝、勝手な時に仕事をし、それが互いに他人の迷惑にもならず、他人からも妨げられない」、二つの「病室兼仕事場」と一つの「子供のいどころ」であること。

これだけの条件を普通の家で満たすには余程の大邸宅しかありえず、借りるにはべらぼうな金が要る。となれば建てるほうがはるかに安あがりだ。

こうして、おとずれた人びとから「小学校」「北海道の牧舎」「寄宿舎」「船室」といった批評がされるような、「殺風景」な家ができあがったのである。山川夫妻と振作はここに九年間も住めたが、山川自身にとっても一カ所にこれだけ永く住めたのははじめてのことだった。

それに山川が大好きであった野菜や果樹栽培もできるようになり、これがのちの入獄などに堪えられる健康をえさせることになった（『全集』八巻振作あとがき）。

この殺風景な家に引きよせられるかのように、近くの鎌倉雪ノ下に越してきたのが大森義太郎だった。

大森は「理論家山川と人間山川に敬服して親近感を強め、……一九二七年五月、居宅を山川の住む鎌倉に移していた。

1927年7月　稲村ガ崎の新築自宅にて　山川夫妻

虚弱体質の大森は同じように虚弱な先輩山川からそこが温暖で健康によいと聞かされると、迷うことなく移り住んだのである」（大森映『労農派の昭和史』）。

極楽寺の新居に住んだころから、福本イズムへの組織的な批判のとりくみ＝いわゆる「労農派」結集につらなる相談が、山川もまじえてはじまる。「私はこう考える」も、『社会科学』で掲載されてすぐ、堺から娘の真柄が経営する無産社が刊行している『無産社パンフレット』として発行するよう勧められ、九月二五日に同パンフレットの一三号として発刊された。以降、福本イズム批判など山川の諸論稿が、つぎつぎに『無産社パンフレット』で刊行される。なお、無産社版「私はこう考える」の著者献呈用必要部数について、山川は堺につぎのように伝えた。

「三百部引受けの点は、実を申すと昨今小生は実際運動に携はってゐる人々とは殆んど全く絶縁状態で、贈呈すべき方面がなくお引受けしても畢竟死滅する外ない有様ですから、ほんの五部か十部頂けば沢山です」（『全集』八巻）。

第五話　『労農』――傾注と失意

〔1〕『労農』に合流する面々

山川均といえば、「労農派マルクス主義」と呼ばれる日本の社会主義運動の総帥としてその名が記憶される。

けれども山川本人にとっては、「労農派」としてひとくくりにされるのは本意ではなかった。

「『労農』には共産党と対立した見解に立つマルクス主義者が集ったわけですが、さりとて精密な理論上の意見の調整をして集ったわけではなく――もちろん政党的に結合をつくるという考えではなかったから――私自身は当初から、かなり重要な点で意見の違った人もあると思っていましたが、当面の一番大きな問題は無産政党の問題、それから組合運動のあり方の問題で、こういう具体的な問題では意見が一致していたわけです」。「『労農』の編集同人は後には『労農派』と呼ばれました。これはもちろんこちらでそう名乗ったわけではなく、一体『派』というようなものをつくる考えもなし、『派』と呼ばれることは不愉快だったのですが、そういう呼び名をつけられてしまったのです」。

それはともかく、『労農』同人は堺、山川、荒畑、猪俣ら古参と、鈴木を中心とする『大衆』同人、そして青野季吉をはじめとする労農芸術家連盟という二つのかたまりから有志があつまって構成された。

すこしさかのぼるが、労農芸術家連盟と『大衆』同人の動向をたどっておこう。

『種蒔く人』の廃刊から一〇カ月ほど経た二四年六月、小牧近江、金子洋文、青野季吉、平林初之輔らは、雑誌『文芸戦線』を創刊した。理論的な指針は主に青野が示した。

『文芸戦線』同人は実際運動にも意欲的で、創刊と時を同じくして発足した「政研」の中心には、青野を先頭に今野賢三、平林初之輔らがグループを代表する形で参加した。

この集団の内部にも福本イズムが浸透し、内紛が生じる。二七年六月には日本プロレタリア芸術連盟（プロ芸）と労農芸術家連盟（労芸）に分かれた。『文芸戦線』は「労芸」派が継承し発行をつづけたが、その一〇月号が「二七年テーゼ」要約をいち早く掲載したわけである。ところが「労芸」執行委員の多くも共産党支持にまわった。そして一〇月に入り対立が決定的となったきっかけは、山川の寄稿（「或る同志への書簡」—青野宛書簡の一部、第四話［8］）のあつかいをめぐってだった。編集責任者の山田清三郎らが、「無産者新聞への批判だ」ということで握りつぶしたのである。

この問題をめぐって一〇月二四日の労芸総会は乱闘の場と化した。山川に親近感を持つ葉山嘉樹や小堀甚二など労働者あがりの方が、インテリばかりの共産党系より腕力は強かった。山田はじめ多数派の共産党系はやりこめられ、翌月脱退した。そして先行して脱退していた中野重治らと合流し、翌二八年五月から『戦旗』を発刊する。文芸運動でもこうして共産党系（戦旗派）と労農派系（文戦派）へ分化するのである。

「文戦」派となった者で山川とながいつきあいとなるのは、青野、葉山、金子、小牧、前田河廣一郎、小堀、鶴田知也、今野、平林たい子、石井安一、山内房吉らであった。労芸分裂総会の一月前の九月には、荒畑の出獄慰労会が鎌倉で催され、山川と小牧が小堀、葉山、石井、平林たい子らと反福本イズムの雑誌の必要性について話しあっていた（石井安一『全集』月報2）。さらに一〇月はじめころと推測されるが、小牧近江宅の新築祝の席で、山川から青野に「愈々雑誌を出すことになったから援助を頼む旨を話した」（東調布署手記）。

こうして『文芸戦線』同人を代表する形で、青野と小堀が『労農』同人発足に参加する。『文芸戦線』一二月号は、問題の山川書簡とあわせ、猪俣の「日本の無産階級運動に対するコミンテルンの批判を読む」、青野の「コミンタンは如何に日本の運動を批判したか?」を巻頭にならべ、『労農』創刊の先陣のような編集だった。

一方、雑誌『大衆』は、ビューローのひきまわしに反発した政研内の鈴木茂三郎グループを母体に生まれた。政研臨時大会（二五年一〇月）後すぐに、鈴木、黒田寿男、大森義太郎、高野実、伊藤好道、岡田宗司、沓野信蔵らで対策を協議した。鈴木は、早大教授・大山郁夫や、大森を通じて東大助教授・山田盛太郎、有沢広巳も同人にさそい、二六年三月に月刊誌『大衆』の発行にこぎつけた。

常連の執筆者は、大山、黒田、猪俣、山川、鈴木、稲村隆

一、中村義明らである。政研本部書記局員であった野中誠之、高野実も同人となった。

当時はまだビューローの理論的指導者と目されていた山川や、評議会のビューロー・フラクションの中枢であった中村に執筆を依頼したように、『大衆』は、ビューローとの全面対決を意図したのではない。秋までは執筆者の多く（山川、堺、荒畑など）は『マルクス主義』のそれと重複する。手法についてのちがいはあっても、単一の無産政党を右派に抗して実現するという姿勢で一致している限りでは、『大衆』と『マルクス主義』は同じ立場にあった。しかし「中間派左翼結成」論では、山川から批判された（第四話［5］）。だが、鈴木も自説を撤回し、『大衆』四月号で大森（筆名・成瀬光雄）が、山川からの批判には「ほとんどその一々に服するものである」と述べ、山川との距離を縮めていった。

『大衆』同人の中枢であった大森は山川宅のそばに転居し、山川の使者のように東京と鎌倉を往き来するようになった。菊栄は「あのくらい呼吸のあった友達はいなかった」と回想している。振作もこう述べている。

「年齢のためもあろうか、この頃からの父には鋭さの他に和やかさがあらわれてきたように思う。特に大森義太郎氏の出現は、父の私的な生活に大きな影響を与えた。この無遠慮でしかも上品な江戸っ子は、ほかの人々が縮み上がって何もいわないとき何でも直言し、面と向かって笑いとばした。……父の考え方に『広さ』と『柔らかさ』が加わってきたのが特にこの頃から目立つように思われる」（「父の思い出」「東京大学新聞」）。

象牙の塔出身のインテリで、山川と親密になるのは大森が最初だった。山川にとってはあたらしい世界がひらけたのかもしれない。

一方共産党は『大衆』を集中攻撃して、労働組合や新人会などにも『大衆』のボイコットを働きかけた。印刷屋から出版社にいたるまで手が回され、六月号は休刊を余儀なくされた。援助の手をさしのべたのが堺である。堺は京都の南宗書院を紹介したがそこも手をひき、二七年一〇月には廃刊に追いこまれた。同人も最後まで残ったのは、鈴木、黒田、大森、野中、岡田くらいとなった。こうして鈴木は堺に共同の雑誌発行をもちかけ、局面の打開をはかろうとした。

［2］『労農』の創刊

『労農』同人は、主に堺と鈴木があつめた。

「東調布署手記」にはつぎのように述べられている。「私は多分堺、荒畑氏から話を聞きました。……兼てから言論機関の必要を感じていましたが、過去の経験から雑誌を維持してゆく自信が全然ありませんでした。それで堺氏等からの話は、経営の方は鈴木君あたりに自信があるから……程度の極く一般的な話」がされ内諾を与えた。

山川が第一回として「東調布署手記」に記している同人会議は二七年「十月末か十一月早々」で、場所は鎌倉の大森宅である。

「大森宅の会合は、その頃雑誌に旅行記を執筆していた堺氏が妙な旅装のままで出席し、この席から又旅に出ると云っていられたこと、それから猪俣氏が、新雑誌の現段階における任務について一応規定しておく必要はないかといふ意見を出され、それが余り改まった問題で人々の意表に出て幾分滑稽をさへ感じたこと、後年になっても何かあると、一応規定しておく必要はないかねと冗談に口真似する人のあった位で、こういふことの為にこの日の会合は私の印象に残ってをります。……この会合の結果私は大急ぎで創刊号所載の原稿を書き、十一月十日に脱稿してをります」。

「相談の内容は、前記の猪俣氏の提案は、共産党の宗派的分裂主義に対する反対と無産政党合同の意見が一致しているのだから、そんな改まったことは要るまいといふので打切りとなり、その他にはべつだん堅苦しい議論や問題もなく、談笑裡に新雑誌の標題その他を決めました」。

「経営のほうは鈴木氏が責任を持ち、なほ創刊費用を同人から醵金すること……。創刊費の拠出は少くとも第一号の代金の回収されるまで三ヵ月間の紙代印刷代を用意する必要がありますから毎月二千部としても九百円を要するわけで、大体これを目安として各自任意に寄付したと思ひます。私は多分二百円位を寄付しその後も毎月の欠損を填めるために初めは月額十円、後には五円の寄付をしてをりましたが、これは昭和四年六月同人を脱退するまで継続してをりました」。

「大森氏宅の会合以後、私は労農同人の会合には一回も出席したことがないと思ひます。会合に出ることは心身共に非常に苦痛でありましたから、強いて出るほどの必要もないと考へたからでありました」。

「大体の意見と熱意において一致している限りこの際大同に就いて一緒にやるといふ気持から、理論上の点でも実際問題の点でも、同人を作るに当たって特に意見を交換したことはありませんでした。現に同人間では、例へばコミンテルンに対する見解といふような重要な点でも当初から相当の差異があったことは明らかでありました」（以上東調布署手記）。

なお、大森の証言（人民戦線事件の警察の聴取書　以下「大森聴取書」）で補足すると、同人会議の準備会的なものは九月下旬に堺宅で、堺、山川、荒畑、鈴木、猪俣、黒田、大森が参加して開かれた。そして山川も証言する一〇月に第一回同人会議が開かれ、雑誌の標題を『労農』に決したという。

堺の「旅行記」とは『中央公論』に連載した「当てなし行脚」で、五月から一〇月にかけ全国を漫遊したものである。「会合の結果大急ぎで」執筆した創刊号の原稿は、巻頭論文＝「政治的統一戦線へ！　無産政党合同論の根拠」である。

創刊号（二七年一二月号）は一二月二日に創刊された。発行編集人は小堀だった。巻頭論文は山川の「政治的統一戦線へ！」のほか、主な論文は山川の「発刊について」（無署名）、猪俣の「日本無産階級の一般戦略」、同じく猪俣の「日本資本主義の現勢（テーゼ私案）」（筆名・新島一作）、荒畑「セクト主義の清算」であった。

資金について、「大森聴取書」から補強しておこう。

『労農』創刊号　1927年12月

山川、堺、吉川が各二〇〇円宛、猪俣、鈴木が各百円、黒田、大森が各五〇円を拠出し九〇〇円をこしらえた。雑誌の売りあげだけでは、発禁＝保証金の没収（さっそく二八年二月号が発禁処分とされた）などに対応できないので、この拠出は運転資金以降もつづいた。編集・会計事務は足立、吉川、橋浦が担当し、毎月会計報告が全同人に配られた。

労農同人の会合へは山川は一回も出なかったように「東調布署手記」では記しているが、自宅そばの大森宅で開かれたときは顔を出したようだ。堺と山川は長老格で、同人達も無理は要求しなかった。しかし重大なことがあれば、鎌倉まで人が出むいて相談した。堺も、同人会議が自宅で開かれることもあったから意見を述べる機会は多かったにちがいない。

猪俣の物言いへのややシニカルな反応は、根は深いと思われる。猪俣は他の同人たちとは運動への参加の経路がことなっていた。在米共産主義者グループの活動に参加し、帰国して短期のあいだに頭角をあらわした人物だ。同人に勧誘したのは、アメリカ時代からのつきあいのあった鈴木である。他の古くからのたたき上げとは、文化や肌合いの違いも大きかったろう。猪俣も、売文社時代からの気心の知れた仲間うちの、悪くいえば「なれあい」的な雰囲気にはなじめなかったにちがいない。山川が猪俣の存在を知ったのは二二年に『前衛』に猪俣が寄稿したときからであるが、その後の五年間で面談したのは五回程度と回想している（「故猪俣津南雄先生を偲んで」『全集』一五巻）。頻度としては少ない。

同人のあいだに「重要な点でも当初から相当な（意見の）差異があった」と山川が認めたことも重要である。それは、「二七年テーゼ」要約にたいし猪俣らが過度の期待と評価をしていたこともさす（第四話［7］）。『文芸戦線』一二月号の猪俣論文について、「山川聴取書」では「猪俣氏ハプラウダノ記事ヲ自説ニ極メテユウリニ解釈セラレテイルトイフ印象ヲ受ケマシタ」と述べていた。猪俣とは相当な認識の差があることを感じていたにちがいない。先に紹介した青野宛私信では、コミンテルンから「ほめられたと思ったら大まちがいだ」と注意していた。山川は大森にも「プラウダハ成ル程福本イズムニハ賛成シナイカモ知レナイカ吾々ノ意見ニ対シテハモツト強ク反対デアラウト語ツテオリマシタ」と述べていた（大森聴取書）。しかし山川はこの本心を口にはせず、「皆ガコミンターンヲ持テ囃シテ居ルカラ暫ク黙ツテ居ルト云フ風デアリマシタ」（同前）。

さて、山川は「東調布署手記」で、「『労農』参加の理由」をいくつかあげている。

「共産党の理論の影響に対して何等の抗争をも試みないで吾国の運動をこのまま成り行きに任すことは如何にも吾国の無産者運動に対して忠実でないと考へました。しかし一度び対立の意識が植へつけられた今日、吾々の力で果して政党の合同を完成し、無産政党運動を本然の状態に引戻すことができるかどうかについては、私はこの時も決して楽観的ではありませんでした。しかし成否は兎も角として、この新雑誌の誌上において、無産者運動に対する私の今一応の努力をしてみるつもりで、私は『労農』に参加したのでありました」。

無産政党の発足にあたって、山川は最初が肝心であると力説していた。「無産政党の成功と失敗とは、……出発の仕方によって定まるものである。……ことにわれわれは、……小党分立の勢いを阻止しなければならぬ。もし技術上の欠点と不注意とのために、無産階級の諸要素を一つの組織に結束することができないで、いくつかの無産階級的政党が対立したならば、日本の無産階級運動はかなりに長い年月の間、その影響をこうむることを忘れてはならぬ」（「無産階級政党の組織形態」『改造』二五年一月号『全集』六巻）。

しかし実際は、出発したとたんに分裂し、まさに左翼の「技術上の欠点と不注意のために」労農党と日労党の合同すら難航した。このときすでに山川の内心は「決して楽観的ではなかった」のである。

しかしこの「今一応の努力」も、「一度び対立の意識が植へつけられた」者同士の仲をほぐすのは容易でなく、『労農』同人内部すら足並みがそろわず、一年半後には山川の同人脱退で一頓挫してしまう。

それはともかく、『労農』にかけた当初の意気ごみは、「東調布署手記」のつぎのような記述にうかがえる。

「共産党の理論と指導に疑ひを持ち始めた人々……もまだ明確に共産党の影響から離脱して異なった方向を取って進むだけの自信を持つに至っていなかった」「彼等に自信を與へるためには、共産党の理論に代って彼等の要求を満たすに足る理論を供給することが必要でありました……新雑誌は……こういふ役目を持つものとして私が大なる期待を掛けたものでありました」。「歴史的に與へられた諸条件に即した独自の運動の形態や運動の方法を、吾々自身で発見し発展せしめることを、私は何よりも大切なことと考へました」。

福本イズムにはついていけないが、コミンテルンや日本共産党の権威は否定できないというのが、活動家の平均的な状態だった。それは、一貫性をもった理論の欠如にも起因した。日本の歴史的諸条件に応じた戦略と組織方針をふくめた戦術の首尾一貫した理論の形成を『労農』の任務として期待したのである。とはいえこれは一片の論文や数年の実践でなしうるものとは考えなかった。

［3］「政治的統一戦線へ！」

山川が、日本の「歴史的に與へられた諸条件に即した独自の運動の形態と運動の方法」をはじめて体系的に示したものこそ、『労農』創刊号の巻頭論文、「政治的統一戦線へ！—無産政党合同論の根拠」である。創刊号一二六頁の内四六頁を占めるこの力作は、以降永く労農派の指針とされた。

それは第一に日本資本主義の歴史的段階を総括した。

まず冒頭にいう。「吾々の政治闘争の対象は、帝国主義的ブルジョアの政治権力である。…わが国資本主義の現在の段階は独占的金融資本の時代であるということが、一般的には、すでにこのことを含蓄しているのである」。そして「ブルジョアジーに対する直接の決定的な反対勢力は、ひとりプロレタリアである」。

これに反して、「一九一七年の（二月革命までの—引用者）ロシアには絶対専制主義と対立するかぎりにおいては、大ブルジョアさえも、なお若干の革命的性質を保っていた」。そこで、ロシアのように政治闘争の対象を「絶対専制主義」であるとする日本共産党はどう行動するか。府県会議員選挙（二六年九月）で、みずからの支配下にあった労農党をして社会民衆党を排撃させながら、「急進ブルジョア党たる革新党」と選挙協定をむすばせたことを、誤れる情勢分析の帰結としてあげた。

「帝国主義的ブルジョアの政治権力」は当初から確立されていたわけではない。「明治維新は、その本質においてはブルジョア革命であったが、それはブルジョア革命を完成したものではなくて、その発端であった」。

それでは明治維新当初有力であった「藩閥政府」＝「半専制政府」が「その後の五十年の歳月をかけて」いかなる経過で「『ブルジョアジーの勢力と『抱合』し、かつ同化された」のか。これについては、「第一には、資本主義の急速異常な発展によって、ブルジョアが階級的に成熟し強大となったこと」、「第二には、資本の急速異常な生長により、国家資本がもはや往日のような、独立性と指導的地位を失ったこと」、「第三には、農業が重要性を失い、かつ地主そのものもまた資本家化したために、もはやブルジョアジーに対立した政治勢力の基礎としての重要を失った」こと、「第四には、…わが国の資本主義は明白に帝国主義的性質を帯び、独占的金融資本の支配が拡大しかつ強固となるに従って、ブルジョアジーはますます反動的な性質を帯びるにいたったこと、そしてこれは絶対専制主義の残存勢力がブルジョア化し、ブルジョアジーがこれを同化することを、きわめて容易ならしめたということ」と総括した。その後の日本資本主義論争のレベルからしても、的確な日本資本主義の発展のスケッチである。

それでは「ブルジョアジーの政治勢力」は「今どのような発展段階」にあるか。「ブルジョアジーは、今やそのうちに同化することのできる一切の勢力を同化し、同盟を結ぶことのできる一切の勢力と緊密な同盟を結び、いやしくもその影響と指導の下に獲得することのできる有らゆる階級と社会層との上に、その影響と指導とを拡大し、かくすることによって、資本主義の新たな発展段階—金融資本と帝国主義の段階—に応じた強大な政治勢力—反動的、帝国主義的勢力—にまで結成しつつある」。

そして、「貴族院、枢密院のような諸制度は、その外形にはほとんど何らの変更をも加えられないで、そのままブルジョア政権の一部を構成する要素に変じている。これは最も重要な絶対主義の遺制と認められている×××（天皇制—引用者）そのものについても、同様である」。

この「絶対主義の遺制と認められている×××」は、伏字とはいえ山川が戦前の重要論文において天皇制についてふれた数少ない例の一つである。

実は、この「絶対主義の遺制」という「天皇制」の位置づけは、山川のほんらいの認識とは厳密には不整合であった。日本における絶対主義とみなされる幕藩体制下では、天皇の存在感はなかった。存在感を強めるのは、権力を掌握し強化するためにブルジョアジーが天皇を最大限利用した、明治も後年になってからであって、「絶対主義の遺制」とはいえない。戦後になって自由に天皇制を論じられるようになってからは、山川もそういう認識を筆にする（第九話〔2〕）。

人民戦線事件での取りしらべでは、治安維持法違反を証拠立てるため、論文のこの部分の真意について執拗に追及された。そして「東調布署手記」でも「絶対主義の遺制」という認識の不正確さに言及したのだが、その際巧妙なレトリックをもちいている。

「徳川政治を……『絶対主義』に相当するものと見る私の見解に於ては吾国の場合は欧州諸国の場合と異り、君主制……は中世的『絶対主義』を構成する要素の中には入らないもので、それは『絶対主義』をも超越した存在であります。従ってまた『天皇制』は……『絶対主義の遺制』でもあり得ないといふ結論になるのであります」。そこでまた「ブルジョア第一党に組閣の大命の降下することが慣例となりましてからは、ブルジョア政権……が何等大権と抵触することなく実現し得られることが益々明白となりました。同時に、これはまた無産政党の内閣についても同様のことが考へられたのであります」。

絶対主義の遺制なら、ブルジョア政権にとって障害物となるはずだが、ブルジョア政権とは何等「抵触しない」存在ではないかと、天皇制とブルジョア国家の関係を巧妙にいいあらわしたのである。そのうえで無産政党の内閣に組閣の大命がくだるという現実にはありえない仮定をしても、「無産政党の内閣」は「天皇制」とはなんら抵触しないといいのがれをしたように読める。

つまり天皇それじたいは、「超越した存在」、つまりは無力な存在にすぎないというわけである。

山川は、また労農派は、天皇制自体の重みを理解せず対決をさけたと一般にみなされている。治安維持法に抵触せぬように言及をさけたのは事実であるがそれだけではない。政治的自由や生活上の要求をかかげ対決する相手は、資本家や地主、ブルジョア政党、官僚や軍部なのであって、天皇制反対をかかげないからといって、たたかいが制約されるわけではなく、かかげることは逆に大衆的な結集を妨げることになった。山川は、天皇制のもつ民衆への精神的影響の深刻さについては、共産党系よりも痛感していたからである。

そのことは戦後すぐの、天皇制をめぐる諸論稿に明確に示されるので、Ⅱ第九話〔2〕でまた検討する。

話をもどそう。「絶対主義」の一方の土台であるはずの地主階級はどう変容したか。「かれらの下半身は依然として、封建色に染まっている。けれどもかれらの上半身は……ブルジョアジーの黄金色をもって輝いてきた」。「かつては、政友会は地主党であって、憲政会は都市商工階級の政党と見做されていた。……しかるに今日は、この分類は全くその意義を失っている」。

そしてブルジョアジーは普通選挙を、「政治勢力の圏外に遮断せられていた全く新しい社会層―労働者と農民と小ブルジョア下層とを含むこの広大な社会層―にまで、その政治的影響力を拡大し、これをブルジョアジーの指導の下に、強大な反動的、帝国主義的勢力に結成する機会として意識」している。「反動的ブルジョアジーの政治勢力は、同化し得べきすべての分子を獲得しようとしているばかりでなく、種々なる経済上の譲歩ないし欺瞞の政策によって、できうるかぎり反対勢力を中和することにつとめている。……労働官僚に対する誘惑と無産階級運動に対する分裂政策とは、その現われにほかならぬ」。

このような認識は、コミンテルン＝日本共産党とは根本的に異なっていた。コミンテルンの「二二年テーゼ草案」は、国家権力は「大地主と商工ブルジョアジーの一定部分のブロック」にあるが、天皇を長とする大地主の方が「優位」と規定し、「国家権力に対する反対勢力」に「自由主義的ブルジョアジーの広範な部分」も計上していた。したがってブルジョア革命が戦略課題とされていたのである。そしてロシア革命の「ブルジョア革命からプロレタリア革命への急速な転化」という公式をそのままあてはめ、福本による「日本資本主義の急速な没落」論が重ねあわされていた。再建共産党の理論家たちの論調は、こうした固定観念でぬりつぶされていた。

だが「二七年テーゼ」では、「大地主とブルジョアジーのブロック」権力という規定は残っているが、天皇制を「日本資本主義の原始的蓄積の道具」と規定し、「ブルジョアジーはすでに権力を握っている」ので、「多少でも一つの革命的要因として利用できるなどという希望はすてねばならない」といい切っていた。にもかかわらず当面は「ブルジョア民主主義革命」としたところに、「二七年テーゼ」の混乱があったのであるが、情勢分析だけはかなり改善されていた。

山川が、こうした「二七年テーゼ」での認識の改善をどのていど意識したかは、興味あるところである。

「政治的統一戦線へ！」を脱稿したのは二七年一一月一〇日だった。ただこの段階では「プラウダ」も「テーゼ」の要約しか掲載していない。それでも猪俣は『文芸戦線』二七年一二月号に「コミンタンの批評を読む」を寄稿し、不徹底さを指摘しつつも絶対主義規定を転換したことを評価していた。

これに反して山川は「政治的統一戦線へ！」だけでなく関連する論文でもまったく言及していない。さして重視しなかったと思われる。ただ、ヴァルガが「産業ブルジョアジーの党、憲政会」、「大地主党、政友会」と規定していることを紹介し「これはわが国の形勢が、いかに不満足に海外に報道せられているかを知るに足る一例である」と指摘した。実は「二七年テーゼ」もまったく同じ規定をしていた。婉曲に「二七年テーゼ」の認識不足を批判したものとも思われる。コミンテルンの分析はとるに足りずという自負心もあったろう。実際、「二二年テーゼ」は「小耳にはさんだ」程度で問題にもしなかった（第四話［5］）。

山川は「方向転換論」の具体化として、無産階級の政治闘争の性格をあきらかにするという必要性にせまられ、すでに二三年後半から日本の政治勢力の階級的基盤の分析をてがけていた。そして、封建的残存勢力、ブルジョアジー、官僚・軍閥、地主などの政治勢力の関係をあきらかにする力作を精力的に発表した。「ブルジョアの政治勢力と無産階級の政党」、「日本におけるデモクラシーの発達と無産階級の政治運動」などである（いずれも『全集』五巻）。「政治的統一戦線へ！」はこの三年間にわたる思索の集大成にほかならなかった。

さて、こうした資本主義の権力規定からして、ブルジョア民主主義革命は戦略とはならなかった。だからといって山川は、社会主義革命を直接の課題として対置したわけではない。

なお上向的な発展をする「反動的、帝国主義的ブルジョアジー」は、「広大な小ブルジョア下層を獲得することによって（普選はその重要な手段となる）、プロレタリアとその同盟者として農民とを完全に孤立」させ、さらに「労働者と農民との陣営内では、その戦線を分割することによって、左翼分子を完全に孤立させ、その影響力を、最小限度に極限」せんとする。そこでマルクス主義者の任務は、社会主義を対置するのではなくて、「ブルジョアジーが未完成のうちに遺棄するブルジョア民主主義の要求を取り上げ、これを反動化してゆくブルジョアジーの政治的支配に対するプロレタリアとその他一切の被抑圧民の民主主義的要求に変じ」ることとされた。そして、「プロレタリアとその前衛の歴史的任務の上から見た無産階級の政党は、いまやその政治的支配を確立し、そして帝国主義的進出のために、強大な反動的政治勢力にまで結成を急いでいるブルジョアジーの支配に対する闘争という一定の限られた闘争目標のもとに、あらゆる反対勢力と反対要素とが結合する反ブルジョア協同戦線の特殊な一形態なのである」。

さらに山川は当時の無産政党を具体的に分析し、この任務の実現は可能だと説いた。

すなわち日本労農党、社会民衆党、労農党の綱領がほとんど同じであること、党員構成も似通っていること。その党員構成では、実は労農党がもっとも農民の比率が高く、都市労働者の比率がもっとも高いのは社会民衆党であること。そして、社民党の支持労働者層が、他党の労働者より決して労働貴族であるわけではないことも示した。要するに三党とも「組合（労働組合と農民組合―引用者）政党の域を脱していない」と指摘した。

こうして「単一な協同戦線としての無産政党」は当面の民主主義の拡充を戦略とするのだが、「前衛」たる者は、「無産政党とその政治上の闘争とは、×××（革命的―引用者）プロレタリアの歴史的任務の遂行と、この決定的な政治闘争への発展のうちに織りこまれたものとして、この闘争の全発展の一つの段階をなすものとしてのみ、われわれはその重要性を理解することができる」。「決定的な政治闘争」とは社会主義革命であるが、それを推進する社会主義政党は一般に協同戦線党が代行できるものではない。しかし「無産政党を真実の協同戦線党たらしめることと、プロレタリア前衛の成長と、成熟と、その指導の確立とは、われわれの見解では、別々の過程ではなくて一つの過程である。すなわち前衛は、真実に協同戦線党たる性質をもった単一政党を実現する闘争により、この闘争の成功ある遂行によってのみ、成長し成熟するものである」。

ここで山川がいう「前衛」とは、秘密結社の日本共産党のようなものではない。「方向転換論」のさいは、「前衛」という言葉は組織された労働者と農民総体をさしていた（第三話〔4〕）。その当時とくらべれば労働組合も農民組合も急速に拡大し、しかも左右に分裂が進行していたから、すべてを「前衛」とはいわれない。しかし少なくとも組織された労働者・農民の十万人規模の先進的な部分をさしていたと考えられる。この「前衛」が支配階級によって分裂させられた右派指導下の十万人規模の労働組合、農民組合、さらには数百万人の膨大な未組織無産階級と政治的にむすびつくことが「歴史的任務」を果たすうえで必要不可欠なのである。またそういう鍛錬をへてはじめて社会主義政党が、「前衛」部分から成熟すると考えたのである。

しかし山川は、前衛の形成と協同戦線党の関連について一般的に示唆するにとどまり、社会主義政権の展望についてはおろか、協同戦線党が担うべき民主的な政府（今なら統一戦線政府）のありかたにすらほとんど触れていない。権力との関係で文字にしづらかったこともあるだろうが、山川はあまり現実性のない組織方針については論じようとはしなかった。

ところで大森はこの種の問題について、率直に述べている。大森はもっともよく山川と語りあった人物の一人であり、山川が個人的に語ったことの受けうりとも考えられるが、「大森聴取書」にはこうある。

「革命ノ条件ガ客観的ニハ充分ニ熟シテイタトシテモ此ノ条件ヲ生カス人間ノ方ガ充分ニ用意サレテ居ナイナレバ革命

ハ起コリ得ナイ」。そして日本における「主観的条件ノ現在並ビニ近キ将来ノ状況ハ……殆ンド全然未成熟デアル」。すなわち「工場労働者ノ占メル割合ガ」「先進資本主義国」に比して「遥カニ低位」なこと、第二に「労働者ノ組織率ガ低イコト」、第三に意識において「封建的残滓」が多いからである。そして「近代プロレタリアート精神ガ勢力ヲ得テ居ル如ク見エル場合」にも「単ニ表面的デアリ直訳的デアリ決シテ血肉トナツテ居ナイ」、「民主主義運動ガ未ダ花々シイ展開ヲ見セタコトガ無イ」。

したがって日本では「客観的並ビニ主観的条件ガ共ニ熟サナイノデアリマスカラ……社会主義革命ノ遂行ガ可成リニ遅ヒト言フコトモ断言デキル」。そして「諸強国ノ間デ最后デ無イニシテモ非常ニ遅レテ社会主義革命ノ成立スル国」、「吾国ノ社会主義革命ハ多分外国ノ刺激ニヨルモノト予想サレル」。

[4] 猪俣、大森、向坂との間合い

第二号（二八年一月）の編集後記には「創刊号は発刊の翌日売り切れとなり、やむなく二千部を増刷すると、これまた数日で市場から『再版』の影を没するという大盛況でした」とある。当時左翼刊行物で最多と思われる共産党系の「無産者新聞」も最盛時で公称三万部、『文芸戦線』は同じく二万部であったから、固い理論雑誌としてはそん色ない。

創刊時の同人として確認されるのは、堺、山川、荒畑、猪俣、北浦、鈴木、大森、黒田、吉川、橋浦、足立、青野、小堀、岡田宗司、野中誠之。二七年一二月に開かれた同人会議では、稲村順三、伊藤好道、萩原厚生らをあらたに同人にくわえ、以降二年のあいだに、向坂逸郎、高橋正雄、塚本三吉、大西十寸男らが同人に参加する。

『労農』同人発足時には、堺、山川、荒畑の古参に猪俣をくわえ、警察当局やジャーナリズムから「労農四巨頭」と通称されていた。

同人結集の人間的な紐帯は堺だった。しかし二六年六月から一二月までの獄中生活は、すでに五〇代後半に達し動脈硬化がはじまっていた堺の健康をむしばんでいた。二七年秋の「労農」同人の発足に相当の精力をかたむけたらしく、一一月に脳溢血で倒れた。このときは病状も軽くたちなおれた。

荒畑には、『労農』創刊後も鍋山貞親がコミンテルンの命を受け、執行部に入って欲しいと説得にあらわれた（二八年一月）。情の厚い荒畑は、共産党からなかなか縁が切れなかった。しかし分裂主義への批判は強く、主に労働組合運動における分裂主義批判の論文を精力的に執筆していた。

準備の中心であった大森は、五番目の「巨頭」に相当した

ろうが、体調をくずししばらく同人会議には欠席した。

さて異才は猪俣津南雄である。猪俣がジャーナリズムにおどり出たのは、高橋亀吉の「プチ帝国主義論」批判（『太陽』二七年四月号）からである。日本は帝国主義列強とはいえないと主張した高橋を批判したのだが、そのさい、欧米先進資本主義国と異なった日本資本主義の性格は「帝国主義的世界資本主義の一環としての日本資本主義の発展」の産物であって、一国的な経済的指標だけで帝国主義国か否かを判ずるのはまちがっているとした。また、帝国主義の概念は経済指標だけでなく政治指標もあわせ適用せねばならないと指摘した点も、レーニンを理解していた。

このような認識から、支配階級を「絶対主義的封建的残存勢力」とする説をも批判した。日本の帝国主義的金融資本の反動性は、「絶対主義」から彼らが自立しえていないからではなく、帝国主義段階における日本資本主義の特殊なあり方の結果なのだとしたのである（「現代日本ブルジョアジーの政治的地位」『太陽』二七年一一月号）。このような認識は、山川の政治論文でもかなり以前から語られてはいたのだが、『帝国主義』や『金融資本論』を土台に明確に整理—それは国家独占資本主義論の先駆ともなった—したのは、猪俣の功績である。

また、猪俣は独特の前衛組織論を示唆した。「横断左翼論」と呼ばれたこの組織論は、「何から始むべきか」（『改造』二八年一月号）で整理して示された。左右中間に分裂した無産政党と労働組合の内部に「前衛部隊」を「横断的」に配置し、その「すべての団体内の先進分子を結ぶ端緒的な組織が、戦線統一の梃子として作用しつつ、幾多の困難なる闘争を通じてそれ自身の成長と発展を遂げる過程」を、前衛を結晶せしめる過程として説いたのである。また『労農』二八年一月号の「階級的政治新聞の任務」では、日本共産党系の合法機関紙「無産者新聞」にたいし、福本イズムを清算して横断的な「前衛」の結成に参加せよと呼びかけた。「前衛」のありかたについては漠とした提起にとどめていた山川とは対象的に、一定の組織方針を示したのである。

これは山川の考えと背反すると、一部の同人は危惧していた。無産政党自体の統一に強調点がある山川にたいし、猪俣の議論は、福本イズムを清算した共産党員をふくむ「前衛」の横断的形成をめざすものと受けとられたのである。

猪俣とは異なり、山川にしたがいつつ労農派の理論的軸を形成していく大森と向坂もすでに頭角をあらわしていた。

山川宅のそばに移り住んだ大森は、『大衆』グループと、堺、山川直系の集団と、新人会出身の若手インテリと、大学助教授クラスの協力者という各集団をつなぐ位置にあった。山川の実質上の秘書の役割を果した。

向坂は、山川の論文を愛読し、東大助手時代に大森と親密になった。二五年五月にドイツ留学から帰国し、九州大学助教授に就任し、大森から『労農』発刊の動きなどを聞いていた。山川がレーニンの『唯物論と経験批判論』のできのよくない英語版からの翻訳で苦労していることを知り、大森と二人でドイツ語版を訳出し、山川に参考に供した。向坂が、山川と行を共にするのは、二八年四月に三・一五事件で九大を追放され上京してからである。

なお、山川の弟子となる大森と向坂は、福本や猪俣のなげかけた問題についてもそれぞれに受けとめていた。

大森義太郎はつぎのように述べていた。

「吾国ノマルクシズム研究ノ上ニオイテハ注意ガ専ラ経済学ノ上ニアツメラレテ居テ経済学ノ基礎タル方法論更ニハ哲学ニタイスル考案ハアマリ試ミラレルコトガナカッタ」。「然シ福本イズムガ現レテ此ノマルクシズムニ於ケル哲学方法論ノ重大ナル意義ニツイテ力説シマシタカラ吾国ノマルクシズム研究モ其ノ後之ニ向カウコトトナリマルクシズム研究ガ一応欠陥ノ無イモノトナリ得マシタ此ノ貢献ハ高ク評価サルベキモノデアリマス」（「大森聴取書」）。

もう一つ大森が福本イズムの貢献としてあげたのは「前衛党ノ問題ヲ持チ出シタコト」であった。「従来吾国ニ於イテハ前衛党ノ問題ガ其ノモノトシテ論ジラレルト言フコトハ甚ダ少ナカッタノデアリマス其ノ理由ノ一ツニ法律上ノ制限トイフコトモアッタト思ヒマスガソレコリモ少数ノ……職業的ナ無産運動家ノ間ノイハバ楽屋話トシテ置クトイフ態度ニ基ヅクトコロガオオキカッタ」。「之ニ対シテ福本イズムハ前衛党の問題ヲ……先進分子ノ前ニ大衆的ニ提起シテ論ジタノデアリマス之ニヨッテ前衛党ノ組織ニ賛成シタモノモ又反対シタモノモ前衛党ノ問題ヲ真剣ニ考ヘル様ニナッタ」（「大森聴取書」）。

大森の親友だった向坂も、のちにこう述べている。「当時の日本の社会主義者は唯物史観を経済史観的に理解するという傾向があった。それまでの社会主義者は第二インターナショナルを勉強しているわけで、堺さんや山川さんも主としてドイツ社会民主党の勉強だった。ところが、カウツキーやメーリングにしても、哲学、すなわち唯物弁証法が不足していた」。

「山川さんが党の問題をどれだけはっきり意識されていたかはどうもはっきりとはいえない。……労農派の中で政党の問題をはっきりだしてきたのは、時期はちょっと遅れますが、むしろ猪俣さんだったように思う」。「私はそのころつねに一つの不安をもっていました。それは、どうも山川さんとはかならずしも一致しない点があるらしい、ということです。運動の上では山川さんの指導に不安はないが、マルクスの思想の正系の後継ぎがレーニンであることについてかならずしも一致しないものがあるのではと思っていた」（社会主義協会『社会主義協会テーゼ学習のために』）。

［5］普選実施―懐柔と弾圧

発足したばかりの『労農』同人は、たちまち無産階級の政治運動の混迷に直面した。

二八年二月二〇日には初の男子普通選挙が実施された。田中義一内閣は、三政党あわせても得票五〇万票弱、当選者八名を出したにすぎない無産政党にたいしても、一方では議会の多数派工作の対象とし、他方では圧殺に乗り出した。

三月一五日、四月一〇日と連続した大規模な弾圧がなされ、二八年だけで治安維持法違反事件検挙者三四二六人（内起訴は五二五人。大多数が三・一五事件）を出した。

六月には日本陸軍による張作霖の爆殺が露見し、中国の抗日運動は燃えあがった。政府と軍部は対外侵略の本格化にむけて支配体制をいっそう強めた。優秀な官僚や警察機構を通じ、まだ弱く分散していた無産運動の内部にまで分断の手をさしこみ、挑発と混乱、分裂と不信を醸成する。無産政党は、誕生したとたんに体制側の狡猾な撹乱との懸命の防衛戦を余儀なくされた。『労農』もその例外ではなかった。

初の男子普通選挙では、労農党は日労党に選挙協力を提案し、いくつかの選挙区での合意が成立した。特に東京五区では無産各党が、最有力候補であった日労党の加藤勘十を支援することになった。ところが選挙間際になって突如労農党が候補者をたてたため、加藤は労農党候補の票数だけ不足で落選した。さらに新潟、名古屋などでも選挙協定は反古になった。このように労農党のスタンスは極端にジグザグであった。

このジグザグの背後には共産党の戦術があった。労農党は四〇人を立候補させたが、その中には、徳田、杉浦啓一をはじめ一一人の共産党員がふくまれていた。共産党は労農党を借りて初の全国的政治宣伝にうってでた。「二七年テーゼ」にいうところの「共産党の公然化」の実践である。各地の労農党の演説会場では、「君主制廃止」をふくむ日本共産党名のチラシがはじめて公然と配布された。

無産政党候補への妨害ははげしかった。とくに当選可能と目された労農党委員長・大山郁夫（香川）へは官憲の、日労党書記長・麻生久（茨城）へは足尾銅山の労働組合を潰そうとする会社の、弾圧と介入がはげしく、ほとんど選挙運動ができなかった。

結果は、労農党は立候補四〇人で当選二人（無産政党中に占める得票率二八・八五％）。日労党一九人で一人（一七・五九％）、社民党一二人で四人（二五・〇五％）、日農党一二人でゼロ（九・八〇%）、他に九州民憲党で浅原健三が当選。当時有権者（男子）の労働者は約一七九万人、小作農は約二四八万人といわれたが、無産政党各派の総得票は約四九万票—投票総数比で五%弱でしかなかった。

しかも、四九万の支持者も、相当数がインテリや小ブルジョア層と思われ、労働者と農民からの得票は、労働組合員数と農民組合員数の合計（約六〇万人）の半数にも満たなかったと推測される。それでも与野党が伯仲する衆議院では、無産政党がキャスチング・ヴォートをにぎったため、さっそく無産派幹部に田中内閣からのだきこみの手がのびる。

一方、総選挙で共産党が公然と活動したことをとらえ、三月一五日、治安維持法違反容疑で一五〇〇人以上の活動家がいっせいに検挙された。非共産党員である労農党の大山委員長、細迫兼光書記長も検挙された。大山らは不起訴だったが、『労農』同人の荒畑、北浦、大西らは起訴され長期拘留された。さらに四月一〇日には、治安警察法違反で労農党、評議会、無産青年同盟に結社禁止・解散命令が下された。すでにこれら団体の中枢部は検束されていたが、解散命令によって機能は完全に止められた。

しかし、「左翼三団体」傘下の勢力もふくめ、弾圧反対運動はほとんどおきなかった。事実上の共産党機関誌『マルクス主義』も廃刊した。『労農』九月号は「治安維持法の改悪と共産党の事件の断罪」をかかげたため発禁処分を受けた。

四月一七日には「左傾教授」の追放が訓令され、東大から大森、九大から向坂らが追放された。大森は学内の雲行きが怪しくなったころすでに山川に進退の相談をしていた。江戸っ子の大森は、東大の陰湿な空気をきらい、事あらば飛びだそうと考えていたらしい。大森にたいして山川は、当時ドイツに留学中だった有沢広巳を大学に残せるなら辞職しても良いだろうと答えたそうである。

労農党は、「百度解散、百度結党」をさけび、「新党組織準備会」を設置し再建準備にとりかかろうとしたが、そのための準備会議も解散を命じられた。評議会も、傘下単位組合の連合体を結成し実質上の再建をはかろうとしたが、それも解散命令で頓挫した。

また労働争議では資本の攻勢が強まった。戦前最長の大規模ストライキでたたかった野田醤油争議（総同盟主導）も会社と暴力団の強硬姿勢を突破できず、二八年四月に惨敗した。強靱だった野田の総同盟組織も壊滅状態に追いこまれた。野田争議の敗北を機に、総同盟など労使協調派組合は労使関係の安定を指向するようになり、大企業の争議が減少しはじめ、小企業の争議の比重がふえていく。

一方、四月には日本軍が青島上陸、五月八日には第三次山東出兵、六月四日には張作霖爆殺と、満州侵略にむけ一歩がふみだされた。

そして四月二九日には治安維持法改悪案が国会に上程された。田中内閣は、「国体変革」を目的とする結社の指導者には最高死刑、結社構成員以外でも「目的遂行ノ為ニスル行為」に協力した者は処罰対象にくわえるという改悪案を提案した。審議未了となったが、六月には緊急勅令として公布し、検挙・起訴対象を自在に選定できるようになった。また三・一五事件以降、法的手続きぬきの検束と長期拘束、拷問などが一般化する。

そういうなかで山川と『労農』同人たちはどう対処したか。ほとんどが労農党員であった『労農』同人とその支持者たちは、総選挙では労農党各地方組織で他党との選挙協定を締結するよう努力した。そして無産諸政党にたいして、「すべての選挙区に協同委員会を組織せよ」とアピールした(『労農』二八年二月号)。無産三党の選挙協定が労農党によって破綻した東京五区では、協定通り日労党の加藤候補を支援し、独自候補を擁立した労農党本部の態度をきびしく批判した。労農党候補のみが立候補した地域では労農党を支持し、『労農』や『文芸戦線』の周辺からは、藤森成吉(南信)、畠山松治郎(秋田)が労農党公認で立候補した。

また労農党指導部においても、戦線統一派が公然と意見をのべるようになり、三月末の拡大中央委員会では、黒田、大道憲二らが、無産政党合同の条件から「労働者農民政府樹立」を削除するよう修正案を提出した。しかしこうした努力も、四月一〇日の結社禁止によって頓挫した。

三・一五―四・一〇弾圧に抗し、山川は『労農』五月号に「全国の労農大衆は!一切の勢力を動員して!統一戦線の実現により!この弾圧と抗争せよ!」とのアピール(無署名)をかかげた。

「現在三四百名の犠牲者を出している。その中には……不幸にして吾々と根本的に見解を異にする人々をも含んでいる。」しかし、「吾々の階級の如何なる部分に加えられた暴虐をも、階級全体に加えられた暴虐にほかならぬと云う明確なる意識」にたって、「労農党大衆は、労農党の陣営を護って弾圧に抗争せよ!一切の無産政党は友党を防衛して弾圧と抗争せよ!犠牲者の家族のためにいたるところに救援運動を組織せよ!」と。

旧労農党指導部(新党組織準備会)が「百度解散、百度結党」を呼号し実際は身動きがとれなくなっていた一方で、合法的な政党としての再建を求める声は旧労農党員のなかからも強まった。支持団体であった日本農民組合は、労農党の旧役員は身を退き、日労党との合同をかかげて党を再建するという提案をした。日農は労農党支持をつらぬいてきた有力団体であり、黒田や稲村順三、大西など『労農』同人が中枢にいた。五月には全日農と再合同し全国農民組合（全農）となり以降も無産政党統一運動の底力となっていく。

しかしこの提案も旧労農党指導部の受け入れるところとならず、再建のメドはたたなかった。そこで、とりあえず地方ごとの合法無産政党を再建し、そこに旧労農党系の活動家を結集させる動きが各地ではじまった。

こうして旧労農党内の合同促進派と『労農』同人が中心となって、七月二二日に無産大衆党が結成された。委員長は空席で堺が実質委員長格の顧問、書記長は鈴木、一八人の執行委員は、黒田、岡田、大道憲二、長山直厚、大森、小堀はじめほとんどが同人であった。警察の調査では党員二〇〇〇人とされているが実態はもっと小規模であったろう。強みは、全国農民組合が同じ方向をめざしていたことだった。また同党は、各地で旗あげされた地方無産政党の結集軸となった。無産大衆党は、九月八日に兵庫大衆党、秋田労農党、関西大衆党との合同大会を開催し、全国政党としての体裁をととのえた。

同党の綱領案は山川が、結成大会宣言は猪俣が起草した。綱領の第三項には「同一の社会層を代表する全ての全国的無産政党の合同によって、単一無産政党の樹立を期す」とあり、明確に協同戦線党の酵母たることを宣言した。

一方、無産大衆党系が離脱した（労農党）新党準備会は、再建方針がさだまらず混迷をつづける。

二八年夏に開催されたコミンテルン第六回大会は、その新綱領に「『左翼』社会民主主義者は、…社会民主主義諸党の中の最も危険な一派である」と明記し、「社会ファシズム」論や「労働者と農民の二階級政党」否定＝共産党唯一論をうち出した。これはあきらかに労農党の無用論であった。モスクワから帰国し共産党再建にとりかかった市川正一らは、この方針を新党準備会に持ちこもうとしたが間にあわず、玉砕を前提にひとまず結党させ、それから、合法政党に代わる共産党の再建に協力させるように指導した。

さらにソ連共産党機関紙「プラウダ」（七月二〇日）は、無産大衆党にたいし「山川を首脳とする清算主義者の策動」と批判し、以降「労農一派」はコミンテルンから敵対物あつかいされるようになる。

『労農』は「プラウダ」にたいし「プラウダ記者に與ふ」という公開状を発した（九月号外）。それによれば「労農ロシアの同志が日本無産階級運動に関して得る情報の或るものが、余りにも真相から離れていることは、日本労働運動界の笑ひ話の一つとなっている」とあった。

一二月二二日には「労農党結党大会」が開催され、即日予期通りの結社禁止を命ぜられた。旧党指導部は、そのまま大衆団体である「政治的自由獲得同盟」（政獲同盟）を旗あげし、「唯一の階級政党は日本共産党をおいてはありえない」と声明したのである。

もう一つの合同のポイントとなった日労党は内部で意見が割れていた。無産大衆党もふくめた全合同の方向をめざす部分（田所輝明、河野密ら）、左派を排して社民党と合同しようとする部分、さらには日農党（平野力三）や政府・財界と密通して一旗あげようと野心をいだく麻生久書記長周辺であった。

［6］無産大衆党

山川が普通選挙の実施にあたって力説したのは、無産政党間の選挙協力だった。

（大衆）「がブルジョア政党の影響下に従ってゆくのは、これと対立するところの有力な勢力が、かれらの眼前に示されていないからである。これらの……要素をブルジョア的影響から決定的にひきはなすためには、かれらの眼前に、信頼するに足る反対の力を見せなければならぬ。……かような単純な理由からだけでも、無産政党の戦線の統一は、勝利のために、絶対に必要な条件である」。「しかるにこの選挙協定は……いたるところに破綻を現した。……全力をあげて、分裂主義に対して選挙協定を防衛しなければならぬ」（「総選挙と無産政党の闘争」『労農』一八年二月号『全集』八巻）。

普通選挙の総括としては『改造』四月号の「時評」（『全集』八巻）がまとまったものである。

まず無産政党の得票四五万票の内容を分析し、主要部分は「小市民やインテリゲンチャ」とみる。そして労働者と農民という「無産政党にとっての最も重要な要素の間では、その一小部分においてこそ、政治的意識が先鋭化しているにもかかわらず、一般的には……きわめて意識の水準は低いということを意味している」と指摘する。山川のいう「前衛」がなお無産階級本隊から切断されている状態が示されたのである。しかもその「前衛」部分が分裂して選挙に臨んだ。「もし選挙協定が完全に守られたなら、なお五名の当選者を出しえたことは疑いない」。

しかし選挙の経験を経て、労農党の「党員大衆」は「分裂主義の惰性に対して公然の闘争を始めている」。日常の組合運動の訓練のないところでは、「無産政党は、ブルジョア政党の一票五〇銭、一円の弾丸にさえも対抗することができなかった。……組合主義を『止揚』して、ひとたび政治闘争へと全面的に進出したのちに、いざ選挙戦となってみて、いざ組合の動員力が全く皆無となっていたことに心づくなどは、いささか悲惨と云わねばならぬ」。選挙という最大の政治闘争は、広範な大衆を相手にするだけに、観念論を克服する好機であり、山川は初の選挙戦から多くの反省を得ようとしたのである。

この選挙の結果で、世間から注目されたことは、政友会と民政党の議席差わずか一〜二名というなかで「初めて議会に頭を現わした八名の無産政党議員に、キャスチング・ボートを握られるという奇異な形勢」が生じたことである。山川は、「議会に代表せられた新興階級の勢力が、……或る程度まで、新議会を左右することになった」とはいえ、この特殊な条件からうまれた「無産議員の役割の重要」を「新興階級の勢力そのものの大きさ」と「同一視すること」はできないと、慢心をいましめ、無産派議員団の「完全な統一」と田中内閣への対決をもとめた。苦し紛れの田中内閣与党政友会からの議会多数派工作で、無産派議員が分断されることを危惧したのだろう。

労農党解散以降の、旧労農党指導部の混迷にたいしては、山川は「新党樹立問題と二つの傾向」（『労農』六月号『全集』八巻）でつぎのように進むべき道を説いた。

「旧労働農民党のあとには、二つの方向をさした二つの作用が現われている」。「第一の傾向は」「百度び解散」を命ぜられたら「百度び結社を届け出る」というもので、これでは「旧労農党の下に結合せられていた労働者と農民との大衆を、離散にまかせることになる」。

「第二の傾向」は四月一一日の日本農民組合中央委員会の方針である。これは第一に「解散の口実を与えざるが如き政党を樹立すること」である。これは当然のことで「口実を与えぬ」ことが、旧労農党指導部の批評するように「次々の武装解除に完全に服従する」ことにあたるなら、そもそも合法的な無産政党の樹立は不可能である。第二に新党は「大衆的共同戦線党」でなければならないことである。

しかし旧労農党指導部が、「新党の樹立を事実上に放棄」したため、日本農民組合の提起も実現の望みはなくなった。そこで、「全国的な規模における新党樹立の望みがなくなるにつれ、それは必然にも、新たな方向をとって現われた。すなわち、各地方における地方的新党樹立の運動である」。そして「地方的新党」は「地方分散性を固定化」せぬよう綱領に「無産政党の全国的合同の実現」を明記し、「すべての全国的な無産政党の支部、または他の地方政党との間に、連絡と協同動作のための、常設的な機関の設置に努力しなければならぬ」。

「支配階級の狂燥的な攻勢と闘うために、地方政党は、はたして十分な武器だろうか。決してそうではない。けれども労働者と農民とは、いまただちに、みずからを衛らねばならぬ。労働者と農民とは、機関銃がないからといって、生存の闘いを、無限に延期することはできぬ。もし手もとに棒きれしかないならば、棒きれをもって闘わねばならぬ」。

七月の無産大衆党結党をうけ、山川は「無産大衆党の背景」（『改造』九月号）、「合同運動の新局面」（『労農』一〇月号）、「無産政党合同問題の進展」（『改造』一一月号　いずれも『全集』九巻）などで、「無産大衆党は、あらゆる所に生長している統一戦線の要求と、分裂主義に対する反対勢力とを代表しなければならない」と説いた。

【7】「原稿地獄」のころ

福本イズムへの反攻開始、単一無産政党実現にむけてのさまざまなアドバイス、『労農』発刊の準備などで、山川は疲労もたまったようである。

二七年一二月八日の堺宛の手紙にはこうある。

「……相変らず原稿地獄でヘトヘトになっています。……意気消沈、食欲不振、眠くて不眠、毎晩アダリン、カルモチンを二回づつのんでやっと眠っています」（『全集』八巻）。

一〇カ月後（二八年一〇月二七日）にはこうある。「……こちらで診て貰ひましたら、痛みの模様が肋膜かカリエスか、でなくば胃潰瘍かも知れぬといふことでしたが押す力がかう三方から加はれば結局相殺されて不安定的な安定状態を生ずるでせう、奥山さんは、痛みの方は矢張りセキ髄に帰せられてゐるようでした。……この間中は少し口を利いてもすぐ嘔吐を催し……閉口していました……」。さらに一一月一〇日には、一家全滅を報じた。「……朝のうち二時間も仕事をするとすっかり疲れてしまい、ハガキを一枚かくことも非常におっくうで……。子供も二三日前から一寸帰って熱を出してゐます、おまけにワイフも昨日から……氷嚢を胸に当てがって臥ています。それで病室満員の盛況です」。一一月一六日の橋浦時雄宛では「五十年の疲労が一時に出たとでもいう状態で、飯よりも好きな土いじりも近頃は殆んど全廃し、ただ身体を横にしていたいばかりです」（以上『全集』九巻）。

これで毎年家主に追い立てられ引っこしをしていたら、執筆もできないどころか命にかかわっただろう。

さいわい自前の「御殿」に住めたから助かった。庭で大好きな野菜つくりもでき、それが健康を何とか維持できた要因でもあった。「御殿」におちついた「最初の年、赤や黄色の素晴しいトマトがみのって、大いに喜んだが、翌年はどうしたのか、勢いよく育ちかけたものが一夜のうちに全部ぐったりなえてしまった」。近所の農家から「連作はだめ」といわれ頭をかいた。しかし埋め立ての「土の悪いのはどうにもならず、家をかついでどこかへひっこそうかといっていた」（『全集』八巻菊栄あとがき）。

これほど入れ込んだ「土いじり」すら「全廃」というのだ

から、体力の衰えはよほどだった。おまけに菊栄だけでなく振作も病気がちで、二八年九月から三田の奥山医院の近くの家に治療のためにあづけなければならなかった。

それだけに、原稿料はかせがないといけない。「毎月一日から十日頃までは生活のための原稿を書かなければならぬ時期」（東調布署手記）にしていた。原稿料かせぎの一定部分は翻訳だった。

改造社の『マルクス・エンゲルス全集』は、いい仕事だった。この全集は改造社の山本実彦社長が、当たると直観し企画したもので、実際に大当たりする。山本社長は山川に全集編纂の相談をもちこみ、山川は編纂責任者に大森を推薦した。それは二八年初のことであったらしい。時をほぼ同じくして、岩波などの「四社連盟」もやはり『マルクス・エンゲルス全集』を編纂し、こちらは河上肇など共産党系学者と大原社会問題研究所の櫛田民蔵、それに森戸辰男、大内兵衛ら学者をそろえ、改造社より翻訳作業に早く着手していた。そしてこの二つの企画の競争は、ジャーナリズムの話題だった。改造社版は、大森に九州から上京した向坂が加勢することで、一気にスパートがかかり、「四社連盟」版はついに刊行の断念に追い込まれる。

山川は二八年一月二九日に、堺宛に「御ハガキの全集のことについても、色々面白い話もあります、無論積極的にご参加になることをお勧めするのですが……」と書き送っている。四社連盟版とのかけひきのことと思われる。別の堺宛書簡では、『マル・エン全集』に関連して櫛田と大内をなざし（『全集』八巻に収録されているが、編者の配慮で名前は伏せてある）で「キタナイことをする」と皮肉っているから、相当に競争心をもって臨んでいたらしい。山川は、「フランスに於ける階級闘争」、「ルイボナパルトのブリュメール一八日」（第五巻　二八年一二月刊）、「フランスに於ける内乱」（第七巻　二九年九月刊）の、フランス三部作という大物を訳出していく。また平凡社の刊行した『世界大思想全集』もひきうけ、ディーツゲンやブハーリンを訳出した。

さきに紹介した堺宛書簡（二八年　月二九日）では、この種の翻訳については「大兄においてもなるべく多く引受けておいて頂きたいと思ひます。仕事を分配する必要もありますから」とある。山川や堺は翻訳料を白分たちだけの生活費に充てたのではない。若いひとたちに翻訳を下請けさせ、稿料を「分配」したのである。堺、山川の名前であれば、出版社も売れるからどんどん仕事をまわしてきた。

いったい「分配」した先は誰か。出版されたときは山川訳や堺訳となっているので不明だが、当時の書簡で名前がわかるのは田所輝明である。ブハーリンの「共産主義のＡＢＣ」の一部を翻訳させている。田所は水曜会出身で、伴侶・八重子ともども山川夫妻とは親しかった。ただ早くから労農党をはなれ、『労農』同人にもくわわらず、日本労農党の書記局の中枢として活躍していた。あとにみる「清党運動」以降、労農派とは対立関係になるが、山川との個人的な交遊はどちらからも切らなかった。

もう一人の「分配」先は荒畑である。荒畑は三・一五事件に連座し、二八年七月一九日から翌年三月までの半年間、未決拘留されてしまった。第一次共産党事件で一年半前に巣鴨から出獄したばかりなのに、踏んだりけったりだった。山川は堺とともに荒畑のことをなにかと気遣った。荒畑玉夫人をはげまし、仕事を「分配」した。

獄中の寒村からの山川宛の手紙がある（二八年九月二五日）。「……いつに変らぬ兄の御厚志を感謝いたします。平凡社の方の仕事も一つは片がつき、安心いたしました。……改造文庫に小生のものが二つ……入ることになってゐる由ですが、その分の金が入ったら、お玉も大分楽になるだらうと思ひます。堺氏も心配していて下さってはゐるでせうが、余り何も彼も頼むのも余りに心ない仕業のやうで少々キマリが悪い。兄がもし改造社の人に会はれたら、……の方のことを話して見て下さい」。

「去年巣鴨から出て遊びに参った当時、菊栄さんから『アナタも入らないやうになさらないと、山川のやうな病気になりますよ』と云はれ、『いや僕ももうつくづく静穏な生活がしたい』と述懐しましたネ。僕はひとり自分のためのみぢゃなく父と妻のためにそう考へてゐたのですが……。父にはまだ此度の事は全然知らせず、旅行中だといふことにしてありますが、知れはせぬかと思ってたえず心配してゐます。僕は今にして、かつて兄が厳君に対し百二十余日間のハガキを書いて……出獄の日に大島の土産ものを東京全市に求められた苦心を知ることができました。……」。

「平凡社の仕事」とはブハーリンの『共産主義のＡＢＣ』で山川・荒畑共訳である。山川がまわしたものと思われる。「改造文庫」の二点は、山川と堺が斡旋し、荒畑出獄後に無事刊行された。山川の在獄中の父親あて「ハガキ」とは本書第二話［6］で紹介したものである。この手紙をうけとった山川は堺に伝えた（九月二九日『全集』九巻）。

「寒村から手紙が来ました。彼が犬を思ひ、老父を思ひ、留守宅を思ふの真情、人を泣かしめるものがあります。何度云っても同じことだが、気の毒でたまりません。寒村自身としては馬鹿々々しくもあれば腹立たしくもあることでしょう」。

荒畑が嘆声したように、相変わらず山川は親思いであった。体調不良と原稿地獄でも、二八年三月には一家そろって帰省し、父・清平の米寿の祝いをした。二九年正月にも単身帰省したが、一月一一日に歓談中に清平は急逝した。八九歳だった。

菊栄に宛てた手紙では「いろいろして上げたいことがあったが碌々何もしてあげることができなかった、できなかったといふよりも、矢張りして上げようといふ考へが足りなかった、かういふ日のあることは充分に覚って居りながら、しかし現実にそれを覚ってゐなかったような気がする、しかし何も彼もお仕舞ひである」と胸中をうちあけた（『全集』九巻）。山川は菊栄・振作を呼びよせることなく、葬式をすませてから帰京した。

山川より先に逝く人びともいた。

渡辺政之輔は山川と親しい間だったが、共産党再建にくわわり、二八年九月に上海に密航する直前に面会を求めてきたのが最後の音信となった。渡辺はコミンテルン代表と上海で協議し帰路途中、一〇月六日、台湾で官憲に尋問され短銃で自殺した。弱冠二九歳だった。

この報に接した山川は堺に心境をしたためた。「今朝の新聞は、一種名状すべからざる感じをもって読みました。全く名状すべからざる、名状すべからざるといふ以外には、何とも名状すべからざる感じである。頭が痛むような、圧さへつけられるような、悲惨なような、言ふべからざる腹立たしさと共に、憐憫を喚び起こすような、そうかと思ふと吐き出し

1928 年 3 月 30 日　倉敷　父・清平米寿の祝い（菊栄・振作と）

たいような、要するに名状すべからざる感じである。今日、極左的なヒロイズムを唱へてゐる人も、そこらあたりにある。そういふものを聞くたびに、私はより少ない度合いにおいて、やはりこれと同じ名状すべからざる感じがする」（『全集』九巻）。

渡辺だけでなく、西、上田など水曜会時代の弟子たちの多くが、共産党員として展望のない道にはいりはじめていることもあり、山川は忸怩たる思いだったろう。

大杉直系のアナキストから、二二年の極東民族大会に参加し、その後『労農』同人に参加したという珍しい経歴の長山直厚は、高野実の義兄でもあった。彼は二八年一〇月一九日に交通事故死した。「長山直厚君の死は惨ましいことでした、同君の名は、小生をして大正十年頃の運動をいつも想ひ出させるものでした、あの一団の人々も長山君を最後に運動から全く消滅した感がある」（堺宛一〇月二七日）。

一二月二三日には高畠素之が食道ガンで亡くなった。国家社会主義者としての高畠は、当時最右翼の無産政党・日本農民党の顧問を務めていた。「今朝の新聞を見て、ちょっと驚かされました、早速弔電を送っておきました。高畠君とは売文社時代毎日顔を合わせながら、実はしみじみと話をしたことは一度もありません、それでああ変わってからの同君とも一度逢ってみたいような気持がよくしました、『大いにあばれ』させてみたかったが惜しいことをしました。……自分が可なり長い間続いて見ていた過程が急に目の前で中断されたようで、惜しい感じがします」（堺宛一二月二四日）。

ここで菊栄の『労農』同人としての活動にもふれておこう。菊栄は『労農』の二巻三号と四号に「無産婦人運動の任務とその批判」を執筆し、いずれも巻頭論文として扱われていた。『文芸戦線』二八年四月号も「無産婦人特集号」として、菊栄が巻頭論文を執筆していた。『労農』二巻五号（二八年五月号）から、八ページだての小型リーフレットの形式で「労農付録婦人版」が、一一号（一一月号）まで毎号発行された。これにはもっぱら菊栄と平林たい子が執筆し、足立克明婦人の伊吹貞子、堺の娘の堺真柄が手伝った。「婦人版」は、『労農』本誌号外としてのほか、増し刷りして労働組合などに頒布した。菊栄はいずれ月刊誌化を展望していたようだが、それは実現しなかった。

［8］日本大衆党に期待

山川は当初から『労農』同人内部のズレを感じていたのは見たとおりである。そしてズレは猪俣の言動をとおしてしだいにひろがっていった。

猪俣は、無産大衆党の結党によって、「新党準備会の宗派的発作を未然に防止する応急措置を怠ったことにより、結成の過程に一つの過失」を犯し、「新党準備会」（旧労農党主流）との対立が激化したとみなし、危惧を表明した。そしてかれらとの「討議と批判、協議と宣伝の力強き展開により、新党準備会と無産大衆党その他の地方政党とを、唯一の緊急任務遂行の単一の当面目標に向かって協力せしめるための条件をつくり出せ」と説いた（「労農戦線の進出的再建へ」『労農』二八年七月号）。猪俣は日労党よりも新党準備会と無産大衆党の関係修復に重点をおいたわけである。

これに反して山川は、二八年一月に『労農』同人に示した非公表の指針（「最近の合同運動に対する吾々の態度について」『全集』八巻）でつぎのように述べていた。

「吾々の当面の任務は、宗派的分裂主義……と闘争し、無産階級運動から徹底的にこれを清算することにある」。「労農党の党大衆」は、指導部である「新党準備会」の宗派的分裂主義と「なほ意識的に対立するには至っていない」。だから新党準備会がマヌーバー的に日労党に「合同」を求めるだけでは「宗派的分裂主義は何ら清算せられたものではない」。必要なのは「宗派的分裂主義者の合同論の徹底的な暴露と追撃」と、それによる「宗派的官僚と党大衆との対立の促進。不満の扇動」だ。山川と猪俣は「新党準備会」への態度では一八〇度ことなっていた。

こうしたズレは、二人がよく話しあえば埋められたかもしれないが、山川は同人会議に出席しなかった。山川は二八年夏から「口を利いても嘔吐を催す」くらいに体調をくずし、終日病臥しながら原稿を執筆する有様となっていた。もともと、責任をとれぬ以上は半端に口出しすることはしなかった。多少の意見の相違はみとめあう「同人」というグループの性質もあったろう。それだけでなく、性格のあらわれだったとも思われる。山川の周囲にいた人たちの回想は、戦後も「山川は相手がどんなにばかげたことを言っても、黙って聞くことが多かった」という点では共通しているのである。

それはともかく、同人でも山川と呼吸のあう面々が活動を制約されていた事情もズレの拡大に作用した。

荒畑は六月に三・一五事件で未決拘留された。堺は全国無産大衆党の遊説でかけまわっていたが、一〇月には土崎の演説会で脳溢血で卒倒し、二七年の最初の発作から二回目で無理できなくなっていた。同人と山川のパイプ役の大森も、夏から結核で倒れ翌年春まで病臥の身となり、同人会議にはほとんど出席できなくなった。

一方猪俣は、「四巨頭」の内三人までが動けなくなり、『労農』が実際運動にかかわる分野が急に広がる中で、同人の指導に忙殺されるようになった。彼の実践能力、若手を組織する能力は他の同人に類をみなかった。しかし意見を交わしあいうる同レベルの同僚三人が退いていたことは、ブレーキ役が不在となって猪俣にとってマイナスであった。実践面では猪俣と同格といえるのは鈴木で、いきおい『労農』同人内では、猪俣や鈴木の比重が重くなっていく。

二八年一一月に、猪俣を中心に旬刊で「労農新聞」が発刊された。スタッフには高野、萩原厚生、大道武敏ら猪俣直系の労働運動家があたった。山川には主筆の依頼がきた。執筆には協力すると答えた（実際は執筆せず）が主筆はことわった。体調だけの問題か、猪俣とのズレを意識してのことかはわからない。編集・執筆は猪俣と高野でこなし、猪俣支持者の見解の独壇場となった。もう一つ、猪俣グループの活躍の場となったのは、『労農』二八年一〇月号から新設された投稿欄＝「左翼傾向」であった。

このように『労農』同人は不安定な状態ではあったが、めざす無産政党合同の第一歩が実現する。七党合同＝日本大衆党の結党である。

総選挙の敗北をうけ、積極的に合同に動いたのは、日労党の一部と無産大衆党だった。二八年一一月に入ってから、新党準備会はあとまわしにしておいて、日労党と無産大衆党の間で水面下の合同協議がはじまった。窓口は田所、河野と鈴木だった。すでに日労党にたいしては右派政党・日農党の平野力三から秘密裡に合同の提案がされていた。それを田所から聞いた鈴木はおどろいて、田所に「平野にひきずられないように日労と無産大衆党で予め腹を決めておこう」と働きかけた。

すでに平野は田中内閣と内通しており、無産政党をまとめて利用しようと考えていたのである。各党の合同の折衝の過程で、平野は書記長ポストを要求してゆずらなかった。平野力三にたいしては山川も警戒していた。左の新党準備会をはずし右の日農党と合同を折衝することにたいし、猪俣系の同人からは、「屈服的合同より決裂を」との声があがった。

一二月に入ると、日労党、無産大衆党、日農党に九州民憲党（衆院議員・浅原健三率いる地方政党）、中部民衆党、信州大衆党、島根自由民衆党をくわえ七党による合同協議が進展した。結党大会は一二月二〇日に開かれたが、直前まで「党名」と「綱領」でもめた。無産大衆党は綱領について、「我国の国情に即し」の削除と、「全党の合同完成を期す」の挿入を求めたがとりいれられなかった。委員長は空席、書記長に平野。無産大衆党および『労農』同人関係からは、中央執行委員として鈴木（常任）、黒田、中央委員として猪俣、小堀、岡田、中西など、統制委員長に大道憲二が就いた。

二二日には労農党が再建大会を開いたが即日禁止されたので、合法無産政党としては可能なかぎりの「左」から、社民党を除く「右」まで、一応まとまる形ができたのである。

労農党の分裂以降、「労農」がめざしてきた共同戦線党の再スタートにむけて一歩が踏みだされたかに見えた。山川はただちに「日本大衆党の成立とその任務」を執筆し、つぎのように述べた（『労農』二九年二月号）。

大衆党の性格つけについては「二つの見解」が見られる。一つは「中間派政党」、もう一つは「大左翼結成」である。前者の見解については、大衆党は「中間派」の原則綱領にもとづいて結成されたのではないので、（第二インターと第三インターの「中間」にあったドイツの）「独立社民党に擬することは滑稽である」。後者の見解は社民党よりも「右」といわれる農民党が大衆党の「一構成部分となったことで破綻する」。そして現実の性質は「左翼から右翼にいたるあらゆる傾向をその内に包容している点にある」のであり、そこにこそ共同戦線党の芽としての積極的意味がある。したがって「日本大衆党の内部における、真実に左翼的な分子の任務は、日本大衆党を左翼党に変質せしめることではなくて、かえってこれを左翼党たらしめないことにある」。しかしこれは同人にすらのみこめたとはいえず、反発が生じる。

山川は、結成されてわずか二日後（一二月二二日）に、堺宛につぎのようにしたためた。

「合同の成立、まずは慶賀の至りです。しかし旧大衆党（無産大衆党―引用者）の諸兄は非常な難局にたたしめられるでせう。若し易きを求めるなら―そして最も困難な道を進んでいるかのつもりで、実は最も容易な、最も抵抗の少ない線へ進んでいる人々がある！むしろ合同無きにしかずと言いたいくらいです」（『全集』九巻）。右翼の平野書記長、実権を持つ麻生など、日本大衆党の現実は隠忍自重の覚悟を左翼分子に求めているはずであるが、「屈辱的合同より決裂を」と主張した旧無産大衆党系の一部は、「易きを求め」はしないだろうか、こう山川は心配したものと思われる。

二八年末には『労農』の実務・財政を担っていた足立克明が辞任した。山川と大森は慰留しようとしたが、辞意は固かった。その後山川宅をたずねてきた足立に「辞任について何か事情があるなら聞きたいといふこと、特に笹塚氏（猪俣―引用者）との関係折合ひのことを聞きましたが、全然何もないといふ答へでした」（堺宛書簡二八年一二月三一日『全集』九巻）。「何もない」というが、何かがあったのだろう。山川が問うたこと自体がそれを物語っている。

［9］日本大衆党の失敗―清党運動

山川の懸念はたちまち現実となった。二九年一月二三日に福田狂二が『清党』というリーフレットを大衆党内外にばらまいたのである。これを「清党事件」という。

福田はアナ・ボル論争のころはアナ側につき、山川たちを集会の帰り道に棍棒を手に待ち伏せしたこともあった。その後『進め』という雑誌の編集のかたわら第一次日本共産党周辺でうごめき、「清党」事件当時は政治ゴロになっていた。

福田は、日本大衆党の平野書記長と麻生が「田中首相に、七党合同後には協力すると約束して金を受けとった」というスキャンダルを暴露したのである。

もともと平野と麻生に反発していた旧無産大衆党系はいたく刺激された。福田は猪俣を引きこもうとした。猪俣は「進め社」の会議に招かれ「党内で取り上げて闘うべき問題だ」と激励された（鈴木徹三『鈴木茂三郎』）。大衆党はこの問題を統制委員会にかけたが、多数派はうやむやにしたので、一二月一三日の中央執行委員会で、鈴木、黒田、古市（旧九州民憲党）が抗議して辞任。中執は「事実無根決議」をした。一二月二〇日に猪俣の「労農新聞」号外は、平野をターゲットに「政府より巨額の資金支出の疑いあり」と暴露して以降、もっぱら大衆党指導部糾弾のキャンペーンを展開した。

平野書記長は四月に離党した。党の主流を占める日労系は収束をはかろうとしたが、ひきつづき無産大衆党系が追及の手をゆるめないため、五月一六日に平野一派を除名すると同時に、鈴木、黒田、猪俣をも除名処分に付した。鈴木らは、翌一七日に堺を委員長にして「日本大衆党分裂反対統一戦線同盟」（「分反」）を結成。「今や全く支配階級の手先と化せる現幹部の分裂政策と対抗」（「分反声明書」）して反処分の運動をおこした。

一方本部は「分反解体」を要求、これを拒否したという口実で、大道、岡田、稲村、小堀ら一〇名を除名。六月七日には「分反」が全国代表者会議を開催し、全国各地に「分反」の組織化を指示した。これにたいし本部は堺、中西をはじめ残る無産大衆党系役員のほぼ全員を除名した。

こうして、日本大衆党は、平野の日本農民党系などが離脱しただけでなく、無産大衆党も排除され、結局はもとの日本労農党にもどってしまった。

日本大衆党はとりあえず七党がならんだにすぎず、地方組織は旧政党ごとになおバラバラで政党的訓練もなく、あらゆる不安定要素をかかえての船出であった。この寄木細工に「清党」の爆弾がなげられたのである。

清党問題の震源の一つは日本農民党であった。当時陸相であった宇垣一成（政友会）は、農民を左翼の影響から守るため平野の農民党を利用しようとしていた。総選挙で初の無産派議員が誕生し、議席において僅差であった田中内閣与党の政友会と、野党憲政会などとのキャスティング・ヴォートをにぎったことから、田中内閣は無産派議員対策に乗りだした。宇垣は、一二八年一〇月初に、麻生と平野を田中首相にひきあわせ、一万一千円をわたした。その際、日労党と日農党で無産政党をまとめ、しかるのちに党内の左翼を放逐するようなことも約束したらしい。一一月に鈴木が日労党と合同の非公式折衝に入った際、日労党と日農党との間に秘密裡に合同話が進んでいることを聞かされおどろいたのも、この策略を感じとっていたからである。

また、麻生も独自に、皇室中心主義の「錦旗」をかかげた無産政党を結成しようという構想をもって、田中―宇垣ラインへの売りこみをしていた。

これらのいかがわしい策略に、日労党指導部全体が同調していたわけではない。多くは批判的であった。にもかかわらず結局は麻生が実権をにぎったのは、鉱夫総連合という強力な組合をバックにしていたのと、資金を用意してくるからだった。党組織が未確立のため、党費収入でなく一部のボスの財力に依存していたのである。

日労党内にあって、平野派と一線を画していた河野、田所、浅沼らは、合同を地方組織までゆきわたらせて日農党の傘下の農民組合員を直接獲得できたころを見計らって、平野を浮かすという構想で臨んだ。この構想は、まずは地方段階で実態的な合同ができるかどうかが成否を決すると説いていた山川の考えと一致していた。彼らは「清党」をせまる鈴木にたいしても、「いづれ平野を追放するが、問題を取り上げた時期が悪い」と説得していたらしい。

日本大衆党が「清党」問題で混乱し分解するあいだにも、反動攻勢はつづいた。二九年二月五日、旧労農党の代議士・山本宣治が右翼に刺殺された。四月一六日には約三〇〇人に上る共産党一斉検挙がおこなわれた。評議会系の労働組合は合法的再建の途を断たれ、非合法労働組合「日本労働組合全国協議会」(全協)を組織したが、労働組合として有効でなく弾圧で組織は激減した。

二九年七月に成立した浜口内閣は、行財政整理と産業合理化、金輸出解禁をかかげ、一〇月に勃発した世界大恐慌下で列強とのブロック経済化による資本競争戦に突入した。以後数年間にわたり農村は恐慌の犠牲となり、紡績産業などで解雇や賃金切りさげがはじまった。労働組合はなお中小企業を中心にはげしく抵抗するが、ほとんどが惨敗する。

七党合同=大衆党がわずか半年たらずで、元の木阿弥にもどり、しかもその責任の一端を『労農』同人の戦術的な稚拙さにも負うという経過は、山川にとっては衝撃であったろう。猪俣とのズレも、大衆党の出発点からの困難も見通していただけに、もっとも危惧した方向に事態は進んだのである。

もう一つ当時の山川にとって気がかりなことがあった。堺の東京市会議員選(二九年三月一六日実施)立候補問題である。二八年暮あたりから、大衆党からの立候補が取りざたされ、周囲は健康上の理由から引きとめようとした。

山川は堺にしたためた。

「本日成瀬（大森―引用者）氏が奥山氏の依頼を受けられ態々来訪されましたにつき、そのことに就いて取り急ぎ申上げます。……言ふまでもなく立候補の問題です。奥山氏は自分からも直接申上げたが、どうも思ひ止どまれぬ模様であるから、是非小生から話してくれとのことで、本日御自身そのために鎌倉に御来訪になる御予定だったそうですが、幸い成瀬氏が昨日来られたので、同氏に伝言せられた次第です。……成瀬氏は、奥山氏より聞かれた御健康の状態に基づき、是非お引留めしたいといふ御意見でした。……小生自身は、何事も細く長くといふ消極的な態度ですが、しかしこれを最上のものとして誰にも押付ける訳にはゆきますまい。成瀬氏の云はれる範囲の……点ではお引留めしたいと思ひます。しかし又、……何時も折角老兄の気乗りのされてゐることを、自分自身の消極主義からして、次から次と水を掛けてゆくことは、これまた忍びざることです」（二九年一月一日『全集』九巻）。

この書簡への振作の『全集』編注によれば、堺が「山川に一任する」といったので山川は非常にこまっていた。

山川は難題をかかえながらも帰省し、たまたま父の急逝と葬式に追われ、疲労困憊のうちにやっと稲村が崎に帰った。ところがそこに堺から悩ましい手紙がとどいた。それは山川の要約によれば「自分はいやというでもないが乗気でもない、成行きにまかせる、然し成行きに従えば結局立候補せざるを得ない状況にある。そこで君はどう思うかということでした」。結局山川の判断で事が左右されそうなので山川は「大いに答えに当惑した」（以上、橋浦宛書簡二月一八日『全集』九巻）。結局山川は堺に「就いてはこの位のところで愈々やると極めてしまっては何うですか、やるようなやらないような、ぐづ〳〵のうちに、とう〳〵やらないで仕舞うといふような事になる場合が、最も拙いであらうと思ひます」とやや煮えきらぬ返事をすることになった。

けっきょく堺は立候補し、最高位で当選できた。

まだ結果がでていない投票日の三月一六日に堺に宛てた山川の手紙には、「さぞお疲れのこととお察し致します、大して御健康、お差障りのなかったことを、何よりも喜んでゐます、これで最高点当選などといふ番狂はせが起ったら尚更ら面白いのですが、何だかさういふ憂ひもなきにしもあらづというやうな気がしないこともありません」とあった（以上『全集』九巻）。ひょうたんから駒が出たのである。

堺当選の喜びにわく『労農』の仲間たちのかげで、実は山川はすでに二月ころから重大な覚悟を固めつつあった。『労農』同人の辞任である。二月といえば、鈴木や黒田が大衆党中執を辞任し、「労農新聞」が清党問題でキャンペーンをはりだしたときである。山川は清党運動は行くところまで行くと考えたにちがいない。それは共同戦線党論の破綻に等しい結末になると察したのであろう。しかも『労農』の「左翼傾向」欄には、山川とまったく異なる意見がよせられた。前年末にこうした傾向への反発もあって足立が編集実務の仕事を降りたが、三月には橋浦も同人の会計担当を降りた。その理由は「戦線統一の歩を進めていかねばならぬという僕や大森君—それに多分山川氏もだが—の意見が表面は反対されないけれども、実際は旧日労グループをだら幹呼ばわりする事によって逆行しつつある猪俣、青野、鈴木君等の意向と相いれない」（橋浦時雄の日記　二九年五月二八日の記述）というものだった。

おそらく猪俣グループによる『労農』の引きまわしを危惧する橋浦のうったえへの返事と思われるが、山川は二月一八日つぎのように心境を吐露した。

「色々御不満の点幾重にも無理からぬことと思います。のみならずそのような状態に対しては小生も責任を感じます。というのは貴兄等に対しても寒村兄に対しても、本来ならば小生がもっと積極的に万事に口を出すべき訳なので、これは常に責任を感じているのですが、……勝手にクチバシだけはいれて仕事の上に何ら責任が持てないということはいかにも心苦しいので、……小生としては勢い万事に消極的な態度をとり、……。この点は幾重にも寛恕を願います。……根本は健康の問題で、……自分の生活を持続してゆくことさえもかなり退儀になって来た、……ことに原稿を書くことは首をしめられるほどいやになり……」云々（『全集』九巻）。

『労農』同人が不本意な方向に走っていくのを如何ともしがたい心境が綴られている。『自伝』にはこうある。「第一、火付け役は福田狂二というような札つきの人物です。これに乗ってやったのでは成功するはずがない。第二には、ああいう事件はたいてい立証が困難です。立証の用意なしにやったのは誤りです……。第三には、合同ができたばかりで、われわれの方も党内の良い分子とのつながりがまだできていなかった。それからもう一つこれは大きいと思うのですが、時期が悪かった。七党合同ができて地方の人たちもほっとして、何よりも安定を望んでいる時です。大衆がこういう心理状態の時だから、よほどのことでないと反響が起きないにきまっているのです」。

山川も、方向をあらためさせようと努めたことがあった。

「あの時私は猪俣君から手紙をもらったので、すぐ返事を出しました。君は福田狂二という男を知らないだろうが、どんないいことにしろ福田と一緒にやることは絶対にいけないと」。

二九年に入ると、猪俣の周囲の若者たちの先鋭さは、「左翼傾向」欄に反映した。「無産大衆党結成は誤り」であって「左翼分子は、旧労農党解散後は新党準備会の内部にあって、極左宗派主義との闘争を続けるべきであった」（二月号）、「無産大衆党は新党樹立運動（旧労農党再建をさす——引用者）に協力せよ！」（二月号）等々。

猪俣には、日本共産党の宗派的分裂主義への批判と同時に、コミンテルンはそのあやまりを正すであろうという期待もあったと思われる。そして日本共産党内にも連携しうる相手を想定したから、横断左翼論も現実性をもったのである。あるいは共産党系の活動家が、『労農』派撹乱のために意識的に猪俣の支持者に接近したのかも知れない。このあたりは運動史の謎である。それはともかく、「左翼傾向」欄は山川への公然とした批判の場となった。

四月号の「左翼傾向」欄には石岡、西代（筆名と思われる）の山川批判と、それへの山川の反論が載った。石岡は、左翼分子の任務は日本大衆党を「左翼党たらしめないことにある」という山川の提言は「一大ショック」だという。そして日本大衆党から右翼的傾向を排除し「真に左翼的な党になることにより」、「全無産政党の合同の拍車となる」と主張した。また西代は「日本大衆党は必ず第二インターか第三インターへと」分裂するし、「分裂せぬように」すれば「必ず腐敗し、永久に意識的裏切り者の手にはいる」と主張した。

これにたいし山川は簡単にあしらった。

まず石岡にたいしては（左翼党たらしめるなという）「私の主張は、日本大衆党の成立にあたって、たまたま私が思いついた気まぐれではなくて、大衆的無産政党問題に対する終始一貫した私の考えであって、それは大正一三年以来、私が機会あるごとに反復している見解だということを諒としていただきたい」。

西代にたいしては、「無産階級の階級意識が」「第二」か「第三」かを問う「水準に達していると仮定するならば、単一無産政党を主張することは……むしろ反動的である」。だが「豊富な政治的経験を有する先進国の大衆さえも」この問題には「正しく答えているものとは考えられない」。ましてや「わが国の大衆に向かって、かくのごとき形で問題を提出する結果は、予想するにかたくない」。この原稿が執筆されたのは二月である。編集部が二人の投稿を山川に示し、四月号に同時掲載したのであろう。おそらく山川にとっては馬鹿らしくてならぬ応答であった。

けれども事態は悪化し、猪俣への忠告も効を奏さなかった。しかも橋浦宛書簡で吐露したように、心身ともに最悪のコンディションにおちいっていた。以降、山川は『労農』にはしばらく執筆しなくなる。

〔10〕『労農』同人を脱退

後日、橋浦に宛てた書簡（二九年六月二四日『全集』九巻）で山川は告白している。

「僕としては、本年の二月に大体この決意（少なくともこの決意を遠からずしなければならぬという覚悟）をしていた」。「同人」脱退の覚悟である。

なお、山川は日労党関係者とも個人的にそれなりの接点をもって、アドバイスをしていたようである。田所輝明は、山川が気を許していた橋浦時雄とも仲がよく、家も橋浦のすぐそばにあった。橋浦の回想（日記五八年四月一二日の記述）によれば、二八年一〇月頃、田所は橋浦にともなわれて山川のもとへ、日労党の麻生が資金を皇族から受けとっているが、使っていいものかどうかと相談にきた。山川は反対し、「そういう事はこれからもよくある事だから、よく用心しなければならぬ」と諭した。山川にとっては清党運動が問題にするようなスキャンダルはすでに折りこみずみだった。

また、大衆党結成後の平野一派のあつかいについては、鈴木を介してかもしれないが、山川と田所、河野は気脈を通じていたと推測できる。二九年春ころ、山川が同人に示した未公開手記（「『清党運動』の誤謬」『全集』九巻）は「吾々が、平野をも含む七党合同の成立に努めたのは、（一）平野の率いる党員大衆との合同を必要と認めたこと、（二）当時平野を除外せんとすることは、他の六党合同をも不成立に終らしめる状態にあったからである。従って吾々は、遠からざる将来に於て平野と断絶することの不可避を予定したばかりでなく、それがために必要な条件を整える用意を持っていた」と記した。一方、河野密もつぎのように述べていた。「我々は適当の時期に平野君に書記長の辞任を勧告するつもりであった。……我々は毫末も平野力三そのものを信頼してはいなかった。唯平野の有てる大衆を如何にして彼から切り離すかということが主たる我々の関心事であった」（『改造』二九年七月号）。

しかしこうした連携も、かんじんの『労農』同人の手ではばまれた形となった。

山川の意を忖度したものと思われるが、『労農』五月号には筆名（筆者は橋浦か高橋正雄か？）の投稿が載った。清党運動へのはじめての批判である。しかし流れは変わらず、五月一七日には堺を委員長にして「分裂反対統一戦線同盟」が旗あげされ、六月には堺もふくめ旧無産大衆党系は全員が除名された。しかもそのころから高野を中心に、全産業労働組合全国会議（「全産」）結成の準備が具体化した。全産は、既存労働組合内の左派をふくめた左翼労働組合結成をめざすもので、「二重組合主義」であった。

「左翼組合の全国的結成が試みられ、戦線統一同盟なる左翼組織の計画が進められたばかりでなく、堺氏はじめ多数の有力同人の関係する日本大衆党分裂反対同盟の運動が新党樹立に帰着するほかない形勢が明白となったことは、私にとりましては自分の主張の自殺の如く感ぜられ、これが……引退を決意させた直接の理由でありました」（東調布署手記）。

東京市会選挙もあり、堺に心労をかけまいとして遠慮していた山川も、いよいよ親しい者に心中をうちあけはじめる。たまたま五月から、堺、山川、大森の三名が、三田の奥山医院で治療をはじめていた。大森と山川は奥山医院の近くに治療のために下宿した。堺とは奥山医院で「折々落合ツテ近クノ喫茶店デ……雑談的ニ之等ノ諸問題ニ付イテ触レタ話ヲ致シマシタ……清党運動ニ反対……ノ事ハ堺氏ニモ話シテ置イタノデアリマス堺モ此ノ運動ニハ疑問ヲ持テ居リマシタ分反運動ノ委員長ニ推サレタモノノ万事若イ人達ノ意向ニ任スト言フ態度デ積極的デハナカツタ様デアリマシタ」。大森とは「度々会フ機会ガアリマシタノデ色々ト話シ合ツタ関係上自然私ノ反対意見ガ……良ク判ツテイタ筈デアリマス」（山川聴取書）。荒畑とは家が遠かったので話す機会は少なかったようである。

「六月ニハ分反同盟ガ愈々新党樹立ニ進ムノ外ナキニ至リマシタ私ハ此ノ形勢ニ対シテ熟慮ノ結果遂ヒニ決意シテ六月六日同人各位ニ宛タ引退ノ申出書ヲ堺氏ニ提出シタノデアリマス」（同前）。

三田の奥山医院

この同人宛の引退申出書は、七月一二日に公表される「『労農』同人を辞する声明書」（『全集』九巻）とはちがうもので、現物は遺されていない。「東調布署手記」に述べられた「大体の意味」はこうである。

「吾国に於ける実際の事態は私の理論の予期するところとは異った方向に進んでいること、また私の理論を裏づけ若くは支持するような無産運動中の実際勢力が漸次無くなって私の理論が実践上の根拠から遊離してしまったことを述べ、この際退いて自分の思想を再吟味して見たいといふ意味のことを書いたつもりであります」。

つまり、猪俣やその一統がまちがったので抗議の辞任というのではなく、自分の理論的見通しが実際とあわなかったことへの強い責任感が、引退の真因だったのである。

堺に引退を申しでてから二週間ほどあとに橋浦に宛てた手紙（前出）でも、つぎのように述べている。荒畑から、『労農』も反省するから撤回をしてほしいとの強い申しいれを受けてのことである。

「僕の脱退の理由には……労農のとった、また取りつつある態度、方針、行動が、何らか清算の必要あるものだ、であるから自分は脱退するというようなことは全然云っていない。反対に、専ら僕自身が反省し、責任を負うためということが唯一の理由となっている。従って労農がこの際清算をやるということは、僕の脱退を取消すべき理由とならぬ」。

この意思は、二十余年後に書かれた『自伝』にも現われている。

「負けたといえば七党合同が分裂した時、正直に言いますと、あの時私はもうダメだ、負けたと思いました……これからは条件がもっと悪くなる、……共同戦線的な単一無産政党の実現はほとんど望みがない、私はこんなふうに感じました。それで共同戦線党という思想のために多くの同志が必死の努力をつづけてきたことに対し非常に責任を感じました」。

山川の辞任は『労農』に衝撃を与える。

第六話　筆の力

［1］　猪俣津南雄との「調停」

二九年六月六日に山川から「引退」を申しでられた堺利彦は、翌七日に「自分もかねがね心配をしながらやむなくここまできたものの、僕としてもこうなれば丸坊主になって失敗を償いたい」といって鈴木茂三郎宅に飛びこんできた（鈴木茂三郎『自伝』）。

荒畑寒村は、山川にたいして「脱退を保留し、労農の清算に協力してもらいたい。それがどうしてもできないなら脱退は承認するが公表せぬことにしてもらいたい。清算の結果が同意しうるものであった場合は、そのまま脱退を取り消してもらいたい」と求めた。

これは山川にとっては筋ちがいの要求であった。

「労農の清算の結果が僕の同意しうるものだったら脱退を取消す（即ち脱退届提出の理由が消滅した）ということに僕が同意したならば、……脱退届はその実、労農に清算を要求する狂言、威嚇であったということ」になる。だから荒畑の要求を受けいれることは「あらゆる意味で最も意義のない、最悪の性質の妥協であると思う」。しかし「寒村の立場と誠意にほだされて、ついにこの最悪の妥協をしてしまった。（一）僕の意のある所を諒とし、引退を承認すること。（二）但し労農の清算と立直しのできるまで公表せぬこと。（三）この清算を出来得る限り援助すること。（四）清算と建直しの後、僕の脱退をどのような形で発表するかはその時の相談で極めること」（以上、前出六月二四日橋浦宛書簡『全集』九巻）。

しかしすでに「日本新聞」「時事新報」などが脱退につい

て書きたて、かくしようがなくなってきた。やむなく山川は、約束を反故にし、堺と荒畑だけにことわって、七月一二日に「同人脱退声明」（『全集』九巻）を二百枚印刷して新聞社、団体、個人に送った。そこには、清党問題をめぐり「諸君の運動の経過は、……私の主張しきたったところとはおのずから別個の方向に展開しつつあるもののごとく思われました。私はこの事実にかえりみ、私の年来の主張に対し責任を感じ」脱退するとあった。けれども「大衆党分裂反対同盟および新党樹立の運動の不成績が、私をしてこの決意をなさしめたかのごとく伝えられたのは誤伝であって、……私自身の言説に対して責任をあきらかにするために、この決意をしたものであります」と念押しをしていた。

これを受け『労農』九月号の編集後記では、脱退届にたいしては「正しき解決に到達しうるという確信のもとに、いま慎重に協議しつつあることを報告します」と報ずるにとどめた。そして一〇・一一月合併号に「脱退声名」全文が掲載された。その編集注記には、「遺憾この上もないことであるが、これは最終的のものではないと信じ吾等は吾等の誤れる点を清算することに努力しつつ再び同氏が『労農』同人として誌上に健筆をふるわれんことを切望しています」とあった。

さて、山川の脱退と同時に、『労農』同人の間で急速に軌道修正がはじまった。まず「全産業労働組合全国会議」（「全産」）結成を中止させる努力である。強力に推進したのは荒畑と、病気で療養中の大森義太郎だった。荒畑は長く労働組合運動にかかわっており、確固たる見識があった。「全産」結成の準備にくわわっていた鈴木も山川をたずね、「全産の結成につき『清水寺から飛び降りた積りで思い切った処理をしよう』と決意を話しましたところ、山川は『是非そうあってほしい』」と応えた（鈴木徹三『鈴木茂三郎』）。

また大森は述べている。「全産結成大会ノ二三日クラヒ前日デアリマシタ此ノ問題ニツイテ会議ガアルト云フノデ私ハドウシテモ此ノ左翼組合主義ニヨル結成ヲ実行サセテハナラナイト思ツタノデ私ハ病気ヲ押シテ出席シマシタ」。猪俣は欠席したが、主に大森と高野系統の若手が論争し、大森は「単一労働組合説ノ立場カラ二重組合主義ノ誤リヲ突イテ徹底的ニ攻撃シ……其結果全産結成反対ト云フコトニ『労農』ノ態度ガ決定サレタノデアリマス」（大森聴取書）。

こうして同人の大勢が反対のまま、七月二一日には創立大会が開催された。「労農社」は、「左翼労働組合の全国結成なるものに対しては……断乎として反対せざるを得ない」と声明した。大会では、新聞労働組合の代表として参加していた鈴木たちは反対して退場した。残った高野らは大道憲二を委員長に「全産」を予定通り発足させた。

猪俣は九月一三日に『労農』同人を脱退し、高野をはじめ猪俣系の労働運動関係者も脱退してゆく。全産の多くは共産党系の全協に解消してしまう。

政治運動の方面でも軌道修正がはじまった。『労農』九月号で鈴木が筆名で、「分反は……多かれ少なかれ過失をおかした」とし、日本大衆党への「復帰」「入党」を説いた。鈴木はみずから分反問題の終結をはかるために、八月二三日に分反書記長に就き、二五日には「あくまでも大衆党にとどまるように」との指令を発した。同時に、大衆党幹部にたいし、復党の工作を開始した。しかし、いずれも手遅れで、『労農』自体も発行できぬ状態となり、一〇・一一月は合併でやっと発行したものの、一二月号から翌三〇年二月号まで休刊を余儀なくされた。実質的な廃刊状態であった。

さて、脱退したにもかかわらず、例によって「神だのみ」で周囲は山川に何かと相談した。二九年八月下旬、鈴木と猪俣がそろって鎌倉までやってきた。猪俣は主に「全産」問題、鈴木は大衆党との調整問題をもちこんだらしい。おそらく、その席上では即答しなかったことを、一呼吸おいて手紙で回答したと思われる。

山川は、八月二六日猪俣に、また二八日鈴木に手紙を出した（『全集』九巻）。前者は、猪俣と『労農』同人との関係修復にもつらなるアドバイス、後者は大衆党と「分反」との関係修復問題である。

猪俣自身は、「全産」の方向に確信をもっていたわけではないらしい。そこで山川に、意見の相違は原則についてではなくて適応の問題なのだから、どうすれば問題が前向きに整理できるのかと意見を求めたものと思われる。山川は猪俣には「大兄のお談に対し私の思ひつきを個人的にお答えするに過ぎませぬ」とことわった上で、「全産」の運動方針から「二重組合主義と解釈せられる部分」を除去すること、『労農』として「労働組合テーゼ」を策定することなどをアドバイスした。だが「全産」活動家の多くが全協にひかれてしまい、猪俣としてもどうにもならなかったのであろう。このアドバイスが実行に移された形跡はない。

そうこうしているうちに、山川と猪俣の調整に奔走した荒畑が、「山川君の態度」が「無責任とも冷淡とも感ぜられて」（『寒村自伝』）思いつめ、服毒自殺未遂（九月二一日）をしてしまった。荒畑の「同人諸兄」への遺書には次のようにあった。

「山川兄との関係の復舊、これを外にしてこれらの最善な解決の方法はないのだが、僕の自裁は何等この問題を理論的に解決すべき手段ではないので、僕はそれを最後の遺憾とする。然し僕が最後まで、その一点に苦心焦慮していた微衷をだに諒察してもらえるならば、山川兄及び諸兄が相共に最善の解決法を見出すことに努力して呉れる一つの力となると信ずる。此の確信は、僕に最後の喜びを与えている事実を忘れないでくれ給へ」（堺「荒畑寒村の『自殺未遂』始末」から）。

一方、山川は橋浦宛書簡（前掲六月二四日）で「寒村が一番気の毒な役割をかせられた」とその心境を忖度していた。できるだけ荒畑の意向にそうよう努めていただけに、忸怩たる思いであったろう。山川の論理尽くめの議論は荒畑にとっては「冷淡」とも思え、とうてい納得できるものではなかった。荒畑自身も己の命を断つことが「何等この問題を理論的に解決すべき手段でない」と自覚していたのだから、どうにもならなかった。

山川の復帰は当面望みうすとなり、猪俣だけが残るわけにもいかなくなった。もちろんそれは山川の望むところではない。むしろ山川は、自分の辞任があたかも猪俣を辞めさせるための行動であるかのように受けとめられるのを、もっともいやがったにちがいない。しかし猪俣と親しかった鈴木は「友人として猪俣に『同人』の辞任をすすめた。二人は代々木の荒畑宅の最後の会合に向かう省電のプラットホームで、息詰まるような話合いをして『同人』としての友情を断つことになった。夜のプラットホームは冷たい風が吹き抜けていった」（「わが交遊録」）。こうして猪俣は九月二三日に脱退した（しばらく公表はせず）。

猪俣の脱退の経過が公表されたのは二年後の『労農』三一

1927年9月　極楽寺の自宅　荒畑と山川と振作

年六月号である。猪俣もときを同じくして『中央公論』六月号で脱退をあきらかにした。

猪俣系統の人びとが去ったあと、堺や鈴木は山川を復帰させるか、すくなくとも『労農』に執筆をしてもらおうとしたが、山川は「猪俣が復帰か寄稿するなら考えよう」という態度をくずさなかった。

自殺未遂から立ち直った荒畑も、ふたたび山川に懇請をはじめた。二九年一〇月二五日の山川宛書簡にはこうある。

「大兄の御意中を……平素は分かってゐるつもりなんだが、時々何かショックを受けると……カーッとなってこれも要するに山川君がイカンのだと思って、アンな失礼な手紙を差上げてしまふのです……。僕が一番雑誌編集の任に当ってゐる諸君と接近して居り……ツイ余計に口を出すと云ふ訳で、何だか知らず知らず中心的になるので、顧みて衷心ギリギリして居ります。ゼヒ一度親しく御会ひしていろいろ御意見を伺ひたいと思ってゐます」。感情をあからさまにした「失礼な手紙」もつい投函してしまったのだろう。

こうして、猪俣の寄稿は実現しなかったが、「堺氏の希望を断ることが一層困難であったといふ事情もあり」、山川は寄稿についてはしだいに妥協していった。『労農』三〇年九月号「編集後記」には「近く山川氏に寄稿して貰えるやうになる」と予告された。そして一一月号に無署名で「『労農』四年を迎えんとして」を、三一年一月号に実名で「河上博士は『何をなすべきか』」を執筆する。

「東調布署手記」では、しだいに根負けした心境をつぎのように述べている。

「その頃『労農』は不振の状態で間々休刊することさへもありましたが……原稿が足りなくて雑誌が出せぬといふ状態にあった」。そして堺から「創刊四周年を期して編集方針を一変し、……誌面を公開して広く同人外からの寄稿を求めることとなったので、……軽い気持で……書いて貰ひたいといふ再三の懇請があり、殊に原稿不足のために雑誌の継続が困難な状態……といふような内情を聞きましたので……承諾したのであります」。

一方、山川は猪俣と『労農』の関係修復になお努めた。しかし、三〇年秋と推測される猪俣の二度目の鎌倉来訪（鈴木も同席した）で、終止符をうった。「東調布署手記」ではこう述べている。

猪俣との対立で脱退したとの世評は、「私としては不本意かつ迷惑でありました。堺氏は先年（二九年―引用者）来ひどく健康を害していましたが、その為に斯うした事も人一倍気にかかり、それがまた病勢を進ましめる状態でありましたが、この世評についても非常に心配して私に色々注意を促して呉れました。で、私はたしか書面を以って猪俣氏に『労農』への復帰を勧めましたが、氏には最早復帰の意志のないことが分かったので、……今度は、同人からの脱退を明白にされ、その代わり同人外の一寄稿者として寄稿だけ承諾されてはどうか、そうすれば私も寄稿だけを承諾し、『労農』に対して二人が同一の立場に立つこととしては如何という相談をしてみましたが、……この話は一まず打ち切りました。この妥協案は実は堺氏の発案で、……私の思いつきとして提案しました。これに対し猪俣氏がわざわざ鎌倉に来訪の上回答されたと記憶しております。猪俣氏は別に拒絶の理由は話されませんでしたが、これは主として気持ちの問題で強いて勧めるべき性質のことでないと考へましたので、押し返して理由を聞くようなことは差し控えました」。

この二度目の面談について、興味深い証言を「山川聴取書」でしている。

「用向キガ終タ段階デ座談的ニ……猪俣氏ハ近ヒ内ノ将来ニ経済上ノ恐慌ガ襲来スル可能性ヲ可ナリ強ク認メラレテイル様ナ印象ヲ受ケタコトヲ記憶シテオリマス……経済上ノ破綻カラ……社会的動揺ヲ惹キ起コシタ瞬間ニ共産党ガ今ハ壊滅シテ居ルガ急速ニ民衆ノ間ニ指導力ヲ拡大スルノデハナイカトイフ予想ヲ抱カレテ居ルラシク」思われた。「是ニ対シ私ハ……銀行ノ取リ付ケ騒ギ位ノ事ハアルカモ知レナイガ……共産党ノ問題モ寧ロ此反対ニソウシタ瞬間ニハ民衆ノ心理状態カラ考ヘテ彼等ノ憤激ガ却テ共産党ノ方ヘ向フデアラウト言フ風ニ考ヘマシタガ私自身ノ意見ハ同君ニハ話シマセンデシタ」。

このように「両巨頭」最後の会談で、かなり本質的な相違が猪俣からうかがえたにもかかわらず、山川は考えを口にしなかったようである。また同席した鈴木によれば、「猪俣は山川が述べる一語一語に『そのとおりです』と頷くだけで調整ができないで終った」（『わが交遊録』）という。

猪俣は筆を以っての山川への批判はしていないし、没するまでしなかったと思われる。

不思議な「両巨頭」の関係であった。そしてすくなくとも恐慌下の共産党の「拡大」についての否定的な見通しは、山川の方に軍配があがったというべきであろう。

猪俣との関係修復の努力はこれをもって終わった。

［2］「絶望を延期」して

再建された同人にとってもっとも大きな課題は、日本大衆党との関係修復だった。

話は二九年八月の鈴木と猪俣の来訪にもどるが、その際に、「復党」をめざしていた鈴木が、山川にたいし日本大衆党書記長代理の実力者・田所輝明との橋渡しを依頼したようだ。

それへの回答が、鈴木への山川の八月二八日の手紙である。

この回答は異色である。たんなる技術的なアドバイスではない、山川の胸中に鬱積していたものを、あたかもできの悪い弟子達を詰問するような調子でぶちまけているのである。

宛先は鈴木であるが、文中に「先夜の両兄の御談」とか「I兄の御観測」とかあるから、猪俣もこの件につき意見を述べたと思われる。

まず山川は田所と話し合うにあたっての、鈴木の覚悟をたしかめている。すなわちもし「復党の打診」であるならこの問「労農」が「発表した……旧日労左翼（田所たちをさす—引用者）の本質に対する見解は変更したのであるか、……この見解を把持して復党するのであるか」、どちらなのか明確にしてほしいと求めた。『労農』自身の明快な自己批判がなければ、田所にも話しようがないと質したわけだ。そして自分が田所に会うこと自体が「分反の実力によって威嚇を与へるといふ」方針に抵触し「分反を見縊らしめる結果」になるだけではないのか、とたたみかけた。

そして分反を「復党の見込みが確実につけば早く解散してもよいという大兄の御意向」については「その見込みは到底確実につくまい」と、虫のいい観測を否定し、「分反を無条件的に早く（或は即時に）解散するといふ御説ならば、全く別問題であります」とつきはなした。


山川はさらに「現在では、大衆党への復帰に全力を挙げ、不成功の場合、短期間の後に大山党と合流するとせば、その場合の理論的説明は如何」と追いうちをかける。「大山党」とは、労農党再建を共産党が否定してから、非共産党員の旧労農党幹部（大山郁夫ら）が共産党の意に反して「新労農党樹立」の準備に入ったことをさす。ただ相かわらず「左翼政党」をめざし、共産党コンプレックスを脱却できず、たちまち内部から「合法政党否定論＝党解消論」が再燃する。

彼らを信用していない山川は、「大山党が何処からかの正式の指令によって動いてゐないものと仮定すれば、大山党は必ず旧労農党とは異った方向—『労農』に近い方向を取るに違ひないといふI兄の御観測に従へば」、大山党との合同は理論的に筋が通るかもしれぬが、この仮定もまた虫のいい観測だと言外ににおわせている。もともと旧労農党系との合流を重視していた「I兄」＝猪俣の思いに変わりはないのであって、これでは大衆党への復帰努力とは両立しない。

こうして選択をせまる。

「『労農』の取りうる三つの方針があるように思われる。（イ）飽くまで（復党運動の成敗如何に関せず無条件的に）日本大衆党を固守する。（ロ）一応復党に努力した上、復党ができなければ独立の新党樹立。（ハ）都合によっては大山党へ合流。以上三つの道は、小生の見る処では、互いに代用物とすることの許されない程度においての根本的原則的な……三つの道であるように考えます。この点についてのご意見如何」。「分反最近の方針は、或は前記第一（イ）の立場に近いものの如くにも思われます。若し今後短日間の復党運動の経過中に、第二の見解に押し流され、更に第三の見解に漂着せしめらるるに至ったなら、労農はその支持者の間に、全く信望を失墜する憂いはないでしょうか」。

最後に『労農』のジグザグを痛烈に批判する。

「労農は云はば裸一貫で起った。しかも有ゆる勢力の不利な動きに逆らって起ったのです。労農の唯一の力の源泉は、疑いの余地なき明確な理論、一点の日和見的御都合主義的陰影のない直截明快な主張、一定の目標を追求する動揺のなき態度にあったと信じます。この力こそ、労農が何らその背後に団体的勢力の背景を有しないにもかかわらず、わが国の運動に有力な指導を与え、一つの方向を造り出すことのできた全秘密であったと考えます」。「この点では、労農はわが国の運動史上、最大のモーラルインフルエンスを持った運動であったと言い得ると思います。労農は背景勢力たる団体を有しなかったといふ意味で無勢力だったがために、その運動の上で多くの不便を感じたことが事実であると同時に、またそれゆえに、運動が多くの場合に陥るように、自分自身の勢力の縄張によって、自分自身のインフルエンスの限界を置く過ちをも避けえたということも出来るでしょう。いずれにせよ、労農の力の所在はその原則と、この原則に対する守操にあったのです。若し労農がこれを失うなら、労農はすべてのものを失ったにひとしいのです。小生は過般の関全（全産―引用者）に対する諸君の態度をも、この意味において評価したいのです。関全に対する労農の態度には、若干の無理のあったことは認めざるを得ないと考へます。けれどもそれにも拘らず、労農の原則を護るために一切の私情と行掛りとを犠牲とされた、寧ろ悲壮とも云うべき労農の決意に対しては、小生は衷心からの敬意を払ってゐるものであります」。「分反の問題についても、原則的な見解に即した動揺なき方針が一日も早く示されることが、焦眉の必要ではないかと考へます」。

実際山川の指摘のように、復党は簡単ではなく、やむなく鈴木たちは大衆党から排除された者をまとめ（一二月二五日に東京無産党を結党する）、他の地方政党とともに「無産政党戦線統一協議会」を九月二八日に発足させた。山川の想定していた三つのコースのうち、（ロ）のコースであった。

鈴木は一方で日労党との最大のパイプである全農との連携にも努めた。山川は橋浦宛書簡（九月一七日『全集』九巻）でつぎのように述べている。

「僕は最近まで、大衆党に入って大衆党をよくすることが一番いいと考えていたのです。しかしそのためには、全農が……中心となって新支部を造ってゆくのが唯一の可能な道」で、それができなければ「大衆党を中からよくする」のはできない。しかし全農は動かないので「この希望を棄てていたのです。ところが……鈴木君その他二、三人の人と共に全農の人に会い、……その節、鈴木君などは、やはり全農が大衆党に積極的に進出して大衆党をよくするという既定方針のようでしたし、全農の或る人たちもこれと同意見のように思われたので……そうならば、……絶望を、いわば延期して、もう一度、諸君の努力に期待をかけてみることに思い返したようなわけでした」。

同じ書簡で「無産政党戦線統一協議会」についても言及したが、「左翼新党ができて……大衆党をもっと決定的に右の方に追い込んで固定させる役割を演じたなら、それでいよいよ小生が大正十四、五年頃から想像していた最悪の条件がほぼ完成に近づくわけです」と、こちらには懸念を示していた。「あのとき私はもうダメだ、負けたと思いました」、「共同戦線的な単一政党の実現はほとんど望みがない、私はこんなふうに感じました」と『自伝』で述懐したように、幼弱な無産階級が分断されたまま、大勢が支配階級に政治的に統合されていくという「最悪の条件がほぼ完成に近づく」予感は、すでに山川の心をおおっていた。それでも、『労農』同人や日農の中堅指導部をはじめとする人びととの懸命の努力に、「絶望を延期」して可能な協力をしてゆくのが、当時の山川の姿であった。

1930年　『労農』脱退公表の数ヵ月後

[3]　堺の衆院選立候補をめぐって

分裂状態にあった無産政党は、二九年夏以降にまた大衆の統一要求に押されて流動しはじめる。九月には、社民党支持の総同盟大阪連合会内の反対派が、無産政党の統一もかかげて総同盟を離脱し、「労働組合全国同盟」（「全国同盟」）を結成する（総同盟第三次分裂）。鈴木はかれらとも連携した。「分反」は一〇月二五日に「解体」を決議し、一二月二五日に「東京無産党」に改編。同時に秋田、愛知、兵庫、大阪でも「分反」系統の活動家を地方政党に移行させ、旧労農党からわかれた合法地方無産政党をふくむ「戦線統一協議会」に合流した。東京無産党は委員長・中西伊之助、書記長・鈴木、顧問・堺という顔ぶれだった。

さて、山川はこの党については、事情からして樹立は「避くべからざる帰結であった」と消極的に論評した。東京無産党を足場に全国の地方無産党糾合に努めたのは鈴木であったが、大森は彼の「相談役」になり、鈴木は大森を通じて山川からも意見を徴していたと思われる。

山川は三〇年年初に、「過去四か年を通じて進行しきたった分裂への傾向が、もはや峠の絶頂に近づいていることだけは、争うことができぬ。そして勢いの極まるところは、おのずから新たな方向への出発点となることは疑いがない」（「七花八裂の無産政党」『中央公論』二月号『全集』九巻）とかすかな可能性を示唆していた。

三〇年一月に、「政治的統一戦線へ！」と「無産政党問題の再吟味」（『改造』二九年一二月号）の二論文を収めた『単一無産政党論』が文芸戦線社から刊行された。その「はしがき」（『全集』九巻）で山川は述べた。

「単一共同戦線党の実現の希望の最も少ない瞬間に、単一共同戦線党を語ることは、……嘲笑をかふ事以外に何らかの効果があるだらうか？……無産政党の極度の分裂状態そのことが、寧ろ現在の政党分野の動揺性と不安定性とを物語ってゐるものではなからうか？

そしてこれらの事柄は、わが国における無産政党の現状を以って、なほ形成の過程にあるものとする吾々の見解を裏書きするものではあるまいか？」

どうせバラバラなら徹底的にバラバラな方が、まだしも再統一の機運を生むのではないかという、山川の計算である。事実、三〇年二月に第二回目の男子普選が実施され、無産派は惨敗し、再統一の機運は再燃する。

当選したのは社民党二名、日本大衆党二名、新労農党一名の計五名で、前回の八名から後退した。『労農』関係者は、東京無産党から堺と中西伊之助が、秋田無産党から金子洋文、中国無産党から高津正道などが立候補したが、堺をのぞき問題にもならぬ票であった。

堺の立候補についてはだれもが健康を気遣った。大森は「何一つ実際運動をしなくとも、社会運動史の著述を完成させるためだけに健康でいてもらう方が、吾々にとってどれくらい有益だかしれない」と、山川に立候補とりやめを勧めてもらいたく手紙を出した。山川はそれを堺に回送したが「堺君は『宝物扱いされるのは迷惑だ』とか何とか云って機嫌が悪かった」（「堺利彦を語る」『全集』一二巻）。

選挙事務長は橋浦がになない、自殺未遂から復帰した荒畑は先頭にたった。大森と向坂は十数回の応援演説をこなし、堺の色紙を風呂敷に背負って選挙運動資金カンパあつめに歩いた。

しかし山川は選挙母体となった東京無産党にたいして懐疑的であり、動こうとはしなかった。「選挙事務長就任の由、御大役ご苦労に存じます。社民との競合では余り楽観を許さぬのではないかと思はれるので、一方ならぬお骨折りだらうとお察しします。しかし堺君も老後の思でにどうか好成績であれかしと祈ります」。三〇年一月二一日の橋浦宛書簡(『全集』未収録)である。気乗りしていない文面だ。

荒畑はそれでも山川をひっぱりだそうとした。「ぜひ一度演説会に出ていただけないでせうか。……十分か二十分でもよく、一夜に一ヶ所と限ってもよろしい。殊に十三日の夜の番町小学校の演説会は、菊栄女史の出身学校とのこと故、これには是非、菊栄女史を煩はしたいといふのですが如何でせうか。向坂君は六日頃から上京して泊り込みで連夜出演するといふ意気込みです……」(三〇年二月一日)。「大森君の手紙によれば、得票を減らしてもよければ出てもいい、と仰った由。減らすか増すかは別として、ぜひ出て頂けないだらうか」(二月六日)。

この調子で手紙攻めにしたわけだ。山川におとらず演説嫌いの向坂の「意気込み」もダシにし、大森にも口ぞえを頼み、あの手この手で要請したが、ここまでされると真実この種応援演説は苦手な山川にとってはもう脅迫であった。

東京一区という中枢で立候補した堺の得票は五〇〇八票で当選に二千票足りなかったが、まあまあの成績だった。

選挙直後に、山川は苦労した橋浦につぎのように書き送った(三月一日『全集』九巻)。

「敗戦は堺君に対してよりも、より以上に大兄にお気の毒に感ずるが、それを以って些か慰めていただきたい。堺君が当選していても、東京無産党の立場が非常にらくになるようには思はれぬがどうだろう。いづれにしても相当困難な立場におかれるのではなかったろうか」。

[4] 大森を「エランドボイ」に

さて、総選挙での惨敗をうけて無産政党合同の動きが強まる。三月三日、各党の有志の参加でいわゆる「長老会議」が開かれた。顔ぶれは社民党(安部)、日本大衆党(賀川)、労農党(河上)などで、堺も東京無産党から参加した。「無産派合同すべし」との世論には正面から異を唱えにくかったが、社民党も労農党も我を張り合同を困難にした。

そこで、大衆党と、社民党から離脱した合同派(総同盟大阪連合会から脱退した勢力）が一月に結党した全国民衆党（全民党）が合同の軸となった。三月一七日に発足した「無産政党戦線統一全国協議会」（「統一協議会」）も、「全無産政党の無条件合同のために最善の努力を期す」と宣言した。

　ところで「全国協議会」には東京無産党をはじめとする旧「分反」系がふくまれていたから、大衆党の側にも反発が強かった。一方大衆党は、地方政党は排してまず全民党とだけ合同しようとしたので、東京無産党は大衆党幹部の田所への反発を強めた。先の橋浦宛書簡で山川は「労農側だか東京無産党側だかの方でも、田所君に対し恐ろしい反感が益々増大しているように聞いている。何しろ双方からの反感だから一寸仕方がない……困ったものだ」と述べている。

　このように大衆党と旧分反系との感情的な溝はうまらない中で、東京無産党に懐疑的で『労農』からも一歩距離をおいていた山川は、むしろ彼らとは別の方面に期待をよせた。社会民衆党から離脱した全民党に、あらたな無産政党統一運動の推進力を見たのである。山川はそういう見解を、総合雑誌などに精力的に執筆した。「無産党の戦績をかえりみて」（『改造』四月号）、「第二次普選の勝者と敗者」（『中央公論』四月号）、「合同運動の展望」（『文芸戦線』四月号）、「無産政党合同の可能と不可能」（『改造』六月号　いずれも『全集』九巻）。

　こうした山川の見解が端的に示されたのが、鈴木への個人的なアドバイス（三月一〇日前後に執筆、「合同運動についての行動指針」『全集』九巻）である。鈴木は東京無産党の書記長を務めながらも、全民党の母体となった総同盟大阪連合会の反対派と連携し、大衆党をふくめた大きな再統一をめざしていた。「指針」の要点を紹介しよう。

「全無産政党合同の協議会の開催を全民党から提唱し、この提唱に無条件的に応じたものを（合同の―引用者）可能範囲と認める」。この「プロセスに於て決定せられる最大限度可能範囲は、大衆、全民、地方無産政党であると観測される」。「『全合同』の気勢が漸次強烈になってゐるから、明白にこれに抗して両党（大衆、全民をさす―引用者）単独合同を主張することは漸次困難を加へてゐる……したがって正味の争は、可能範囲を両党に落着けようとする勢力と、これを可能な限り拡大しようとする勢力との争ひである」。

　こう分析した上で、山川は問題を東京無産党のあつかいにしぼる。東京無産党が第五区においてとった行動にたいして大衆党幹部は「飽くまで追及して一歩も譲歩しないだらうと思ふ」。したがって、東京無産党ないし最悪の場合は分反系地方政党全部が合同への参加を拒まれても、「情実を離れて考へれば、私の理論は斯く命ずる……吾々は極力その他の無産政党（分反系以外の―引用者）を説得して合同に加入せしめなければならぬ。我々は二三の地方無産を心中の道づれにするような、しみたれた根情を持ってはならぬ、そういふ遺り口……が過去において労農一派を累ひしなかったか?」)。

鈴木たちに、わが身を退かせてでも、合同を具体化する覚悟を求めた手紙である。

さらに山川は鈴木からの求めに応じ、新労農党への、統一問題への姿勢を問いただす質問状のひな形も手渡している(『全集』九巻)。

なお、山川は大衆党の内情については、おそらく橋浦ルートで田所からも聞いていたと思われる。正確な情報をつかめるかどうかは、こういうときは決定的に重要となる。荒畑や小堀など同人の多くは、清党事件で自分たちを除名した田所には強い不信をいだくようになっていた。しかし感情が先にたつと客観的には判断できなくなる。山川の正確な判断は、冷静に情勢を入手できるルートをつねに確保していたことにもよる。たとえば、かつての水曜会の優等生・田所との信頼関係を維持し、翻訳仕事の紹介もつづけていた。山川の口利きの効果と推測されるが、三〇から三一年にかけ白揚社から田所の編で三点が出版されている。

さて、やや気力を回復した『労農』同人は、三〇年春には運営の体制をたてなおした。荒畑を中心に、療養から復帰した大森が精力的に動いた。

『労農』は三月に「更生号」を出した。荒畑は四月号で清党運動の「極左的誤謬」の自己批判を主張した。七月号の太田論文は、同人が山川の脱退声名発表をさしひかえるように頼んだり、「編集後記」に数行で脱退を報じただけだったことをさして、「ウヤムヤの中にこの問題を解決せんとした」「醜態」と批判した。

山川の同人脱退後も親しく往き来した同人は大森義太郎であった。大森との出あいは、山川に新境地をもたらしたという振作の証言は、第五話［1］で紹介したが、たしかに彼を気にいったようだ。大森は三〇年三月に鎌倉雪の下から塔の辻に転居した。そうすると「最も頻繁に訪れるようになったのは山川均である。……彼独特の字で書かれた葉書が郵便受けに投げ込まれると、数日後には和服姿の本人が現われる。……以前いた雪の下の借家は終点の鎌倉駅から大分遠く、(山川は)電車を降りてから人力車を利用していたらしい。新しい借家は海岸に近い駅を降りて北へ真直ぐ路地を歩けば、ほとんど人に会うことなく到達できる。それも気楽に訪れるようになった原因でもあった」(大森映『労農派の昭和史』)。また、鵠沼に夫人の結核療養のため転居していた向坂宅も近かったので、当時この三人はよく往き来した。

山川の家は常時その筋の監視下にあったので、人と会うのに大森宅を使うことも多かった。高橋正雄(当時九大助教授)がはじめて山川と会ったのも大森宅だった(高橋『全集』月報一二号）。大森は、山川の人への対応ぶりをつぎのように語っている。「ほんの二三分話すともう氏は、話の筋を、相手が何をいはうとするかを、そして第一に相手の心の動きをちゃんと見抜いてしまふ。さうして置いて相手がくどくどと—氏には大概の人の話がくどすぎるらしい—話すのをぢっと聞いてゐる。……といって決して嫌な顔を見せたりなんどする訳ではない。それどころか、どこまでももの静かで、穏かである。が、この湖心のごとく寂然たる裏に、何もかも見すかされた自分を感じることが、相手にとっては全くやりきれないんである」（紙名不明の新聞寄稿　一九年一一月一六日）。

大森の向坂宛書簡（三月一八日）は当時の大森の活動の様をよく語っている。「僕、合同問題の紛糾につれて頻々として東京に往来し、Y氏のエランド・ボイを務め、はなはだ困ぱいした。どうも合同問題はやく片づいてくれぬと健康が滅茶苦茶だ。……昨日は地方政党協議会に出掛けた。実に心配したが割にうまく行った。ちかごろ我々の唯一の成功で、かえりに一寸嬉しかった」。

「Y氏」とは山川である。「地方政党協議会」とは、一七日に堺を議長に発足した「無産政党戦線統一全国協議会」である。鎌倉と東京を往き来し、情報を山川に伝え、それへの山川の反応をまた鈴木たちに伝えるのはもっぱら大森の仕事だった。

向坂が、大森にともなわれてはじめて山川と会ったのは、二八年九月ころと思われる。場所は三田の奥山医院の近くの喫茶店だった。向坂が中心となって、地代論論争、日本資本主義論争へとあらたな論争の分野が開拓されていく。山川は、日本資本主義の発展段階と無産階級の戦略規定を「政治的統一戦線へ！」に集約したわけであるが、これを土台に、資本主義分析の方法論、各分野の現状分析など、さらなる作業が『労農』同人とその周辺の若手によって担われていくのである。

価値論争やロシア革命の分析でそうであったように、本質的な骨格をほぼ示してしまい、その分野については自分より精密な研究をする専門家があらわれると、山川は自分の任務は終了したとして、彼らにゆだねるのが常だった。山川は、日本資本主義論争という大勝負でも、グラウンドには登場せず、自分の育てたチームの健闘振りをベンチで見守る風であった。

こうして、更生した『労農』では、大森を中心に向坂、伊藤好道、岡田宗司、稲村順三など若手の比重が一段と高まった。

［5］　社会主義・労働組合・無産政党「三部作」

『労農』同人脱退後も、山川の文筆活動はおとろえず、無産政党合同への論評を、総合雑誌などに精力的に寄稿した。並行して書きおろしの力作を三冊刊行する。『労働組合の話』、『社会主義の話』、『無産政党の話』の三部作である。

『労働組合の話』は、改造社『経済学全集』一八巻（一九年一〇月）に発表し、三〇年八月に補筆して単行本として刊行した。三四七頁の大作である。『社会主義の話』（三〇年二月）も三二〇頁の大作だ。さらに『無産政党の話』を三一年八月に刊行する。これも三六〇頁の大作である。この三部作は、啓蒙書として好評で、敗戦後すぐそろって再刊（一部増補）され、『無産政党の話』は『社会主義政党の話』と改題・増補して、七七年に社会主義協会から再々刊された。

『労働組合の話』は、イギリス、ドイツ、フランスの労働組合の発生と成長を、三つの類型として解説し、職業別、産業別などの組織形態の推移、全国組織と国際組織の現状を紹介し、団体交渉、同盟罷業、サボタージュなどの労働組合の戦術、資本主義社会における労働組合の役割と「新しい社会形態」における労働組合の役割にまで言及し、最後に無産政党と労働組合の関係の原則でしめくくっている。山川にとって社会主義は労働組合運動との有機的な関係をぬきにしてはありえなかった。そこに彼の社会主義理論の強みがあった。山川以後、あまたの社会主義理論家が輩出したが、彼ほど労働組合運動についてたくさんの著述をあらわした者はみあたらないし、また主要国の労働組合運動に通暁した者も少なかろう。一方、労働組合研究の専門家はたくさんあらわれたが、その視野はせまく、せいぜいがウエッブ夫妻の有名な定義、すなわち「労働組合とは、労働生活の諸条件の維持または改善を目的とする賃金生活者の恒久的な団体である」という範囲を出なかった。これに反し、この『労働組合の話』では「ウエッブの定義」は「今日の労働組合運動の意識の最低線を代表しているもの」と位置づけ、政治運動をふくめた階級闘争総体のなかでの労働組合運動の役割をあきらかにし、社会主義社会における労働組合の建設的役割をも示そうとしたのである。マルクスの「労働組合の過去・現在・未来」など古典を読みこなした広い視野からの労働組合運動の解説書は、ロゾフスキーなど海外のものを別にすればすくなかった。今日でも第一級の入門書としての価値をうしなわない。

『社会主義の話』は、書き下ろしたものに、ベストセラーとなっていた『資本主義のからくり』を附したものである。「はしがき」にいう。「英国では、社会主義を標榜する労働党が現に内閣を組織し、世界地図の上には、社会主義共和国の版図が、鮮明に色分けせられてゐる。危険思想！といふような空虚な喚きによっては、この鉄の如く冷やかな、厳然たる事実を打ち消すことはできない」。「社会主義とは、人間によって発見され意識されたところの、社会進歩の法則そのものにほかならぬといふこと、それは危険人物が何処からか拾って来て……その中に人間の社会を押し込めようとする『外来』の鋳金ではなくて、……それは現に吾々の社会が変化し発展しつつある活きたる事実であって、この事実こそ、人間の思想を鋳造する鋳金となってゐるものだといふことを、明白に承認しなければならぬ」。

『空想から科学へ』、『共産党宣言』、『国家・私有財産・家族の起源』、『資本論』、『帝国主義』などをかみくだき、空想的社会主義から科学的社会主義への発展を説明し、現実の諸問題とあわせて敷衍している。本書も啓蒙書としても当代一であったろう。

だが興味深いのは、現在的な問題をなげかけていることである。それはロシア革命の評価と、社会（民主）主義と共産主義の区別と関連の問題である。山川は科学的社会主義の実践としてロシア革命をあげ、次のように肯定する。「大規模生産における社会主義」と「小規模生産における資本主義」が並存し競争する過渡期の段階から、社会主義国家の手によって「社会主義的の要素が優位を占め」つつある段階にあり、それに応じて「無産階級の独裁」も「峻烈鋭利な形」から「主として経済上の諸政策の形」をとるようになった。そして婦人の進出や平等、「文盲」の一掃、教育の無償化、芸術の特権階級からの解放、労働の分量に応じた賃金、労働不能者への生活保障などを実現した。そしてなお残存する「旧資本家階級や富農など」が「参政権を奪われているという意味で、無産階級の『独裁』なのである」と。

だが山川は、「ロシアにおけるこの社会的経験をめぐって、同じく科学的社会主義―すなわちマルクス主義―の上に立つ人々の間にも、重大な意見の相違をきたしている」と問題を投げかける。

第一に、すべての国で「ロシアにおいて経験せられたような経路をへてあらたな社会形態に発展するものだ」という主張と、「ロシアの経験は、科学的社会主義が論証した社会的発展の過程とはあい反しているものだ」という主張である。この両者は次の点でさらに見解を異にする。社会主義は「十分に発展し増大された生産力を資本主義から遺産としてうけついで、はじめて実現せられるもの」で、遅れたロシアと世界大戦の荒廃の下では社会主義社会の建設はできないという見解の是非。そして社会主義は、「無産階級の独裁という状態」を必要とするが、それは「民主的な政治機関たる議会」を通じて実現されるべきで、「民主的な政治形態を破壊して、あらたに無産階級独裁という特別な政治形態」を必要としないという見解の是非である。この見解はカウツキーのそれであり、一〇年ほど前には『社会主義研究』で山川も批判していたものである。だがここでは「二つの対立した陣営にわかれたということを述べるにとどめておく」と、あえて結論を示していない。なお山川は「社会民主主義者の主張も共産主義者の主張も、国家を階級支配の機構と見るマルクスの国家理論から出発しているものである」と対等にあつかっている。

山川は、社会主義への道は一つではなく、ロシアの経緯はロシアの条件のもとでは必要であったし、それを非難するいわれはないが、他方でどの国にもロシアの方式を普遍化するのはあやまりだという結論に到達していたであろう。すでに山川は、ネップ以降の工業化をはじめとする諸困難と「一国社会主義」のはらむ重大な問題性について、気づきはじめていたと思われる。戦後、この考えは明確に示される。一七年革命からの一〇年の経験は、山川をしてコミンテルンによるロシア革命方式の過度の一般化への批判を強めさせつつあった。

山川は第二の問題として「ボルシェヴィズムと社会民主主義の対立」をあげる。ここでも山川は「両者ともマルクス主義に立脚していることは争われぬ」と判定する。そして、ボルシェビズムは、「世界的に無産階級革命の時代」を担うロシア共産党のような前衛党が必要だと主張するが、「然しかような意味での共産党はロシアのボルシェヴィキ党をのぞいては、いずれの国においても実現されなかった。そして今日では、各国の共産党は、いずれも大衆政党たることを目標としているもののようである」と指摘した。

このように、本書には山川の同時代的な問題にたいする回答も、それとなく示されていたのである。

三冊目の大著『無産政党の話』は三部作の総括をなしている。社会主義が労働運動と融合し、そのうちから労働者の政党が形成される様を、見事に叙述する。世界の社会主義政党から話をはじめ、三つのインタナショナルと、ドイツ、イギリス、ロシア、フランス、イタリア、アメリカの労働者政党の歴史を総括する。第三インタナショナルが国際単一党であって各国を指導するものであることや、「加入二一カ条」による各国労働者党の分裂工作など、すでに批判的になっていた問題についても、客観的に淡々と記述している。

『労働組合運動の話』が政党との関連ぬきには語られなかったように、『無産政党の話』も労働組合運動ぬきには語られていない。自由民権運動とブルジョア急進主義による労働者運動から説きおこし、無産政党の形成と分裂にいたるまでを克明に描きだした。政党史というより労働運動との有機的関連を意識した社会主義運動史である。こういういわば労働者運動史とでも呼ぶべき性格の運動史は、山川独特のものであった。

日本にかんしても淡々と記述されているが、しかし分裂主義的な傾向についての評価になるときびしさがにじみでている。福本イズムについては「分裂主義の理論」という項をおこし、こう述べている。

「左翼分子が、意識のおくれた大衆の団体もしくは右翼主義者の指導する大衆団体の内部にとどまって、左翼的任務をただしく遂行することはきわめて困難な仕事であって、それは異常な忍耐を必要とするばかりでなく、しっかりとした動揺のない見解と、長時日のあいだたゆみなく追求される行動の方針が必要であった。……これに反して、左翼分子がこれらの大衆組織の一角をきりくずして、左翼組合ないしは左翼政党を組織してそれに対立することは、しごく簡単にして容易なことだった。かように『結合の前の分離』の理論は、生硬未熟な左翼分子に、もっとも困難のすくない、そしてもっとも抵抗のすくない、そしてもっとも安易な道をさし示したものだった。しかるにこの理論の投げこまれたのは、……急進分子が、右翼的傾向との対立によって自己を意識する作用が、政党樹立の運動とみっせつな関連をもって進行している時であった。そこでこの理論は、左翼分子によって容易に受け入れられたばかりでなく、それはまもなく、共産党を指導する理論となった」。

この部分は、戦前における公にされた記述としては、福本イズムの総括のポイントをもっとも簡明に述べているものと思われる。

なお本書が四九年九月に『社会主義政党の話』として板垣書店から再刊された際は、日本におけるファシズムとのたたかいと敗北、ヨーロッパにおける人民戦線の経験、前衛党と共同戦線党などのテーマについて重要な加筆がされている。

日本の合法無産政党についてのまとまった著作は河野密・赤松克磨らの共著や田所輝明のもの（それも対象の時期はきわめて限定）以外は戦前はほとんどない。戦後も河野の著作や、専門の研究書が数冊著されたにとどまっている。今なお本書は第一級の無産政党運動史である。

この三部作と同じころに、やはり書き下ろしの大作が刊行されている。『産業合理化の批判』（春陽堂三〇年一一月）で、四九一頁の大著である。『全集』には冒頭の「緒言にかえて」と最後の「要約」しか再録されていない。

産業合理化は主要帝国主義国で危機を資本家的に克服する重要な方途として全面化し、日本でも三〇年代初から浜口内閣によって政策的に推進されはじめた。資本家階級は、産業合理化について労使協調路線の育成も意識した理論武装をしていたが、労働組合側は合理化攻撃に対抗する理論的準備をできていなかった。この書は、資本主義的合理化の本質を、理論的にもまた各国の事例としても全面的に説いたもので、先端を行く解説書だった。

［6］全国大衆党とファシズムのにおい

三〇年七月二〇日に日本大衆党、全国民衆党、無産政党戦線統一全国協議会の三党合同による全国大衆党が結成された。鈴木たちの努力で、山川が危惧した大衆党と旧分反系の対立も調停され、戦線統一協議会傘下の地方政党も合流し、山川の想定の範囲では理想的な構成となった。

社民党と新労農党それぞれの主流派は統一に反対したため、社民党からは全国民衆党が、新労農党からはいくつかの地方政党が離脱して合流した。また、大衆党支持の組合同盟と、総同盟第三次分裂で結成された労働組合全国同盟も六月に合同し、全国労働組合同盟（「全労」）が結成され、政党次元の統一機運を促進した。

七月二〇日の全国大衆党結党大会には約一〇〇〇人が参加。代議員の内訳は大衆党二二四人、全国民衆党一二五人、統一協議会一〇六人だった。大会宣言案の起草は鈴木が山川に依頼し、山川の草案がほぼそのまま生かされた。宣言の最後は「一切の分裂主義に対して大衆的合同政党を防衛せよ！」と結ばれていた。最後に堺が「合同宣誓書」を読みあげた。中央執行委員には、鈴木、黒田が入った。

『労農』同人は、全国大衆党の結成にあたって、日本大衆党分裂のあやまりをくりかえさぬよう強く意識して臨んだ。全国大衆党は、帝国主義戦争絶対反対、軍備縮小、枢密院・貴族院の廃止などをかかげ、また東洋モスリン亀戸工場争議などのはげしいたたかいを組織した。さらに一二月の全国大衆党大会は、社民党と新労農党に合同を提案することを決定した。これにたいし、直後に開催された両党の大会で、社民党は全国大衆党との共同闘争は推進するが新労農党をふくむ合同に反対、新労農党は提案に賛成という態度をそれぞれ確認した。そして三一年七月五日に、全国大衆党、新労農党、社民党合同実現同盟（社民党内の合同賛成派）の三党により「全国労農大衆党」が結成される。

このように無産政党の合同は、山川の期待どおり社民党主流をのぞきほぼ全党を結集して実現するかのように見えた。しかし情勢は危険な方向に一足先に進んでいた。恐慌で失業者があふれ、農業恐慌下の自作・自小作農民やサラリーマンも急速に零落し、没落中間層がかなりの割合を占めるなかで、民衆の不満ははけ口を求めて鬱鬱たるものだった。そして無産階級運動は有力な対抗勢力たりえなかった。

一方、ロンドン軍縮条約に調印した浜口内閣への軍部の不満と、若手将校や右翼の焦躁感は合流しはじめる。とくに農家の次男以下が多い兵士の中には、家族の困窮と不満のはけ口を資本家や富裕層などにむける心理状態がひろがり、ファシズムを醸成していった。三〇年一一月には右翼による浜口首相狙撃事件がおき、世相は急速にきな臭くなっていく。

権力と右翼勢力は無産政党運動の内部にも手を入れ、利用しようとした。三〇年後半に入ってからは奇怪な動きがはじまる。『労農』はそれをいち早く感じとった。たとえば三〇年一二月号の荒畑筆の「警備隊」というコラム欄にこうある。「全国大衆党の責任ある地位にある幹部の中に、武装デモだとか、武装せよだとかホザイている戸まどい男がいる」。東洋モスリン争議が「市街戦」と称されたような時である。議会やストライキではもう役に立たないといわんばかりの国家社会主義風のアジをする者があらわれた。同じ号に「労農議会について」という河合名（小堀）の小文がある。これは一〇月に全国大衆党が各地で開催した「労農議会」を批評したものである。東京での労農議会は「官憲との正面衝突を演じながら遂行され」「五十名に及ぶ検束命令の中、実際検束し得た者は僅かに十一名」（『労農』前掲号）というようにはげしいものだった。しかし小堀はいう。「労農議会」とはほんらいは「ソヴェート」を意味するのであって、このような運動を通じてブルジョア議会に対抗しうる労農議会をつくりあげようと意図するのであれば、「わが国の客観的情勢の下では「そのための基本的条件が存在しないが故に徒労に終わるものといわざるをえない」。

全国大衆党の一部に反議会主義の衣を着た国家社会主義が生まれはじめたのを批判したわけである。

一二月に開催された全国大衆党第二回大会は次のように「宣言」した。「現下の経済的不況の明示した最も大きな使命の一つとして、全国大衆党はその一般的政策の上に『社会主義』と明確に大書」し、「『社会主義』をはっきりと認識し、かかる目的意識の、闘争へと一切の要求を合流せしむべき時期なりと信ずる」と。

そして大会では官憲と乱闘をくりかえし、五〇名以上が検束された。最終日は夜九時の散会と同時に、警官隊がトラックを会場前に用意し、大会参加者を片端から検束する有様だった。

三一年二月一八日に全国大衆党、社民党、労農党の三党共催で「議会解散要求無産者大会」が開催され、二千人あまりが国会に乱入しようとする騒ぎとなった。これは右翼の総帥大川周明らがクーデターをおこすにあたり、無産政党をまきこむ予行演習として、社民党の赤松克磨書記長に金をわたして画策したものだった。

「反資本主義」を共通項とした一部軍部将校と、無産政党運動内の先鋭な指導者が結びつき、国家社会主義的動きがはじまったのである。

【7】困難への覚悟を求める

山川が大著の三部作執筆などに集中できたのも、「同人」脱退でできたゆとりと、転居の心配をしなくてすむ稲村ガ崎の自宅のおかげだった。

二八年九月から結核で治療のため奥山医院の近くに預けていた振作は二九年春に全快し、ひさしぶりに稲村ガ崎の家に一家がそろって暮らせるようになった。それもつかの間、三〇年六月に振作はふたたび発病。中学を退学し、九月からまた奥山医院の近くに菊栄がつきそって間借りすることになった。以降、しばらく山川は一人暮しになる。家事手伝いの人はいたが、日常生活の諸事万端は自分でやったようだ。

三田の菊栄・振作にあてたハガキは『全集』に収録されているものだけでも数日おきに出している。漢文をしっかりやるようにと、自習の手ほどきをしたり、やたらと石炭を食うわりにはすこしも暖まらぬダルマストーブと散々格闘した苦労も記されている。一方、好きな園芸では、トマトの種を仕入れるようにとか、一円もする高価な黄色のバラの苗を買ったとか、楽しそうに書き送った。

宇野の「写真屋」いらい、写真は趣味で凝っていた。当時フィルムは高価だったが、アグファのフィルム購入を頼んでいる。

しかし体調は相かわらずすぐれなかったらしく、薬の購入依頼はたびたびである。睡眠薬の常用や長時間の動悸がはじまったことなども菊栄につたえている。菊栄宛に「コカインは何時頃からだったか、もう忘れるほど前からちっとも使っていない」（三〇年二月二五日）とある。山川はコカインをしませた麺棒を鼻につっこむのが癖で、「山川のエントツ掃除」として有名だった。本書カバーの挿絵はエントツ掃除のすがたである。鼻腔炎の治療なのか、たんなる気つけなのかはわからない。いずれにせよ、岡山の薬局経営時代の知識によって、いろいろの薬を副作用なく制御して使いこなせたと思われる。

こうして、同人脱会を内心決意した最悪の体調のころよりは、小康をたもっていた。七月の全国大衆党の結成もあり、また『労農』への寄稿再開もひかえ、山川の無産政党運動への提言は再開される。まず全国大衆党に寄せた「合同政党の成立とその展望」（『改造』九月号『全集』九巻）である。

山川は、全国大衆党は二年半前の七党合同＝日本大衆党と同じではなく「新たな形勢を切り開いたものであり、そしてこの新状態においては統一への傾向は決定的に力を増大した」と評価する。なぜならば、ともに合同を拒んできた左右両翼の新労農党と社会民衆党からそれぞれすくなからぬ勢力が分離し合流してきたからである。また「共同戦線党たる我

1930年5月　庭で水をやる

が党の本質」（創立大会宣言）と、日本大衆党よりも明確に規定したことは「大なる進歩であった」。この「宣言」は、鈴木から委嘱されてみずから起草したものであるが、山川は「この誓約が一片の反古とならぬという条件の下において、合同政党の成立は……大なる成業であった」と述べた。

逆にいえば「一片の反古」になる危険性も承知していたことにもなる。そして「全国大衆党は、共同戦線党の性質を、いかに確乎として防衛するだろうか？　新合同政党の展望は、このことをめぐって転回する」としめくくった。

「合同運動の新段階」（『文芸戦線』一二月号『全集』一〇巻）は、政党間の「最大限度可能な範囲の合同は」全国大衆党の結成で「ひとまず実現しつくされた」とみなした。そこで「統一戦線の拡大される唯一の道は、大衆みずからが、社民党と労農党の分裂主義的指導部の頭上をこえて、事実の上に合同を実現することでなければならぬ」と述べた。左翼分裂主義がお家芸としていた「下部からの他党大衆の切り取り戦術」のお株をうばったのである。全国大衆党第二回大会の宣言草案（『全集』一〇巻）も、鈴木の依頼と思われるが、山川が起草し、「社会民衆党および労農党の大衆の間に、統一戦線に対する熾烈な要求が台頭し、分裂主義的指導者の頭上を越えて、至る所に吾が党大衆との間に共同闘争が展開せられつつあることは、大衆の必要と意欲とを物語るものである」

と謳いあげた。

　全国大衆党は、社民党にも労農党にもひきつづき合同を提唱した。これにたいし、社民党は反対を、労農党は賛成を決定した。しかし、下からの合同機運に支えられて、さらなる合同は前進した。三一年二月に社民党「三党合同実現同盟」が旗あげされ、四月には全国大衆党・労農党・社民党合同実現同盟による「合同実現協議会」が発足する。

　「新合同と新任務」（『労農』七月号『全集』一〇巻）は、こうした「新合同」の動きへの分析であるが、それは合同の進展を全面的に評価しているとばかりはいえない。むしろ危惧の気配がただようのである。

　「困難」の第一にあげられているのは労働戦線の状態である。全国大衆党の実現の前には、日本大衆党と全国民衆党を支持する「労働組合の合同が実現され、これによって政党の合同が実現された」が、あらたな党の合同にあたっては分裂状態が固定化されようとしている。しかも「かつては有力な組合のあった大、中の工場で、今日は組合があとかたもなく壊滅に帰しているものがすくなくない」。

　第二の「困難」は、危機の深化である。「資本主義が終末を知らない危機的状態にある」にもかかわらず「資本主義の経済上および政治上の支配はますますその圧力をくわえること、しかるに反資本主義勢力の間には、信頼するに足るような組織せられた力がどこにも現われていない」状態からくる「大衆政党に対する分解的ないし腐食的な作用と」対抗しなければならない。「分解的ないし腐食的作用」とは「一般的な無関心主義」と「資本主義と和解することによって有利な地歩を占めようとする」右翼主義、また「極度の焦燥のために、労働者と農民の正常な運動とその組織に対して、懐疑的となり」、何か「神秘な呪文的な方法」を求める左翼主義である。両者は「資本主義の末期的影響の下に、インテリゲンチャと中間階級が、一ヵ所を凝視することのできない神経衰弱者的な焦燥をもって」「変化と、奇怪と、速度と、そして強烈な刺激とを追い求める」「無産者運動内の双生児」である。そして「党を右翼的偏向と病的な極左主義から擁護して、階級的に正しい政策と行動とをとらしめること」こそ「先進分子の任務」である。この「任務の遂行には、異常の困難が伴う」のである。

　このように三一年初夏にはすでに山川は左翼に「異常の困難」への覚悟を求めたのである。するどい時代感覚であった。国家社会主義やファシズムも想定し、民主主義の拡充を基調とする共同戦線党の正常な発展にとって、客観情勢はむしろ困難を増していると感じていたのである。

　そして、全国労農大衆党が発足してすぐ執筆された「無産階級運動の一歩前進と二歩退却」（『改造』八月号『全集』一〇巻）では、早くも党が直面した困難について論ずる。「全国労農大衆党の成立によって、無産階級政治運動の一歩前進を見たわれわれは、日本労働クラブの成立によって労働組合運動の二歩退却を見せられる」というのである。困難はやはり労働戦線にあらわれた。

当時、労働組合の全国的組織は、社民党支持の総同盟、全国大衆党支持の全労、労働組合総連合、産別組合としては社民党支持の日本海員組合が大きな力を持っていた。全労などは、戦線統一のために各労働組合に、全国労働組合会議の結成を提唱し、その準備会発足（三一年二月）までこぎつけていた。さらに三一年春から、社民党内で全国大衆党との合同を求める勢力が「社民党合同実現同盟」を発足させて、社民党から離脱し、七月に全国労農大衆党に結集し、統一をいっかんして拒否してきた右派幹部は追いつめられていた。

そこで社民党赤松書記長は、総同盟や海員組合と協議し、「日本労働クラブ」（略称「クラブ」）結成を各組合に呼びかけさせた。「クラブ」は、「反資本主義・反共産主義・反ファシズム」をかかげ、左派を排除した労資協調主義的組合のみの統一をめざしたものだった。全国大衆党の支持組合をゆさぶることによって、合同攻勢に出ている全国大衆党をきりくずそうとしたのである。

これに山川は警鐘をならしたのだが、全国労農大衆党指導部は、左派排除を容認していくことになる。

［8］コミンテルンの「第二期」論をめぐって

世界恐慌による矛盾の激化、そして満州事変を突破口とする侵略戦争の開始という社会の深刻な変容を、山川はどう受け止めていただろうか。

すでに日本大衆党の失敗の時点で「私はもうダメだ、負けたと思いました。……これからは条件がもっと悪くなる」と感じていた山川である。これからは主体的努力だけではおしかえせない、大きな反動化が進むと直観していたのである。しかしやれるだけのことはやろうと努めてきた山川であるから、軽々に「絶望」を口にすることはなかった。けれども、『労農』同人たちが、一時的な前進によろこび過度の期待を寄せるときでも冷徹であった。そしてだれよりも事態の深刻さを痛感しただけに、事態の悪化をすこしでもくいとめるには、政党も労働組合も共同戦線を形成し、力を拡大し、民衆に信頼される陣地を構築するほかないと思いさだめていた。

こういう思いは、社会が激動すればするほど「神秘的な呪文的」戦術にひかれる活動家にたいする叱咤となった。「大衆の間における先進分子の任務をなまやさしいものと考える」ような「『左翼分子』は大衆の間で働くよりも、水盆に絹糸草の種子でも、播いたほうがいい。それは三日のうちに芽を出して、一週間以内に全成業を楽しむことができるから」（前掲「新合同と新任務」）という、噛んで吐きすてるような物いいも、そういう心境のあらわれであったろう。

そして、山川は客観的条件と主体的条件の関連について、意識的に論じるようになる。山川が『労農』に執筆を再開した、「『労農』第四年を迎えんとして」（無署名　三〇年一二月号巻頭論文）にいう。

「わが国の資本主義がいはゆる『第三期』と名付ける状態にあるや否やを論証しもしくば高唱することは、そのこと自体に階級的意義があるのではなく、資本主義経済のかかる情勢を条件として行動しうるような、無産階級勢力の有効な陣形と戦術とを確立する努力によってのみ、かかる論証ははじめて階級的意義を有するものとなる。資本主義経済の上に造り出された条件と、資本主義の経済上の過程のみによって、無産階級の勝利が約束せられているかの如き幻影を助長する極度の日和見主義に対しては、わが『労農』は断乎として反対し、かかる傾向を徹底的に排斥するものである」。

ここにいう「第三期」とは、世界資本主義は二八年以降は「相対的安定期」を終え危機の「第三期に入った」というコミンテルンの情勢の規定であった。

世界恐慌を契機に世界資本主義は「没落」にむかい、勝利の条件は成熟しているというような議論は、共産党系だけでなく、無産政党内にも、雑炊のような共同戦線党から「社会主義政党」に脱皮すべきだという意見としてひろがっていた。「現下の経済的不況の明示した最も大きな使命の一つとして」「『社会主義』をはっきりと認識し、かかる目的意識の闘争へと一切の要求を合流」させるという、全国大衆党第二回大会宣言もそのあらわれだった。

山川はこの傾向を意識的に批判した。『労農』同人も「第三期」論の検討をおこなった。三月号では、伊藤好道が、社会民衆党のブレーンである高橋亀吉の「日本資本主義行き詰まり論」を「資本主義自動崩壊説」の例として、極左と共通するものとして批判した。大森も、三一年三月号から「世界情勢に関するテーゼ」を連載し、「第三期」の「極左的・日和見主義的理解」を批判し、主体的条件の重要性を強調した。

山川は『労農』九月号の「共同戦線党の検討」（『全集』一〇巻）で、「革命的情勢の切迫」とは一体いかなる情勢をさすのかと問い、「経済的に重大な危機」で、「ブルジョアジーの政治支配が、主として内部的の動揺によっていちじるしく安定を失」った状態だけでは、革命情勢とはいわれないし、「それはむしろファシスト・クーデターの機会となる」と自答する。そして「最近のドイツにおける事象の結論から、価値ある教訓を学ばねばならぬ。あれだけの経済上政治上の破局的な形勢が熟していてさえも、プロレタリアの相対的な勢力がたりなければ、何事もおこらない」。ドイツでは社・共が対立し有効な統一戦線を形勢できぬ間隙をぬって、ナチスが急伸しつつあった。ヨーロッパ最強のドイツ共産党は、資本主義の矛盾の激化とナチスの伸長は革命前夜の情勢だと思いこみ、ときにはナチスとともに社民党攻撃に走った。いくら「第三期」と規定されても「プロレタリアの政治勢力が十分有力に結成せられている」という「条件の満たされないかぎり、この『一般的危機』は……『現実な』危機には転化せぬ」。

山川はつけくわえる。「去年の秋ごろは、遠からず金融パニックが襲来するという予想が広く行なわれ」「無産者運動の最先端をゆく若干の健脚家たち」は「×××（共産党─引用者）はこの自然発生的な運動の指導権を握り、たちまちにして大衆的な勢力となる」と予想した。けれども「遺憾ながらこのパニックの夕立はついに襲来しなかった。もし幸いにこのパニックが来ていたなら、これらの人たちに、いい教訓を与えていたろうと思う」。

「去年の秋ごろ」というと、猪俣が山川宅をおとずれたころである。山川はそのさいの猪俣の見通しに違和感をもったのは［1］で見たとおりだが、事実の推移はやはり山川の見通しが正鵠を射ていたのである。

山川はファシズム自体についてすでに論じていたが、日本における具体的なファシズム出現の条件については、「議会政治の危機とファシズム」（『経済往来』三一年四月号）、「議会政治の老衰」（『改造』五月号　ともに『全集』一〇巻）から言及しはじめる。

三一年二月の衆院予算審議で、失言をめぐり審議がながくストップした。そして「議会制度そのものに対する疑惑と論議をひきおこし」、「『自ら墓穴を掘る議会』『ブルジョア議会政治の末路』等々の言葉が、今日ほど公然とあらゆる新聞雑誌の上に現われたことはない」状態になった。

山川は、こういう状態は無産政党が議会に有力な勢力となっておらず、民政党と政友会の二人政党が「泥仕合」をくりかえす帰結だと評した。そしてこの「泥仕合」は同じ階級的基盤の内部の争いであるから何ら問題を解決せず、「政治の無能を暴露」するだけに終り、「いっさいの救いの希望がなくなった時にメシヤを待ち望むように、議会政治の与え得ぬものを、人々は、いっそう力強い政治に求めようとする」。

このように山川は議会政治への不信からファシズムが生れうる条件に注意をうながしたが、数カ月後からはヨリ切迫感ある論文を執筆する。三一年九月からの満州事変突入と、それにともなう無産政党内のファッショ化傾向の台頭からである。

［9］共同戦線党論のおさらい

山川が本名で『労農』に執筆を再開するのは三一年一月号「河上博士は『何を為すべきか』」である。この論文と、『改造』一月号の「大衆政党と『解消』論」、『労農』二月号の「コミンテルン・テーゼはいかにわが国の無産政党を否定したか」（筆名　以上『全集』一〇巻）は、新労農党とその解消論をめぐる右往左往ぶりの批判である。

なかでも久々の『労農』再登板論文「河上博士は『何をなすべきか』」は気合がこもっている。

河上は合法政党・新労農党を結党してからわずか一年もたたぬ内に「合法政党有害論」に急転換していた。山川はしんらつだ。「レーニンの『左翼小児病』―の中から生まれた労農党は、……レーニンの『何を為すべきか』によって叩きこわさねばならぬところの、その反対物に転化した―恐らくは河上博士の弁証法の作用によって」。

河上博士が日常闘争を「改良主義的日常闘争」と「革命的日常闘争」に峻別して、自然発生的な日常闘争に意味を認めず、有害無益と断罪することにたいしては、つぎのように批判する。「河上博士は『目的意識』のびんづめを持って、ホッテントットの社会へ往ったほうがいい。『社会民主主義』もなく、『改良主義』もなく、有害無益な日常闘争もなく、労農政党必要論もなく、その他いっさいの『妨害物』のないかしこにおいて、この注入薬の霊験を純粋な形において実験したらいいじゃないか」。

そして河上博士が愛するレーニンの諸著作への向かいあい方については、次のように述べている。

「レーニンの理論が適切であればあるほど、それは実践上における、与えられた一定の条件に適合していることを意味している。ここにレーニンを学ぶことの重要とともに困難があるということができる。……『何を為すべきか』の活字をのみこんだのではじゅうぶんでない。『何を為すべきか』は、この論争を必要としたいっさいの関係において理解せられたときにのみ、はじめてわれわれに『何を為すべきか』を教えるものとなる。レーニンの文章をよく暗記する者が、レーニンを学んでいる者ではない。ただ自分自身で物を考える能力のある者のみが、レーニンによって教えられる権利がある」。

さて、山川は『労農』三一年四月号から三二年二月号にかけて、「補遺」をふくめて八回の「共同戦線党の検討」（以下「検討」『全集』一〇巻、一一巻）を連載した。連載をするにあたっての前書きと思われる山川の未公開のメモがある（『全集』一〇巻に「『共同戦線党』の用語について」として収録）。そこにはこうある。

「共同戦線党の理論は分かっているようで、どうもはっきり分からない—私はしばしばこういう言葉を聞く。共同戦線党に何らかの分かりにくい特別の理論があるかの如く考えられていることも、共同戦線党という特別な呼称がひきおこした誤解の一つであろう。……ある人々の間には、共同戦線党という観念は、雑誌『労農』の諸君の発明した一種特別の観念であって、一種特別の理論によって肯定せられているものだと考えている人もある。甚だしきにいたっては、……かくいう私の発明品であるかの如く考えている人さえもあるらしい」。そこで山川は「こういう誤謬や偏見を一掃すること」の必要を感じたのである。

「検討」は共同戦線党論に十数人から寄せられた質問に応える形で記述されている。これらの問題は、かつて共同戦線党論を提唱したときには整理されていた（第四話［2］）のであったが、同人内外の活動家は中々のみこめなかった。

とくに「前衛党と共同戦線党の関係」についてである。日本における共同戦線党は前衛党に発展転化するものという考えについて、こう訂正する。

「先進国の多くでは、社会党や労働党がほぼその役割を演じ終わったところで、共産党（原文は××党だが以下すべて伏字をおこす—引用者）がその内からうまれたが、わが国では、前衛結成の過程は、大衆政党がはじめて形成され、その作用がようやく展開せられている時に、同時的に、従ってその外に、おこなわれることとなる」。いいかえれば、先進国では長い労働運動や革命的な民主主義運動のなかで労働者政党（共同戦線党の内容を有する）が形成され、その大衆的経験の中から共産党が生み出されていったのに反し、日本では前衛（それが政党の形態をとっているか否かはべつにして）としての理論・意識が一歩先んじてかたまり、それが目的意識的に共同戦線党の形成を促進するなかで、みずからをも成熟させるのである。山川にとってこういう努力をするものこそ「前衛」すなわちマルクス主義者の名に値するものであって、「前衛」の名の下に、共同戦線党を『有害無益』のものとして敵対するのは、いかに「日本共産党」を名乗ろうとも「前衛」とはいわれないのである。

そして「共同戦線党は……反ブルジョア的勢力を構成しているすべての階級、または社会層の作用と、その効果が意識的に結合せられる一つの形態であって、……それは何らの特別な理論からしゅっぱつしているものではない。……かかる効果の結合は……いかなる時期、いかなる国においても……意識的にか無意識的にかおこなわれたものであって、何らかの『特殊事情』が、特にわが国においてのみ、それを必要にしたものではない」。共同戦線党はその内容においては万国共通であるが、その形態と形成の過程が国によってことなるだけだというわけである。

「前衛党が合法的に存在を許されていない」から「大衆政党」が必要という誤解にたいしては、次のように応える。「前衛党は、合法的な存在を許されさえすれば、大衆的政党になり得るかといえば、必ずしもそうではない。……イギリスの共産党は合法政党ではあるが、大衆的な政党に発達していない」。そして山川は、レーニンがイギリス共産党にたいし、共同戦線党的なイギリス労働党に加盟するべく示唆したことに注意を喚起する。

一方、中国では非合法である「現在の共産党以外に、おそらく別個の共同戦線党の必要がない」。それは「外国の帝国主義と国内の封建勢力と結合したブルジョアジーに対する、いっさいの要素の共同戦線の党」としての共産党が形成されたからである。

結社の自由の有無は重要な条件ではあるが、それが主要な条件ではなく、その国の反ブルジョア的反帝国主義的諸要素の多くを結集しうるために、具体的・歴史的条件に適応して「前衛」がどう努力するかということが第一義的な問題だと、山川は説くのである。

それでも、山川の「前衛」とは、日本においてはどういう内容と形態のものなのか、ないし「前衛の指導はあくまでも精神的な影響」でなければならぬという場合、それはいかなる方法によって実現するかという疑問は、活動家の間からくりかえしもちだされた。この問題はその後においても、山川の共同戦線党論にたいする疑問のもっとも集中するところであり、山川がどう答えたか興味のあるところである。

この問題については、「検討」の随所で言及されているが、主に「検討（六）」（『全集』一〇巻）と「補遺」（『全集』一一巻）で展開されている。

山川は「前衛」という場合、従来、すくなくとも「方向転換論」や「政治的統一戦線へ」などにおいては、意識においては一定の階級的な意識を有している組織された労働者・農民を指していた。そしてかれらが共同戦線党へとみずからを組織し、膨大な未組織の労働者・農民を帝国主義的反動と搾取とのたたかいに動員することこそ、「前衛」の任務だと説いてきたのである。しかし、「しからば前衛党はどうするのか」という問題の立て方がくりかえしなされるものだから、山川はあらためて説明するにあたり「前衛」という用語を再定義する。すなわち「大衆政党としての前衛党」と「少数精鋭の職業的革命家の党」としての「狭義の前衛党」である。

そして山川は「狭義の前衛党」を否定するものではない。ただ「わが国のいっさいの具体的な事情の下においては、必然的に地下的組織としてのみ考え得られるものである」。山川は、日本では「地下的」活動は歴史的条件のちがいからしてボルシェビキのような成果をあげえないと考えていた。それは合法か非合法かとか、政治的自由の有無とかの「事情」によるものではない。さきに触れたように山川は、合法のイギリス共産党が成果をあげえず、「地下的」ではあっても中国共産党が大衆の支持をえたことを指摘した。

そこで山川が真に問題とするのは、仮に共同戦線党とは別個に「狭義の前衛党」が存立したとしても、それは日本においては共同戦線党を正しく指導し、大衆の支持を得てはじめて、参謀部としての「前衛党」たりうるのである。共同戦線党と融合しえずに対立していては「いかに前衛党を僭称し、もしくは誇大妄想的な錯覚とうぬぼれとに陶酔していようとも、大衆にとっては前衛でも何でもない」。

つまり、日本の諸条件においては「狭義の前衛党」は有効ではないし、事実「前衛党」を僭称しても「前衛」の役を果たせないではないか、と説くのである。したがって「狭義における前衛党が存在せぬと仮定したならば、……大衆政党そのものが、労働者農民の大衆を指導する最高の指導的な組織であるということになる」。「前衛党ということと大衆政党ということとは、決して互いに排除する概念なのではなくて、全階級を指導する前衛の党が、大衆的な党であることは少しも差支えない。それに反して少数者の結合が、必ずしも全階級を指導する前衛の党なのではない」。

とはいえ、山川も共同戦線党が自然発生的にその階級性を堅持し、かつヨリ意識的に自覚してゆくとは考えない。当然その内部の「前衛」分子の目的意識的努力が必要と考える。

そこで問題となるのが「前衛」(当時は一般に「左翼分子」とも表現された)の「精神的指導」はいかなる方法でなされるのかである。

だがこういう類の、実力のともなわぬ形式を求める意見には山川は応えたがらない。問題のたてかたに感じられる焦燥のようなものが気に入らないのだろう。だから応えるにあたって、山川は釘をさすのを忘れない。日本大衆党結成直後に、猪俣の系統の『労農』同人らが中心となって旗あげした「戦線統一同盟」(猪俣の横断左翼論を推進する組織。のちの「分反」)について反省を求めるのである。「一ダースか一ダース半の左翼分子が集って、規約何十条かを制定し、執行委員会なんかというぎょうぎょうしい道具立てをして喜んでいたところは、どうしても、左翼的遊戯としか思われない。少なくとも、こういうおもちゃの組織は、私は、無い方がよいと思う。一般にわが国の運動には、完成せられた形で組織のぜんだてだけを急ぐ傾向が強い……。まず七つ道具を取揃えないと気がすまぬ。しかしこの七つ道具をふりまわす、かんじんの実力の方がいつでも問題である。……組織をもてあそぶことは無意味でなくて有害である」。

それでも山川は「何らかの組織を持つべきだと仮定」して

「きわめて抽象的なこと」ではあるが一定の示唆をしている。

すなわち第一に「必要欠くべからざる限度のものから出発すべき」こと。第二に「大衆政党の結束力と団体的訓練の実際が、どの程度の（したがってどのような形態においての）組織化を許すかということ」。第三に「かかる組織は、大衆政党の内部におけるすべての左翼分子にむかって、十分に門戸を開放したものでなければならぬ……。この点ではある無産政党の内部、ある労働組合の内部にかぎった左翼分子の組織には……困難があると思う。これに反して……無産者運動の全領域にわたる左翼分子の……組織が、特定の大衆政党や労働組合の外に生まれることとは、比較的に困難がすくない……」。

この示唆は、猪俣の「横断左翼論」と一部かさなる点はある。しかし猪俣のそれは、「清党運動」に示されたような、左翼政党主義に流され、それこそ「結束力と団体的訓練」ができていなかった日本大衆党の分裂を惹起したのである。

なお、この示唆は戦前においては生かされることはなかった。『労農』同人という形態の組織が、もっとも初歩的な「左翼分子」の集まりであったといってもよいが、それは雑誌の編集同人を超えるものとはいわれない。山川の示唆が生かされるには、二〇年ほどあとに、山川も参加して結成した「社会主義協会」を待つほかないのである。

もう一つ、当時の活動家がのみこみにくかった問題は、社会民主主義の理解である。「共産主義でなければ社会民主主義なのだとは言えないでしょうか」という質問に山川は答える（「検討（六）」）。

「社会民主主義は、実践上では改良主義である。しかし改良主義というだけでは、社会民主主義ではない」。つまり革命まで考えなくとも、改良をめざすという意味での「改良主義」がすべて社会民主主義であれば、組織された労働者や農民の圧倒的多数は社会民主主義者になってしまう。この段階の山川にとっては、意識的に社会主義と区別される社会民主主義とは、あらゆる運動を意識して改良の枠内にとじこめようとする――それは必然的に社会主義（共産主義）を排除する、ないしは弾圧する側にまわる――存在に限定されるのである。

山川は「或る情勢の下には、社会民主主義は必ず国民的社会主義ないし国粋社会主義へ転化する」という意味の規定をしたこともある（「検討（七）」）。ただ、「社会民主主義」に固定化し、共同戦線党への参加をこばみつづける社会民衆党と言えども、このような意味での社会民主主義にかたまっているのは指導部だけであって、党員大衆の多くはそうではない。だから「社民党大衆に対しては、あらゆる日常闘争の機会を捉えて、直接に結びつく努力」も必要であり、いわんや社民党にも影響されていない圧倒的多数の労働者・農民を「社会民主主義」とみなして排し、みずからを少数に限定してはいけない、と説くのである。

それだけではない。山川は噛んでふくめるように念を押す。共同戦線党の「党大衆の圧倒的多数は、社会民主主義でもなければ革命主義でもない。大衆が社会民主主義と革命主義との間に明確な決定的な選択をなし得るためには、必要な政治的経験をへなければならぬ」。したがって左翼分子が「積極的に共同戦線党のうちに働くかわりに、共同戦線をただ消極的に批判し、傍観し、サボタージュ」すれば、「生存のために闘うことを迫られている大衆は、貴い革命的理論をポケットに入れて彼らの闘争を批判的に傍観している共産主義者を選ぶだろうか？　それとも、社会民主主義だかその他の何々主義だか知らないが、とにもかくにも熱心に、誠実に、全力をあげて彼らの戦いを戦ってくれ、彼らの闘争の組織たる共同戦線党のために、積極的に努力する人々を支持するだろうか？　答はきわめて明瞭であろう」。

もっとも、同時期に執筆された『無産政党の話』や『社会主義の話』では、社会民主主義の一般的規定としては、マルクス主義の流れの中に位置づけ、社会ファシズム論的な認識は示していない。山川の常であるが、論文の目的によって同じ言葉でも必要以上の意味はもたせない。「検討」では、内部から社会ファシズム的勢力を台頭させていた当時の社会民衆党を、社会民主主義の日本における現実的な存在として論じていたことに留意しておきたい。

なおもう一つだけ山川が注意をうながしたことに、「原則綱領」をかかげれば、それだけで共同戦線党ではなくなるかという問題がある。直接的には当時のやや特殊な状況—後で述べる—から生じた問題ではあるが、共同戦線党論一般の理解にもかかわるので紹介しておこう（「補遺」）。

三一年一二月の全国労農大衆党第二回大会で、政策に「プロレタリア社会主義を明確に大書」されたことをもって、労農大衆党の一部指導部や新聞報道が「共同戦線党を止揚して社会主義政党になった」と喧伝したのである。実は国家社会主義傾向の表面化なのだが、山川はそうは批判せず、「大会によって、その本質を一変したとは考えない」「共同戦線の党たる性質には何らの変化があったとは考えない」と論評した。「一般的な目標としての社会主義は、わが国の無産階級と組合運動とによって常識的に承認せられている方向であって……単に社会主義を云々することには、ほとんど何らの意味もない」からである。

山川は「検討（六）」で、次のように述べている。大戦前の第二インターナショナル諸党には「厳密にマルクス派社会主義の綱領」をかかげていたものもあったが、「これらの綱領は……労働階級運動の一般的な方向を示すにすぎないものであってかかるものとしての社会主義は、無産階級の独立した政治運動とはむしろ離るべからざるものであり、……かかる方向をとることによって、初めてブルジョア民主主義政治運動から独立したものであった。したがってかかる綱領は、それらの政党が、当時において動員することのできたいっさいの反ブルジョア勢力を糾合する上に、何らの妨げともならぬものだった。……ドイツ社会民主党におけるエルフルト綱領のように、よしマルクス主義の綱領を掲げていようとも、それは反ブルジョア要素のうちから特にマルクス主義者を選び出したものではなくて、事実上、すべての反ブルジョア大衆を組織することを意味したもの」であった。

事実、ドイツ社会民主党のマルクス主義綱領は労働者階級の一般的目標を定め、労働者階級を単一の共同戦線党の形態をとって政治的に独立させる役割をはたした。だが帝国主義段階になり、「一般的戦略目標」を神棚にまつりあげておくのでなく、現実的な社会主義革命を実現する党としての任務はドイツ社民党では果たせず、レーニンの党がプロレタリア革命の「戦術」を綱領的に規定して歴史的任務を達成したわけである。しかしそういう条件のまったくない当時の日本において、一般的目標として以上の現実目標として「プロレタリア社会主義」をかかげようとすれば、正宗の名刀を子供がふりまわすようなもので、無理が嵩じて軍部ファシズムとの連携にむかうのは必至であった。

「検討」は緻密に人びとの疑問に答えたものであった。だが文面からはいらだちの気配がたちのぼっている。

「山川聴取書」には「検討ハ昭和四年ニ書キ初メタモノデアリマスガ途中引退等ノコトガアツタノデ中絶シテ居タモノヲ再ビ初メタノデアリマス」とある。『労農』の「左翼傾向欄」に寄せられた質問のかなりが、猪俣とともに清党運動にたずさわり、『労農』同人から離れる者からのものだった（度々質問者として登場する「福島一郎」なる人物は、猪俣と行をともにした鳥海篤助と思われる）。彼らの質問の多くは、山川にとっては我慢がならなかったのではないだろうか。福本イストなら何を口走ろうが気にしないが、いやしくも『労農』同人が左翼主義をぬけきらないのに、ほとほと嫌気がさしていたのではないだろうか。

たとえば、「合同の結果、党内の左翼分子が比較的に少数となり……排除される危険はないか」という質問に答えてつぎのように切りすてる（「検討（四）」）。

「『坊やは三尺しか泳げない』—と可愛いわれらの『左翼』はせがむ—『だから三尺のプールをこさえて頂戴よう』と。しかし現実にあるところのプールは、遺憾ながら五〇メートルある。しかもこのコースを何回かターンしなければ、革命的プロレタリアはゴールに入ることはできないのだ。……こんなケチくさい『左翼』―大衆恐怖病にとっつかれた左翼―なんか、ブタにでもくわした方がいい」。

　身体的にも疲労困憊の状態であったからでもあろうが、机にむかっているうちに、苛立ちがこみあげ、ついつい筆を走らせたという風である。論理的な緻密さと、ときおり見せる癇癪の小爆発もあり、「検討」は息の詰るような文章である。

　だいたい共同戦線党論は、あたりまえのことを日本に適応したにすぎないのだが、そのあたりまえのことを飲みこむのは容易でない。山川は、あらゆる脇道を想定し、そこに迷いこむと迷子になる、こっちにそれると崖から落ちるといったぐあいに、論理的に行き先をふさいでいき、最後にこの道をいくしかないだろうと説きふせるのである。

　しかし、幼弱な日本の社会主義運動では、それだけ誤謬をおかしながらしか前進できなかったのであろう。山川なみの社会主義者が五万といないと実現できないのが、共同戦線党であったといってよい。

　政党運動の現場で苦労した、鈴木茂三郎はつぎのように述懐している。

　「共同戦線党論は難しい理論であって、さてこれを実践にうつすとなると理論においても実践においてもめんどうな障壁にぶつかった。たとえば左甚五郎の巧みな技量で寸分のスキもなく組みたてられた防塞のような理論であるところから、左の共産主義から、右の社会民主主義から、どこから批判の征矢を浴びせられても応戦できる陣立てに仕組まれている。したがって防塞から打って出て敵陣に斬りこむとなるとどこから出ていくのか、出口がみつからないようなむずかしさを感じさせられたのである」。「私のもっとも悩んだ問題は第一には共同戦線党の党内における『究極的意義との関連』を理解した左翼先進分子をどう結合するか、という問題であった。……ところがその結合がウマくできれば治安維持法でタタキつぶされる、ウマくいかなくても中間派、右派との間に同じ党内で摩擦を起して分裂の危険がある」（『自伝』）。

　「出口がみつからない」とはうまいことをいうもので、実際、何か事をおこそうとしても、あれもやっちゃいけない、それもやっちゃいけないと神経を使う。現場の運動家は頭をかかえざるをえなかったであろう。

　なお、先に紹介した「『共同戦線党』の用語について」にはめずらしい証言がある。「共同戦線党」という「言葉の創意者は誰だったか」について「当時わが国に××××いた××××××の×××某氏でなかったかという印象を受けている」というのである。さらに「同じ某氏は、無産政党は純然たる団体単位の組織形態をとるべしという意見ではなかったかと思うが、これも確実ではない」と述べている。伏字を「駐在して」「露国大使館員」「カール」と推定すれば、一二五年六月から大使館に赴任したカール・ヤンソンである。ヤンソンは、山川に福本イズム批判を提出するよう求めた人物であり、二人は、間接的にせよおたがいの見解に関心をはらう仲だった。ただ彼はまもなく日本を去った。

[10]「当分休むよ」

稲村ガ崎で一人で執筆にはげんでいた山川は、健康は回復せず、三田の奥山医院まで通うのも大変なので、三一年春には三田に借家をし、すでに近くに下宿していた菊栄、振作と同居する方策を考えはじめていた。

二月二五日に菊栄につぎのように書き送っている。

「小生の東京移転は、大体において現在と経済があまり嵩みさへしなければ、多少の不便不都合は忍んでもそうした方がよいと兼ねてから思ふてゐる、問題はただ費用の点である」。

四月一一日になって、菊栄が三田の借家の物件を知らせてくると、「仮にその家を借るとしてどうなるか、九月以前の計算が分からぬのでちょっと見当がつきかねるが九月以降の経費は別紙の通りである」と、前年九月からの鎌倉での諸経費を家計簿にして同封した。筆者はこの家計簿を見ることはできていないが、戦後すぐの現金出納簿は閲覧した。それは原稿料や書籍購入、同志へのカンパなどに限ったものであるが、実にこまかく記帳されていた。おそらく稲村ガ崎で一人暮しの経費と、菊栄の方の生活費とを調整するために克明に記帳したものと思われる。菊栄と二人でいかに合理的に家庭生活を営んでいたか、その一端がわかる。

1931年4月　塩見赫土画伯と肖像画

さて、三一年四月、山川は塩見赫土という洋画家に肖像画を依頼した。菊栄の母・森田千代の肖像画も頼んだ。塩見は二月に荒畑、三月に堺の肖像を描いていた。両者とも塩見から申し出たらしい。堺は「アチへ向きコチへ向き」して苦労したが、山川は「端正其のもの、置物の様に微動だにされなかった」という（塩見『全集』月報8）。山川は堺に、塩見画伯への謝礼をいくらていどにしたらいいか問いあわせている。

交友関係はやはり近在の大森との往来が多かったようだ。病気で学校を退学していた振作の進学の問題も相談している。

また借家のために必要なハンコを奥山医院に通院していた大森に託し、医院で受けとるよう菊栄に連絡したりしている。気楽に郵便屋さんの代理を頼んだわけだ。

山川の母校・同志社の住谷悦治からは、三〇年一一月に千枚漬けを贈られている。住谷は一九年に同志社に入学し、山川の著作に感激してから「先生の書いたものをむさぼるようにあさり読んだ。……それからいつも判断の指針を与えられ、わたくし自身の思想系譜にとっては最も大きいものの一つとなってしまった」（「同志社学生新聞」）と回想している。

山川の出した礼状（『全集』一〇巻）には、「大学教授の御述懐、興味深く拝読しました。大学の先生も大体原稿屋のようなものだな、大して良くはないものだなと思いました。大森氏、向坂氏には折々お目に懸ります。大学教授と原稿屋とどちらがましだか一つ質問を発して見ましょう」とある。

渡辺政之輔の非業の死に山川は名状しがたい衝撃を受けたことは紹介したが（第五話［7］）、先立つかつての同志はあとを絶たない。三〇年一〇月一〇日、西雅雄の妻・たい子の急逝について「……西さんから亡くなられたといふ知らせが参りました。……折が折とて西さんも定めし力を落されたことと思ひます。秀ちゃん（西夫妻の長男―引用者）も実に可愛そうです、と云って何とも致し方もありませんが、西さんが大変健康だといふことで、これを何よりと存じます」と堺に知らせている。西は水曜会の優等生で福本イズムに傾倒し、再建共産党員として三・一五事件で検挙され入獄していた最中に、たい子が過労で急逝した。西は獄中から山川にたい子の死を知らせてきたのであろう。たい子は一時山川家の世話もし、菊栄と親しかった。三二年初と思われるが「西雅雄氏が出獄後まもなくらしく、きいろくむくんだ顔で私の仮ずまいに見え、堺氏の病状を案じたり、自分の苦労を語ったりしました」（菊栄『おんな二代の記』）。西は共産党からはなれ、ふたたび山川夫妻に心を開いてきたのだろう。だが、その後満鉄に入社し満州で満鉄内の左翼狩りにあい、獄死する。

堺への手紙は月に二～三通の頻度で出しており、奥山医院で会う機会も多かったらしい。三〇年一二月二一日には、各界の呼びかけで堺の「誕辰六〇回記念会」が、東京ステーションホテルで開催され、山川もふくめ数百人が出席した。山川は「先夜は非常に良い会合でした、老兄に取ってのみならず小生にしてもあの会合でもなければ恐らくは生涯逢ふ機会が無かったであらうと思はれる幾人かの人に逢ふことができました」と翌二二日に堺に書き送った。

ところで追って二三日には次のような手紙を送っている。「最近、労農党方面の様子に精通した或人の来って曰く、（一）　最近労農一派は堺を通じ、しきりに大山に色目を使ひ接近を焦慮しつつある。

1930年12月21日　堺利彦誕辰60回記念会（ステーションホテル）左端山川、隣堺真柄、右端堺ため、その左堺

（一）　これは労農一派が大衆党内に孤立して無力なため、労農党と結んで立場（合同後の）を有利にせんとする策謀である。

（二）　これは大山および労農党の人々より嘲笑的に見られ、これに対する反発から、吾々は合同後は寧ろ大衆党内の反労農派と結び労農一派に当らんとする気勢を煽りつつあり、この鼻息すこぶる荒し、云々

右の『堺を通して色目を使ふ』ということが如何なる事実を指すやは此人にも分らないが、兎も角労農党内部ではそう解釈してゐるといふことです、

多分何かの間違ひとは思ひますが、この報告者は誤りを報告する人ではないのでご注意までにお知らせします」。

婉曲ながら堺を諫める文面である。

堺は、無産政党合同促進協議会（三〇年三月に発足した各党の長老の集まり）に、東京無産党を代表して出席した。いわゆる「合同促進長老会議」である。しかし、すでに脳卒中を二度ほど経験した堺は、込みいった駆けひきや判断力ではかつての堺ではなくなっていた。三〇年春以降の堺を回想して荒畑は述べている。「運動上の問題に関しては平生あれ程、理論的であり論理的であった先生が往々、敢て理論的でないとは云はないが少なくとも人情的、若くは正義派的な主張態度に出づるに至った。……所謂『合同促進長老会議』の際の

如き、先生の主張は畢竟、人情的、正義派的な立場をい出ず、毫も戦略的な態度を取られなかったが、その結果は却って君子の標本の如く云はるる安部磯雄氏などから、煮え湯を飲まさるるような目を見なければならなかった」（中央公論社版『堺利彦全集』六「あとがき」）。

山川が諫止の手紙を出したころは、全国大衆党と労農党の合同話がはじまっていて、全国大衆党顧問であった堺もその渦中にあった。労農党から「嘲笑」されるようなこともあったのであろう。大先輩の堺に忠告するという、猫の首に鈴をつける役は、また山川にまわってきたらしい。

山川は鎌倉稲村ガ崎の一人住まいから、五月に三田の借家に引っこし、菊栄・振作といっしょに住むことになった。

「近々引越します。落ちつきましたら久しぶりに御訪ねいたします。尚ほこの機会に一年ばかり専心療養につとめるつもりです、でなるべく来訪も断はり移転通知も商取引関係のほかは致しません、何卒御含みおきねがひます、又、血圧が高いそうですが、御自愛を祈る」（堺宛五月一日『全集』一〇巻）。

しかし越しても「専心療養につとめる」わけにはいかなかった。来客はたえなかった。だいたい「何卒御含みおき」の願いも効き目なく、堺がたびたび顔を出したらしい。堺は何かとめんどうな人間関係の調整や相談ごとを背負いこんできたにちがいない。堺の頼みでは、むげにことわるわけにもいかなかったろう。

夏のさかりであった。「来客の多いのと東京の夏の暑さで疲労して寝床を離れられない状態がつづく。このころ菊栄に『運動は要するに人事だ、デリケートなその瞬間の言葉をその場で調整しなければうまくいかない、あとから聞いたのでは、正確に伝わらないし間に合わない、現場にいなければだめだ、適切な処置ができない』と洩らし、『疲れた、ぼくは当分休むよ』とも言った。原稿で生活するのをやめて、好きな仕事で生活することを考え始めた」（『全集』一〇巻振作あとがき）。

〔11〕『労農』最後の抵抗

「僕は当分休むよ」ともらした一九三一年夏以降、たしかに山川の筆のいきおいも衰える。『労農』に連載する「共同戦線党の検討」――その多くは以前に書きためていた――が主であって、三二年一月に連載さいごの『検討　補遺』を脱稿すると、一月一七日には三田から単身、稲村ガ崎にもどってしまった。

このころ『労農』同人たちは、最後の組織だった抵抗に懸命だった。

三一年九月の柳条湖事件から満州事変に突入したのを契機に、ブルジョア政治反動をこえファシズムへの転換が開始される。それにともない無産政党運動は大きく変質する。

三二年一月には陸軍は上海でも中国軍への攻撃を開始（上海事変）。二月には右翼による井上前蔵相の暗殺。二月二〇日に実施された第三回総選挙では、無産諸政党は五議席は維持したものの、三〇年選挙の得票五二・四万余票から二七・五万余票へと半減した。三月には三井の団琢磨暗殺（血盟団事件）など、世相はファッショ化した。政党政治は満州事変開始からわずか半年後、五・一五青年将校による犬養毅首相暗殺＝斉藤実内閣の成立によって幕を閉じてしまった。

堺と鈴木らは、全国労農大衆党を反帝国主義戦争・反ファシズムの砦にしようと、奮闘した。全労大党常任中執の鈴木は、満州事変勃発を察知して、三一年九月一四日の時点ですでに「党声名」を執筆し、「勃発したら直ちに発表するよう」託して遊説にでかけた。ところが右翼が党幹部を脅迫し、二五日まで公表されなかった（前掲『鈴木茂三郎』）。

全労大党は対支出兵反対闘争委員会を二九日に設置し、堺がその委員長に就いた。委員会のメンバーは、鈴木、岡田の『労農』同人をはじめ左派・中間派が大部分で、鈴木が実質上の主任となった。

『労農』も一〇月号冒頭に「第二世界大戦の危機と闘へ！」とのアピールをかかげた。

「開戦のあらゆる理由と口実」は「畢竟、××（日本）の満蒙に於ける帝国主義的権益の防衛確保を粉飾するにすぎない」。「古往今来、いかなる交戦国と雖も、常に必ず自ら挑戦し侵略せりと云える事はなく、常に必ず攻撃せられ防衛すると云わざるは無い」。

このアピールの掲載された一〇月号は発禁で、一二月号以降は毎号軒なみ発禁となった。すでに前年三〇年九月号と一一月号も発売禁止をされていた。「なにしろ発売禁止は同時に罰金刑を意味しているので、その点は我々貧乏人の集まりにとってはかなり痛い。といふのは、数百円という莫大な雑誌の生産費が回収不能になってしまふからである」（三〇年一〇月号「編集後記」）。毎号の発禁では、『労農』自体が立ちいかなくなってきたのである。

一一月二二日には社民党が、「国民大衆の生存権確保のため」に満州事変を支持するとの決議を採択した。同じころ、満州視察に行っていた全労大党の松谷與二郎代議士が、「満蒙権益擁護」の意見書を党本部に提出した。

一二月二日に開かれた全労大党対支出兵反対闘争委員会は松谷問題をめぐって鈴木が即時除名を主張し、激論となった。闘争委員長であった堺は体調をおして委員会に出席。松谷の処分を強く主張した。その帰宅途中、麹町の電車停留所で脳溢血でたおれ、療養の身となった。このとき六一歳であった。

そして全労大党じしんの変質もはじまる。

三二年初頭までは全労大党はまだ反戦のたてまえは維持していた。三一年一二月に開催された全労大党二回大会で採択された「昭和七年度方針案」原案は鈴木が起草した。「執筆に際して、岡田宗司、伊藤好道、小堀甚二、黒田寿男、稲村順三らの協力をあおぐとともに、とくに山川に上京してもらって打ち合わせをおこなった」（『鈴木茂三郎』）。そしてその一部は鈴木の委嘱で山川が起草した（『全集』一一巻）。それは「満州事変支持」を打ちだした社民党を、「究極においては社会ファシズム（又は国民社会主義）に転落せざるを得ない」と評していた。

もう一つ同人が直面していた難題は日本労働クラブ結成＝労働戦線の右翼的統一問題である。

『労農』一〇月号には「クラブ」反対の論説を山川が筆名で寄稿し、「日本労働クラブの全計画は……我国の組合運動を第二インタナショナルと国際労働組合連合との協調主義に売ろうとする見え透いた陰謀」であり、全国労農大衆党はクラブ反対の態度を表明すべしとうったえた。しかし、結局はクラブは左派を排除したままで圧倒的多数の労働組合を統合し、一方左派は加藤勘十を立てて高野実を中心に「クラブ排撃」の運動を強めた。

これにたいして荒畑は批判した。『クラブ問題の賛成派であろうが反対派であろうが、苟も日常闘争を拒絶せざる限りはあらゆる組合を包括せる組織」をめざすべきである。「負けると脱退、難しいと分裂、それ新組織やれ新結成と、こんな事をくり返していたのでは少数派運動の基礎はいつまでたっても出きっこありません」（「統一の名と統一の実」『労農』三一年一一月号）。

しかし猪俣系の離脱によって、労働組合関係に人材をうしなった『労農』は、その正論を具体化する力に欠けていた。

全労大党の役員であった鈴木が困ったことは、かんじんの労働組合の左派活動家（その多くがクラブ排撃運動に参加していた）に政党運動からの逃避の心境がひろがっていったことである。無産政党は内紛つづきで、無駄な精力を政党運動にさくより、気のあった労働組合や農民組合の行動に専念したい、という気分である。鈴木茂三郎は、こうした召還的気分の克服をつぎのようにうったえた。

「党の或る工場支部は、党は××（反戦—引用者）闘争を戦わないとかいって党支部を解体した。そうかといってその工場が××のための政治ストライキをおこなったことも、街頭に進出して未組織の無産大衆を××の政治闘争へ駆り立てたとの話も聞かない」。「我々も党の××闘争の不十分なことを認める。……重要な問題は組合の積極的協力のない事である」(「大衆党当面の任務」『労農』三二年二月号)。

労農政治学校も向坂を学校長にして、四ツ谷南寺町の二間の長屋を借りて開催された。二年にわたり三回の連続講座を実施し、最後の第四回目は、三二年七月で、テーマをファシズム一本にしぼった。どの講座も、官憲の監視と中止命令、いやがらせもあり参加者が減っていき、最後は数名となって継続不能に追いこまれた。

[12]「引退」の意思と準備

三一年春から年末にかけ、山川の執筆は労働クラブ問題批判以外は、『労農』への「共同戦線党の検討」の連載がほとんどを占め、満州事変など重大事件がつづいたが、それは筆にしなかった。「当分休みたい」気分は重くのしかかっていたのであろう。

「運動雑誌ヘノ執筆ハ中止シタイト思ツテ居リマシタガ行掛リ上困難ナ事情モアリマシタノデ昭和六年末迄デ共同戦線党ノ検討ヲ終リ読者ヘノ約束ヲ果シマシタ後チハ古谷茂松ト云フペンネームヲ用ヒテ執筆寄稿シタノデアリマス」(山川聴取書)。以降『労農』と『前進』には、古谷茂松、北村大助、河井又作の筆名で執筆する。『改造』や『中央公論』など一般総合雑誌には本名で登場するが、政治的なものは少ない。まだ堺をはじめ仲間たちが懸命のたたかいをしている最中ではあるが、運動に責任を持った言及をさけるようになったことはまちがいない。当時すでに五〇歳代なかば、今なら七〇歳に近づいていた。病気がちで、しかもいつ牢獄につながれるとも知れぬ時勢になり、先は長くないと考えたとしてもおかしくない。ここは「東調布署手記」から紹介しておこう。実際運動とは距離を置く意思をできるだけ強調する性格の「手記」であることを念頭において読んでほしいが、「引退」の理由を山川は三点にわたって述懐している。

第一に、共同戦線党形成の努力がことごとくうまくいかなかったのは「個人の過誤や失策といったようなものでは到底説明の出来ないことであり」、それは「現実な社会に……私の理論が実現せられるような条件が存在しなかったことを意味」すること。すなわち「私の理論の敗北」である。しかし共産党なり他の理論が正しかったわけではない。「私の反対者の理論によって敗れたのではありませんが、事実の発展によって敗れた」という。

第二に、自分の理論を正しいと思うときは、それを実現する「実際勢力の引き当が必ずありました」。それなくしては「理論や主張は意味をなさぬものと考えました」。ところが「一年余の『労農』誌上の論争を終った今」、そういう勢力は「無くなった」こと。

第三に、「私的な理由」として自分は「人を対象とする仕事に適しないことでありました」。「私は生涯の大部分を社会運動との関係に費やしたにも拘らず、それは絶えず自分の性格を矯め自分を殺すことによって辛うじてついて行くことが出来た」。しかし「老年になるにつれそれは最早堪へがたき苦痛となりました」。

第一の理由は、『自伝』で、「私はいつでも負けるものだと思っていた。……労農派が負けたことは確実だが、では共産党が勝ったかというと、これは疑問で、もし勝ったとすれば戦線の分裂状態を維持することに成功したということで、これはあまり輝かしい勝利でもないでしょう。……同じくファシズムと戦争によってふみつぶされたわけです」と回想している部分と符合する。

とにかく団体をつくればすぐ思い通りにしたがり、論争を通じた団体意思形成の訓練ができず、情実、親分子分の関係で物事を処理し、異論をとなえると陰湿に仲間はずれにする。外にたいしては民主主義を声高に求めるが、内にはボス支配、女性差別が横行する。民主主義的な訓練が、無産階級の最先進層の間にもできていないのである。一方、支配階級はきわめて有能で賢く、強力であった。もう手遅れだと観念せざるをえなかったのであろう。

第二の理由は、鈴木茂三郎でさえ共同戦線党論の実践のむづかしさに音をあげたことからも理解される。荒畑が、労働組合運動の正論を声を大にしてさけんでも、受けとめる活動家がいなかった。鈴木が、全労大党への結集をとなえても、そのわずらわしさを敬遠して「組合第一主義」に閉じこもる者も多かった。共同戦線党論にしても、日本の諸条件にもっとも正しく適応したものであった。けれどもそれを実践する「実際勢力の引き当」は育っていなかった。

第三の理由については、別の機会に山川は「自分は人生の大半を人と人の調整についやした」と述懐したことがある。大森の山川評にもあったが、「相手がどんなに馬鹿げたことを言っても、黙って聞いていた」というのは、戦後、山川と接した人達も同じ回想をしている。相当のストレスがたまったにちがいない。

菊栄は、おそらく三田から鎌倉に帰るころの山川と思われるが、つぎのように語っている。

「山川は赤旗事件後、宇野でささやかな薬屋を営んだ経験からもいちどそれをやろうかといいました。そういい出したかと思うともう飾り窓の意匠に凝りはじめ、ほかには何一つおかず、純白の布でおおうた台の上にただ一つきれいな薬びんを置いて、などと山川は空想を楽しんでいましたが、昔とちがって薬剤師の資格がなくては閉店できず、結局商業立国はダメ、農業立国でいくことになりました」（『おんな二代の記』)。一刻も早く「堪え難き苦痛」から、別世界に行きたかったのだろう。

もっともこれらの心境は菊栄などごく一部の者には忖度されていたろうが、本人は当時口外などしなかった。そして山川の社会主義運動への基本的な示唆は、山川が一休みしても、つづくものたちを導いていた。

向坂逸郎は『中央公論』三一年八月号の「山川均論」でいう。「氏に於ては、からだのどこがわるいかたづねるよりも、どこが悪くないかをたづねた方が早い位に、いっぱい故障があるらしい。……この病身の氏のどこから出て来るかと疑はれるばかり、氏には、氏の主張を主張し、保持することに於いて、ねばり強さがある。『如何なる逆境のうちにも動揺のない確信をもって、動揺のない方向を追求し得る』力がある。インテリゲンチャ出身者のもつ、動揺性と理論的無節操と功利主義とは氏のどこにも見出すことはできない。……氏に於いて最もいまわしきものは、事を確信なくやり始めることであり、又何事か始めて少しばかりの技術的な故障のためにうやむやにやめて了ふ事である」。

ここまでいわれると山川も「休み」づらかったであろう。「東調布署手記」には、大森たちが共同戦線党の実現にむけてなお困難な努力をつづけたことへの敬意が、自分の責任としてたびたび語られている。

さて、山川が稲村ガ崎に引きあげる寸前、三一年の一二月二日に堺が脳卒中でたおれた。ちょうど引っこしの荷造りでテンヤワンヤで、菊栄も均も風邪で枕をならべていたときだった。だから見舞いにいくこともできず、往診に来た奥山医師から堺の病状を聞くのがやっとで、それどころか荷物を縛ったままで正月を越す羽目になった。そこで毎週のように堺為子宛に見舞いのハガキを出した。

年をこし、やっと一月一七日に山川だけが稲村ガ崎にもどれた。「睡蓮鉢の金魚が一匹だけ生き残っていた、それから今日、芭蕉の枯葉を切ってゐると匆驚、バナナが実っていた、……庭は随分荒れている、ボケと水仙が咲きかけ、梅も沢山蕾がついているがまだ咲かない、それから昨年播いておいたお祖母さんの山茶花が沢山生え、二、三寸になっている、タチバナモドキも実のなっているのがある」(菊栄宛一月一九、二〇日『全集』一一巻)。

半年ぶりに草木と土にふれ生きかえった様子が伝わってくる。三田で考えついた「農業立国」は、まずは毛皮用のイタチの飼育であった。

帰宅して翌日、おそらく荷もとかない内であろうが「午後材木の買出しに行った」。イタチ小屋の建設にまっさきにとりかかったのである。菊栄宛のハガキではたびたび「大工さん」というのが出てくる。山川本人らしい。一月二四日に

「落成」し「午后からいよいよ大工さんは飼養箱に取り掛った」。「小舎の硝子窓をクリーム色のペンキで塗り上げた」（二月二四日）。「大工さんもいよいよ後二日で済む筈、こちらが済んだら大森さんでメリ公の家（元のが小さくなったので）を改築されることになった」（二月三一日）。

イタチ小屋完成のいきおいで、大森の愛犬の小屋の増築までてつだったらしい。大森宅には週一度くらいは顔をだしている。二人とも愛犬家だったので、近在に珍しい犬がいると連れ立って見物にでかけている。

かんじんの本業イタチはどうかというと、二月のはじめに一〇頭ばかしが、新築の小屋におさまった。しかしたびたび脱走し、指を食いちぎられそうになるなど、大変であった。山川のことだから、イタチ小屋にしても文献を渉猟し、緻密に設計し、万全を期してみずから建設したのだろうが、窓枠を色付けして楽しんだのはいいが、イタチにとってはとても脱走しやすいつくりだった。

五月には「蜜蜂の箱をこしらへるので今朝七時から晩の六時まで大工さんをやった」と振作に報告しているように養蜂にも手を出した。一年後の五月に菊栄に宛てた手紙では「二三日前にはみゆき園夫妻の来遊、堀が蜂の蜜を搾りに来てくれる、それからイタチのお客とかち合ったので、園芸、養蜂、養鼬、原稿と一切の商売を一時にやることになって大繁盛だった。今日も岩手県から鼬の人が来て午后を潰してしまった」とあるから、イタチもふくめそれなりにしばしつづいたのである。

とまれ、人より自然を相手にする生活は、大いにリハビリになった。

石河康国（いしこ　やすくに）

1945年生まれ

社会主義青年同盟、社会主義協会、新社会党などで活動

主な共著書・編著

『日本労働者運動史①　日本マルクス主義運動の出発』（1975 河出書房新社）

『政治的統一戦線へ！　山川均論文集』（編著 1975 社会主義青年同盟）

『三池と向坂教室』（1989 社会主義協会）

『戦後日本政治史』（1992 社会主義協会）

『山川均・向坂逸郎外伝』（上2002 下2004 社会主義協会）

「灰原茂雄さんの足跡」（2005 早田昌二郎『労働者には希望がある』所収 非売）

『労農派マルクス主義』（上・下2008 社会評論社）

『あのとき　このひと　社会主義二代』（2011 塚本健聞き書き 非売）

現住所 〒143-0025 東京都大田区南馬込４-32-14

マルクスを日本で育てた人——評伝・山川均　Ⅰ

2014年11月15日　初版第１刷発行

著　者：石河康国

装　幀：吉永昌生

発行人：松田健二

発行所：株式会社社会評論社

東京都文京区本郷2-3-10　☎ 03(3814)3861　FAX 03(3818)2808

http://www.shahyo.com

組版：スマイル企画

印刷・製本：倉敷印刷

索　引

あ

た

な

は

ま

や

ら

わ

西暦	山川均関係		関連事項	
1880	12.20	山川均生れる(岡山県倉敷)		
1881	9. 4	大須賀里子生まれる(愛知)		
1888	3	姉・浦、林源十郎と結婚		
1890	11. 3	青山(森田)菊栄生まれる(東京)		
1894			7	日清戦争(〜1895.4)
1895	3	同志社補習科入学		
1897	春	同志社を騒動事件で浜田仁左衛門と退学		
	8.28	倉敷から東京へ		
	8.30	東京で秋山定輔宅に仮寓(守田有秋と同宿)		
1898			10	片山・安部ら社会主義研究会
1899			7	堺、「万朝報」入社
1900			1.28	社会主義研究会、社会主義協会に改組
	3	守田らと、「青年の福音」創刊	3	治安警察法公布
	5.12	「青年の福音」筆禍で検挙		
	5.31	一審判決、市谷に入獄		
	夏	病気、保釈療養(大森)		
1901			4.20	幸徳『廿世紀之怪物帝国主義』
			5.18	社会民主党結党
			5.20	社会民主党結社禁止
	7. 5	「青年の福音」事件で控訴審判決　重禁錮3年6月		
	7.14	巣鴨に入獄(〜04.6)		
1902	獄中	英語・独語を勉強し経済学書を読破　『資本論』1巻は購入するも読まず		
1903	獄中		10.12	「萬朝報」に幸徳・堺「退社の辞」
			11.15	幸徳 堺「週刊平民新聞」創刊
1904	獄中		2. 8	日露戦争勃発(〜05.9)
			4.21	堺、「平民新聞」筆禍で入獄
	6初旬	保釈、平民社で幸徳と会う		
	6.11	倉敷に帰省		
	10	岡山の義兄の支店で薬屋従事		
	*	『エンサイクロペディア・ブリタニカ』『資本論』などで勉強	11.13	「平民新聞」、堺・幸徳『共産党宣言』訳載

西暦		山川均関係		関連事項
1905		薬屋に従事	10. 9	平民社解散
			11	『光』『新紀元』刊
1906	春	在米の幸徳に、訪米希望の手紙出す	1. 7	西園寺内閣
	2	日本社会党入党	2.24	日本社会党結党大会
			6.23	幸徳米国から帰国　直接行動論を説く
	9	「光」の社会党員名簿に掲載される		
	10	幸徳から上京を促される 岡山「いろは倶楽部」大会参加		
	12.15	倉敷を出立し上京		
	12.下旬	堺・荒畑らと平民社で合流 荒畑とともに「日刊平民新聞」記者に		
1907	1	「日刊平民新聞」1号に「前半身に対す」＊初の実名論文	1.15	「日刊平民新聞」刊 幸徳・堺・吉川・荒畑ら
			2	足尾銅山争議、三菱長船争議勃発
	2.17	日本社会党第2回大会で書記	2.17	日本社会党2回大会、直接行動論と議会政策論で論争
			2.22	日本社会党結社禁止
	4	淀橋・柏木の守田家に居候で転居(幸徳・堺・大杉ら近隣で「柏木団」と称す)	4.14	「日刊平民新聞」廃刊
			6	「社会新聞」「大阪平民新聞」刊
	8	中国革命派留学生の「亜州親和会」で講師務める	8	第2インターナショナル、シュツットガルト大会
	8. 1～10	社会主義夏期講習会で、『資本論』を解説		
	8.20	「大阪平民新聞」に『資本論』第1巻の紹介連載(～10.5)	8.25	荒畑『谷中村滅亡史』刊
	秋	堺・幸徳の議会政策論議の「立会人」として常に同席 金曜講演会で大須賀里子を知る	9. 6	金曜講演会(山川・堺・幸徳ら)開始
	10	堺・山川編リーフ「労働者」(「大阪平民新聞」号外付録)刊	10	荒畑、「大阪日報」記者で大阪へ

西暦	山川均関係	関連事項
		11.29　金曜講演会、荒畑入営送別会(山川・堺・大杉が講演)
1908	1. 3　金曜講演会新年会「活人画」に出演 1.17　屋上演説事件で検束 2. 7　巣鴨に入獄 3.26　堺・大杉と共に保釈 4. 3　両毛同志会大会参加 4.28　大須賀里子との結婚を通知 5　「農民のめざまし」筆禍事件 6.26　赤旗事件で検挙 8.29　赤旗事件判決で２年 千葉監獄に入獄 ＊獄中でドイツ語をマスター	1.17　屋上演説事件 4. 3　栃木佐野町で両毛同志会大会 5. 3　堺・山川・荒畑・大杉ら初の「メーデー」行進 6.26　赤旗事件 7. 4　赤旗事件で西園寺内閣退陣 8.29　赤旗事件判決
1909	獄中	
1910	9. 8　出獄、大須賀里子の告白聞く 9.10　大須賀を郷里に送り届けて倉敷に帰省 9.20　倉敷から宇野へ両親を連れて転居し山川薬店開業 12.26　大須賀を呼び寄せる	5.25　大逆事件検挙開始 8.22　韓国併合条約調印 9.22　堺出獄 12　四谷南寺町に売文社開設
1911	5　大須賀との婚姻届けだす	1.18　大逆事件　24人に死刑判決 1.24　幸徳秋水他12名処刑 9　高畠素之、売文社に入る
1912	11. 2　大須賀発病	1　堺、『国民雑誌』に「唯物的歴史観」 8　友愛会発足 10. 1　『近代思想』(大杉、荒畑)発刊
1913	5.27　大須賀病没 秋　「仰臥」をまとめる	7. 6　荒畑・大杉「シンディカリズム研究会」開始
1914	1　浜田をたずねて鹿児島へ 2　宇野へもどる	1.27　『へちまの花』(堺主筆)刊 7.28　第１次大戦勃発

西暦	山川均関係		関連事項	
1915	2.27	宇野から福岡へ		
	5	鹿児島で山羊農場試み失敗、	5.25	日華条約締結
	7	一時上京し堺と相談		
	秋	青山菊栄、大杉の平民講演会参加	9．1	『新社会』(『へちまの花』改題)刊
	10	『新社会』に寄稿開始	10	大杉・荒畑、第二次『近代思想』
	12	守田有秋、訪独前に鹿児島を訪れ山川・浜田と歓談		
	12月末	鹿児島を去り、倉敷へ帰省		
1916	1	青山菊栄、『青鞜』で伊藤野枝を批判	1	吉野作造、『中央公論』で民本主義提唱
		上京、売文社で『新社会』編集		売文社、堺・高畠・山川の共同経営に
	2.10	青山菊栄と、平民講演会でともに検束・一晩留置		
	2.20	平民講演会で講話　以降講師をつとめる		
	3	『新社会』に「唯物論者の見たベルグゾン」	3.24	ドイツ社民党、戦時公債法案めぐり分裂
	4	原宿に転居　売文社に常勤	4	サンディカリズム研究会解消、荒畑と大杉別れる
	4.23	売文社「日本史研究会」を開始		
	5	初めて青山菊栄宅訪れ、『新社会』への執筆要請		
	9	青山菊栄と婚約		
	11．3	青山菊栄と再婚(仲人・馬場孤蝶夫妻)　麹町に新居を借家		
	11．5	新居に大杉と伊藤野枝来訪	11．9	大杉、神近市子に襲われる「日蔭の茶屋事件」
	12	大森新井宿に単身間借り　菊栄は結核発病で転地療養		
1917	1	『新社会』に、日蔭茶屋事件を批評		労働争議対前年比で件数3倍、参加人員7倍
	3	『新社会』に「沙上に建てられたデモクラシー」、民本主義批判を開始		
			3.15	ロシア2月革命
			3	堺、日本社会主義者代表でロ

西暦	山川均関係		関連事項	
				シア革命に祝辞
	4	『新社会』に2月革命紹介	4.20	堺、衆議院選挙に立候補
	5．7	メーデー集会で、祝ロシア革命決議起草	5．7	山崎今朝弥宅でメーデー集会
	6	京橋堂より夏目漱石・ツルゲーネフ・近松などの『美辞名句集』全12冊を編纂・刊	6	売文社、堺・山川・高畠の合名会社へ
	9．7	山川振作生れる		
			10	堺、『新社会』に日本初のレーニン翻訳
	11．7	大森新井宿春日神社裏に借家 親子3人が合流	11．7	ロシア10月革命
	12	『新社会』に10月革命紹介		
	12.31	大杉夫妻と魔子、山川新居泊		
1918	初春	肺炎で長期に病臥	2	高畠、『新社会』で政治運動について山川批判
	3	荒畑とリーフレット「青服」刊		
	4	『新日本』に筆名で吉野作造批判を開始		
	5～6	高畠に『新社会』で反論		
	8	『新社会』でサンディカリズムの「堕落」を指摘　『中外』に本名で北玲吉批判	7～8	米騒動
		自宅、警察監視下に（米騒動で）	8．2	日本、シベリア出兵
			9	寺内内閣から原敬内閣へ
	10	『新日本』で匿名筆者は自分であることを明かす 入獄前に父・清平宛の手紙を書き溜める		
	10．4	「青服」事件で入獄（禁錮4ヶ月）		
			11.11	第1次大戦終る
			12	新人会・黎明会発足
1919	2．5	出獄	3．1	朝鮮3.1独立運動
	3	病臥中を大杉が見舞う	3．2～6	コミンテルン創立大会
		米国から『国家と革命』英訳6冊購入	3．7	高畠・堺・山川で売文社解散

西暦	山川均関係		関連事項	
	4.21	山川主筆・山崎今朝弥編集『社会主義研究』刊	4	『改造』創刊
	5	『改造』に「デモクラシーの経済的基礎」	5	近藤栄蔵米国から帰国、神戸で山川、荒畑に接近
	5.18	山川一家倉敷へ		関西で普選期成労働者大会
	6	**『社会主義の立場から―デモクラシーの煩悶』**（最初の著書）『社会主義研究』、堺・山川主筆に変更		
	6.22	荒畑と労働組合研究会旗上げ		
	7	『中央公論』に「マルクスとマルクス主義」		
	8	『新社会』に「ロシア革命の過去と未来」	8	ワイマール憲法公布
	8.30	友愛会大会を傍聴	8.30～9．1	友愛会7周年大会、堺「来賓」待遇
	9	『改造』に「戦術としてのサボタージュ」	9	神戸川崎造船争議でサボ戦術行使
	10	菊栄、『現代生活と婦人』『女の立場から』刊	10．6	『労働運動』発刊（大杉）
			10.18	早稲田大学建設者同盟発足
	11	**『社会主義者の社会観』**、**『資本論大綱』**『社会主義研究』すべて記名論文に		
	11.30	新人会園遊会に来賓で出席		
	12.20	母看病のため帰省		
1920	1.20	堺と共著『マルクス・エンゲルス伝』	1	全国普選期成連合会結成
	2	荒畑と共訳ウエッブ夫妻『労働組合運動史』『太陽』に「反動思想の種々相」	2．1	『新社会』、『新社会評論』に改題
			2．5	八幡製鉄争議開始
	4．9	倉敷に荒畑来訪し宇野に遊ぶ	4	荒畑、大阪で『日本労働新聞』編集
	4.19	**母・尚没**		
	5	『社会主義研究』、山川主筆に	5.16	労働組合同盟会発足（アナ・ボル共闘）
	6.15	山川夫妻大森新井宿春日神社裏に倉敷から帰宅	6	高畠素之訳『資本論』刊行開始
	7．2	山川夫妻帰京歓迎会	7	荒畑「L・L会」を組織
			7.19～	コミンテルン第2回大会

西暦	山川均関係	関連事項
	8　『解放』に、「無産階級の『共同戦線』」 8末　上海極東社会主義者会議への参加打診を断る 9　『新社会』に「フランス労働運動の一転機」『改造』に「レーニンとトロツキー」	7.30　日本社会主義同盟創立発起人会(発起人　堺・山川・荒畑も)
	10　医者から安静を命じられ茅ヶ崎の貸し別荘に転地療養、足助素一から援助	10　大杉、極東社会主義者会議に参加 10. 3～ 5　日本労働総同盟友愛会大会で直接行動派(関東)と議会政策派(大阪)対立 11.29　大杉帰国
	12　大杉に、近藤栄蔵を第二次『労働運動』編集部に推薦	12　堺、新人会2周年祝賀会で講演 シベリア出兵 12. 9　日本社会主義同盟発足
1921	1　「日本労働新聞」1，2月号に「経済的行動の界限」 1. 1　コミンテルン上海事務所の使者、茅ヶ崎に来訪 2　『社会主義研究』主筆山川均・山川菊栄へ 2月上旬　茅ヶ崎から大森に帰宅 3　『社会主義研究』に「カウツキーの労農政治反対論」 4　山川宅に、堺・荒畑・高津・橋浦らが集まり近藤栄蔵の極東委員会派遣を確認 『社会主義研究』に「レーニンの生涯と事業」、「医師の厳命により毎日曜日を面談の日」と公示 『改造』に「第三インタナショナル」 5　小牧近江来訪 『改造』に「ソヴィエトの研究」	1.24　荒畑、京都刑務所保釈 2.13　小牧近江・金子洋文ら土崎版『種蒔く人』発刊 春　鈴木、NYで猪俣を知り在米日本人社会主義者団に参加 4　コミンテルン密使、大杉を通じ極東委員会への参加打診を近藤栄蔵へ 4.24　赤瀾会発足(堺真柄・菊栄ら) 5　神戸・川崎造船所争議、軍隊出動
	5.10　大森新井宿旧借家近くに自宅	5.13　近藤栄蔵検挙

西暦	山川均関係		関連事項	
	5.10	完成	5.28	社会主義同盟に解散命令
	6	『レーニンとトロツキー』	6	コミンテルン第3回大会　統一戦線戦術をうちだす
		『社会主義研究』に「賀川豊彦氏の挑戦に応ず」	6.10	荒畑「京都赤旗事件」で入獄
		『社会主義』に「社会主義同盟第2回大会の所感」		
	6.18	振作をつれて帰省(7.2帰宅)		
	7.26	バートランドラッセル歓迎会出席		
	8	水曜会発足(西・上田・田所・徳田・高橋・橋浦ら)		
	9	コミンテルンから極東民族大会(22.1)への参加打診		
		山川均・菊栄共著『労農露西亜の研究』		
		『社会主義』9月号に「無産階級の独裁か共産党の独裁か」	10	猪俣津南雄、米国から帰国
		菊栄、振作をつれて小田原へ転地療養に(～22年)	10	極東民族大会にアナ派・ボル派ともに参加
			10.3	東京版『種蒔く人』発刊
	秋	信州の小学校教員に講演	11	極東民族会議準備会議
	11	『タンクの水』(水曜会パンフ)	11. 4	原敬首相暗殺、高橋是清内閣へ
	11.12	大杉、最後の来訪		
	12	堺・荒畑と協議し『前衛』発刊を確認、『前衛』発刊のため、大森新井宿の隣家を「前衛社」とし上田茂樹を住まわせる	12. 1	暁民共産党事件検挙
			12.20	荒畑出獄し、大阪から大久保に　『前衛』編集部へ入る
1922	1	『社会主義研究』1月号から「資本主義の経済制度」連載開始	1. 1	『前衛』創刊(編集発行人田所)山川夫妻・堺・西・田所ら執筆
	1.11	倉敷へ帰省(2.1帰京)	1月中旬	鈴木、モスクワで極東民族大会に参加
	3	『社会主義研究』3月号に「マルクス説より観たる露国の新経済政策」『解放』に「労働組合の進化と職分」『前衛』に「普通選挙と無産階級の戦術」	3	鈴木ら極東民族大会参加者帰国(～5)
		菊栄・振作、国府津へ転地療養		
	3. 3	堺と京都で全国水平社結成大	3. 3	全国水平社結成

西暦	山川均関係	関連事項
	会臨席	3.25　過激社会運動取締り法案廃案 4. 9　日本農民組合結成 4.10　『無産階級』刊（青野・市川）
	4.17　山川夫妻、鎌倉極楽寺借家に交代で転地療養始める	
	5　『社会主義研究』に「反マルクス主義者の古証文」（小泉批判）	
	5.10　『歴史を創造する力』	
	初夏　来訪した鈴木に「共産党綱領案」を示す　西、上田、田所が共産党結成の報告に来訪	7　小泉信三、『改造』に「再び労働価値説と平均利潤率の問題を論ず」 7.15　日本共産党結党　堺総務幹事
	8　『前衛』に「無産階級運動の方向転換」	
		8.24　鈴木「読売」に「労農露西亜の国賓として」連載開始
	9　『社会主義研究』に「亜流趣味者の観たマルクス説」 野坂・杉浦らと総連合対策	
	9.10　堺・荒畑と総連合大会対策で大阪へ	
	9.30　総連合結成大会に参加、検束される	9.30　日本労働組合総連合結成大会、アナ・ボル対立で分解
	10. 1　検束解かれ倉敷へ帰省	
	10.18　倉敷から大森に帰京	10.31　ムッソリーニ政権樹立
	11　「新形成と新方策」執筆	11　『前衛』「露西亜革命記念号」
1923	1　『前衛』に、「前衛社」の移転と、経営の責任を「上田君に引き継ぐ」と公示　『改造』に「方向転換の小ブルジョア的解釈」	1　三悪法反対運動（～2）
	2　ソ連大使ヨッフェから「日本社会主義運動史」執筆依頼 『前衛』に「方向転換とその批評」（3月号）	2. 4　日本共産党第2回（市川一直園）大会　堺委員長
	3　『社会主義研究』終刊号に、「数種の雑誌」の「合同」に加わると公示	3　『前衛』終刊 3.15　日本共産党石神井臨時大会

西暦	山川均関係	関連事項
	3月下旬　大森の山川村は解散、西は赤旗社、上田は麻布、田所・杉浦は大井町へ	3月下旬　荒畑訪ソ、コミンテルン執行委員会に出席
	4.15　『資本主義のからくり』『敵陣を俯瞰して』	4. 3　『前衛』『社会主義研究』『無産階級』を統合し『赤旗』刊　山川・堺・赤松克磨ら執筆
	5　『赤旗』、巻頭論文	
	5.25　振作を連れて倉敷へ帰省	
	6. 5　家宅捜査受けるが山川は倉敷帰省中	6. 5　第1次日本共産党検挙　80人検挙　内29人起訴
	6. 8　大森に帰宅	6月下旬荒畑、党再建のため帰国
	7　共産党残務処理委員会から協力要請	7　『階級戦』(『赤旗』改題)刊
	7～ 8　鎌倉極楽寺に滞在	
	9. 1　震災で新井宿の家全壊	9. 1　関東大震災
	9. 9　麹町の菊栄の実家に避難	9. 3～ 4　亀戸で平沢ら虐殺
		9.16　大杉・伊藤野枝ら虐殺
		10.22　山本内閣「普通選挙断行」表明
	11.16　カリエス発病し菊栄と倉敷へ帰省	
	12.10　兵庫県垂水借家に療養と疎開　正体が家主にばれ7日後に西垂水海岸に移転	12　堺ら共産党事件被告全員保釈、1月に全員起訴(含む山川)　日農関東同盟会、「無産政党の組織化」決議
		12.18　政治問題研究会発足
1924	1. 5～ 6　堺、垂水を訪れ、山川の臨床尋問にそなえ相談	1　第二次護憲運動はじまる
	1.19　起訴　＊垂水で臨床尋問2回	1.21　レーニン没
	2　『井の底から見た日本』	
	2.10　総同盟大会傍聴	2.10　総同盟大会、「方向転換宣言」
	2.16　予審終結、起訴さる	
	3　山川夫妻、渡辺政之輔・丹野セツの結婚を仲介	3　共産党森が崎会議で解党論大勢に　ビューロー設置
	4　『改造』に「ニコライ・レーニン」	
	5　『改造』に「日本におけるデモクラシーの発達と無産階級	5. 1　『マルクス主義』発刊(西雅雄

西暦	月日	山川均関係	月日	関連事項
		政治運動」		発行)
	6	『政治運動』に「無産階級政党の諸問題」『マルクス主義』に「『方向転換』の危険性」	6.10	『文芸戦線』発刊
			6.26	政治研究会(政研)発足
	7	『無産階級の政治運動』	6～7	コミンテルン5回大会、日本共産党再建を決定
	8	菊栄、振作と治療のため三田へ下宿	7.18	日農、無産政党組織準備委員会設置
	9	市川正一、垂水に来訪	9	政研機関誌『政治運動』改題し『政治研究』刊
	初秋	神戸の野坂参三邸に佐野文夫・堺と遊ぶ		
	10	『労働組合組織論』		
	10.5	菊栄、東京で総同盟関東同盟会大会傍聴し山川に報告	10.5	総同盟関東同盟会大会、左右対立激化
			11.2～4	総同盟中央委員会、関東同盟会左派除名問題で紛糾
	12	兵庫県垂水村高丸に転居	12	福本和夫、『マルクス主義』に山口から初の投稿
			12.20	左派組合、総同盟関東地方評議会を結成
1925	1	『労農露西亜の労働』	1	荒畑、コミンテルン代表と協議のため上海へ(2月帰国)
	2・13～27	共産党事件公判で上京し蒲田に宿泊　猪俣・田所来訪し共産党再建不参加を表明　荒畑に共産党再建反対を明言		
	3	総同盟大会を傍聴	3.19	治安維持法成立
			3.29	男子普選法成立
	4.13	総同盟「革新同盟」への指針を執筆	4.12	総同盟「革新同盟」結成
	5	堺、垂水に来訪、荒畑と宝塚で遊ぶ　『政治研究』に「無産政党綱領の問題」	5.5	男子普通選挙法公布
	5.11～12	評議会創立大会宣言・綱領草案を起草		
	5.15	垂水から兵庫県御影に転居	5.16	総同盟、左派組合を除名
	5.24	評議会創立大会傍聴	5.24～25	日本労働組合評議会結成
	6.30	共産党事件公判のため上京	6.21	日農、無産政党組織準備会提

西暦		山川均関係		関連事項
		（～7月5）		唱ソ連大使館にヤンソン赴任
	夏	山川夫妻、無産政党綱領に婦人の要求を入れる政研神戸支部意見書を提出	8.10	日農よびかけ、第１回無産政党組織準備会
	8	荒畑・徳田、御影にビューロー方針の報告に来訪　『マルクス主義』に「無産政党はいかなる組織を持つべきか」		
	8.20	**共産党事件１審判決無罪**、検察控訴	9.17～18	無産政党準備委員第１回綱領規約調査委員会、左派案採択し右派反発、
			10	福本和夫『マルクス主義』に北条名で山川批評
	11	菊栄、御影からの転居先を鎌倉に探す		政研内左右対立激化
	11.12	『**無産政党の研究**』	11.29	総同盟、第３回綱領規約委員会で準備会から脱退を声明
			11.30	評議会も準備会から退く
	12	『マルクス主義』に「無産政党と共同戦線」	12. 1	**農民労働党結党**　即日禁止
	12. 2	御影に鍋山貞親、農民労働党解散後の相談に来訪	12.29	日農など無産政党組織第１回協議会をよびかけ
1926	1. 5	御影から**鎌倉材木座の借家**へ転居		
			1.13	無産政党再建の第１回準備会
	1.29	日農改正綱領と５回大会宣言起草	1.19	共同印刷争議（～3.18）、
			2.	福本『マルクス主義』に山川批評
			2.13	第２回再建準備会、左翼４団体排除の申し合わせ
	3	山川編纂『レーニン著作集』（全10巻）白揚社刊行開始	3	福本上京　共産党事件で、荒畑・徳田ら10カ月入獄
			3. 1	『**大衆**』**発刊**（大森・鈴木・黒田）
			3. 5	**労働農民党**（労農党）結党、
	4	『マルクス主義』に「労働農民党の任務」	4.11	評議会第２回全国大会、婦人部設置決議が１年保留に
		共産党事件控訴審で無罪確定	4.18～19	労農党中執、日農の門戸

西暦		山川均関係		関連事項
		共産党事件控訴審で無罪確定		開放方針が総同盟の左派排除方針を破り採択
	5	『大衆』に「組合運動と婦人の問題」		
	夏	水野成夫と福本和夫が来訪	6.28	堺、共産党事件で下獄
	7	『マルクス主義』7～8月号に「労働組合婦人部の任務と構成」	7	労農党中執、再度左派への門戸閉鎖
	8	『無産者講話』		
	9	『マルクス主義』に「労働農民党と左翼の任務」	9	猪俣、下獄(～27.1) 堺、『堺利彦伝』 鈴木、『大衆』に「左翼除外と左翼党面の任務」
	9.19	『大衆』に寄稿(鈴木批判)を断られ『マルクス主義』に掲載を依頼		
	10	『マルクス主義』「中間派左翼の結成か単一左翼の形成か」	10	『マルクス主義』、雑誌『大衆』批判号
			10.20	日農中央委員会、労働農民党の左派への「門戸開放」を決議
	11	山川、鎌倉材木座から稲村ガ崎借家に転居(翌年1月に自宅建設開始)	10.24	総同盟など労農党を脱退
			12. 4	総同盟第二次分裂 日本共産党再建(五色大会)
			12. 5	社会民衆党結党
			12. 9	日本労農党結党
			12.12	労農党第1回大会、日労党との合同反対決議
			12.29	堺出獄
1927	1	『改造』「無産階級政治戦線の混乱」で『マルクス主義』誌と見解を異にすると明言	1.12	荒畑・猪俣出獄。 ＊荒畑、佐野から共産党統制委員長就任を請われる
	1.22	荒畑・堺の出獄祝いに江ノ島に遊ぶ		
	2. 7	『左翼の闘争』		
	春	ヤンソンに福本批判の個人的な手記を渡す 上田茂樹から、渡部政之輔の面会要望を聞き断る	4	佐野学が堺・荒畑・北浦に反福本イズムの雑誌発行を提案 猪俣、『太陽』に「プチ帝国主義論批判」

西暦	山川均関係		関連事項	
			4.20	田中義一内閣
	5	稲村ガ崎(極楽寺)の自宅完成	5	大森、鎌倉に転居
	6. 9	『労働組合組織論』李丙儀による朝鮮語訳刊(京城で)	5.28	第1次山東出兵(～9.8)
	7	『無産者運動』	7	徳田・福本らモスクワで批判される　コミンテルン「27年テーゼ」決定
	7.23～ 8. 7	振作と倉敷帰省		
	8	改造社『理論闘争批判』に「私はこう考える」寄稿、初の福本批判	8	改造社『社会科学・理論闘争批判』
	秋	改造社・山本社長に『マル・エン全集』編纂責任者に大森を推薦	9下旬	堺宅で『労農』同人発足の相談(山川・荒畑・猪俣・鈴木・黒田・大森)
	10	小牧宅新築祝いで堺・青野らと懇談	10	『大衆』『文芸戦線』に「27テーゼ」要約掲載　堺宅で新たな雑誌の同人全員会議
	10.13	労農芸術家連盟「或る同志への書簡」で紛糾		
	11	『中央公論』に「労働組合運動の『新』方向転換」『経済往来』に「黒シャツきたる」	11	猪俣、『太陽』に「現代日本ブルジョアジーの政治的地位」
			11.10	労農芸術家連盟分裂
	11.15	『労農』同人会議に出席	11.15	大森宅で『労農』同人発足会(山川・堺・荒畑・猪俣・鈴木・青野・小堀・橋浦・大森ら)
	12	『文芸戦線』に「ある同志への書簡」『労農』創刊号に「政治的統一戦線へ」	12. 6	『労農』創刊(発行編集人・小堀)山川・荒畑・猪俣ら執筆
1928	1	『文芸戦線』に「私は如何に『策謀』したか」	1.16	東京5区で加藤勘十、労農・日労選挙協力前提で日労党から擁立
			1.30	労農党、選挙協力を破棄し5区に候補擁立
	2	『労農』に「総選挙と無産政党の闘争」	2.20	第1回男子普通選挙　労農党2、日労党1、社民党4
	3月末	山川一家、清平の米寿で倉敷に	3.15	第1次日本共産党関係1500名検挙(含む荒畑)
	4	3.15弾圧への『労農』アピール起草	4.10	労農党、無産青年同盟、評議会結社禁止
		大森から東大での進退を相談	4.17	大森、東大に辞表提出

西暦	山川均関係		関連事項	
		される	4.21	向坂、石浜・佐々とともに九大に辞表提出
	5	『新方向転換論』		
	6	『労農』に「新党樹立と二つの傾向」	6	改造社『マル・エン全集』刊行開始
			6．4	張作霖爆殺
	7	無産大衆党綱領案起草	7.19	荒畑入獄
	夏	山川、腹ばいで執筆の状態続く	7.20	「プラウダ」が「清算主義者の策動」と「労農一派」を批判
			7.22	無産大衆党結党（堺実質の委員長、鈴木書記長）
	9	『改造』に「無産大衆党の背景」	9	『労農』9月号外「無産大衆党の結成に関してプラウダ記者に与う」
	10	『唯物論と経験批判論』訳出に、大森・向坂協力 橋浦、田所をともない麻生の資金の件で相談に来訪 『無産者運動と婦人の問題』菊栄と共著 猪俣から「労農新聞」主筆を打診されて断る	10	『労農』、編集発行人小堀から野中に コミンテルン6回大会、労農政党否定
	10月末から年末	病臥状態	10．3	日本労農党の麻生が田中義一首相から1万1千円を授受
			10．6	渡辺政之輔、検挙直前自殺
	11	『改造』で「無産政党合同問題の進展」 『事象を追うて』	11	無産大衆党・鈴木と日労党・田所と河野で、合同協議開始
			11.15	猪俣・高野ら「労農新聞」発刊
	12	堺の東京市議選立候補に反対し説得	12.20	七党合同し日本大衆党　鈴木常任中執に
1929	1	倉敷へ帰省 『経済学全集』に「資本主義以前発達史」	1．1	『労農』に「プラウダ紙の非難に対する我々の態度」
	1.11	父・清平死去（89歳）	1.23	福田狂二「清党リーフレット」刊
	2	『労農』に「日本大衆党の成立とその任務」 『労農』同人脱退を内心決意	2.13	日本大衆党中執で清党問題で「事実無根決議」　鈴木・黒田ら中執を辞任

西暦	山川均関係	関連事項
		3　『労農』3月号休刊　荒畑出獄
		3.16　堺、日本大衆党から東京市議にトップ当選
	4　『労農』に「石岡・西代両氏に答ふ」　以降『労農』への執筆中断 『インタナショナルの歴史』	4　『労農』「左翼傾向」欄で山川批判あらわれる
		4.16　日本共産党関係者300名検挙
	5月ころ　三田の奥山医院そばに通院のため下宿	5.16　日本大衆党、鈴木・黒田・猪俣ら除名
		5.17　日本大衆党分裂反対統一戦線同盟(分反)発足
	6. 6　同人脱退申出書を堺に提出、毎月5円の同人拠金もやめる	6.15　日本大衆党、堺ら旧日本無産党残存党員を全員除名
		7　コミンテルン、社会ファシズム論
		7. 2　田中内閣退陣、浜口雄幸内閣
	7.12　6月6日付け「同人脱退声明書」を郵送	7.21　全産業労働組合創立大会、鈴木ら結成反対
	8　鈴木から田所輝明(日労党)への仲介を要請される 振作と倉敷へ帰省	8　『労農』8月号休刊
	8月下旬猪俣・鈴木来訪、同人復帰を探る最後の会談	
	8.26　猪俣に全産問題処理について書簡	8.25　鈴木分反書記長、大衆党に留まるよう方針転換
	8.28　鈴木に田所との仲介につき懐疑的な回答の書簡	
		9　『労農』編集後記「山川同人脱退」に言及
		9.21　荒畑、山川・猪俣調整の心労で自殺未遂
		9・23　猪俣『労農』同人脱退
		9.28　無産政党戦線統一協議会発足
	10　『経済学全集』に「労働組合」	10　『労農』10月号休刊
		10.24　NY株暴落　世界大恐慌へ
		11　『労農』10.11合併号山川同人脱退声明掲載

西暦	山川均関係		関連事項	
			11．2	新労農党(大山新党)結党
	12	『改造』に「無産政党問題の再吟味」	12	『労農』12月号休刊
			12.25	東京無産党結党(鈴木書記長)
1930	1	**『単一無産政党論』**	1	『労農』１月号休刊
	1.28	山川夫妻、荒畑から堺選挙応援弁士を要請される	1.15	社民党離党者で全国民衆党結成
	2	『中央公論』に「七花八裂の無産政党」	2	『労農』２月号休刊
		『社会主義の話』	2.20	**第２回総選挙**、無産派惨敗(社民２、日本大衆２、新労農党１)　堺、東京無産党から立候補し落選
	3	大森、鎌倉塔の辻(山川宅そば)に転居し、山川と東京の連絡役を務める	3	『労農』更生号　荒畑、「更生の辞」を無署名で起草
	3.10ころ	鈴木宛書簡で「合同運動についての行動指針」	3･17	無産政党戦線統一全国協議会結成(堺議長)
	4	鈴木宛に「新労農党への質問書案」	4	東京市電争議、鐘紡争議
		『文芸戦線』に「合同運動の展望」	4.22	ロンドン軍縮会議、統帥権干犯問題へ
	5．1	『現代社会講話』楊冲嶼訳･中国語版(上海刊)		
	7	全国大衆党結党宣言案起草	7.20	日本大衆党、全国民衆党、無産政党戦線統一全国協合同し**全国大衆党結党**　堺顧問、鈴木･黒田中執
	8	**『労働組合の話』**		
	9	『改造』に「合同政党の成立とその展望」	9	『労農』編集後記で「近く山川氏に寄稿して貰えるやうになるかもしれない」と報告
		菊栄、振作療養のため奥山医院近くに間借り(以降４年間稲村ガ崎と２重生活)　山川は稲村ガ崎で一人暮らし	9.25	亀戸東洋モスリン争議(～11)
			10	全国労農大衆党、労農会議を開催
	11	**『産業合理化の批判労農』**		
	11.19	全国大衆党第２回大会宣言案起草	11.14	浜口首相狙撃事件
	12	『労農』に無署名で「『労農』第4	12．1～３	全国大衆党第２回大会、

西暦	山川均関係	関連事項
	年を迎えんとして」『文芸戦線』に「合同運動の新段階」	社民・労農両党に合同提唱
	12.21(15？) 堺生誕60年記念会参加	12 神田に阿部事務所開設
1931	1 『労農』に本名で執筆再開「河上博士は『何をなすべきか』」 荒畑、『改造』に「山川均論」	**争議件数2456件、戦前最多**
	2 『労農』に「この障壁を突破して」	2.11～25 堺利彦・豊津第1期農民労働学校開設
	4 『労農』に「共同戦線党の検討」の連載開始 『経済往来』に「議会政治の危機とファシズム」	4 猪俣、『改造』で31年政治テーゼを評価 4.18 日本労働組合総評議会結成
	5 菊栄・振作の三田の借家から年内奥山伸医師に通院	
	6 堺、『中央公論』に「大杉・荒畑・高畠・山川」	6 『中央公論』で猪俣、同人脱退を公表 『労農』に「猪俣津南雄氏と『労農』」 6.25 日本労働クラブ発足
	7 三田に来客多く疲労困憊、「第一線からの引退」を口に 『労農』に「新合同と新任務」	7. 5～ 7 **全国労農大衆党結党**（全国大衆党・新労農党・社民合同派）
	8 **『無産政党の話』** 『改造』に「無産階級戦線の一歩前進二歩退却」 向坂、『中央公論』に「山川均論」	8.12～22 労農夏期講習会
	8. 2 浜田仁左衛門没（54歳）	
		9.18 **柳条湖事件**、満州事変へ 9.29 堺、全労大党対支出兵反対闘争委員長に
	10 『労農』に「日本労働倶楽部問題と全国労農大衆党」	10.13～12.24 第1期労農政治学校 11 全労大党松谷代議士「満蒙権益擁護」意見書
	12・2 鈴木から依頼され、全労大党第2回運動方針案の一部起草 『改造』に「大右翼結成勝つか」	12. 2 全労大党対支出兵反対闘争委員会で鈴木が松谷除名を要求 堺、対支出兵反対闘争委員会の帰途脳卒中

西暦	山川均関係	関連事項
	暮　風邪で稲村が崎帰宅を延期	12. 5～ 7　全労大党第2回大会
1932	1.17　単身、三田から稲村が崎にもどりイタチ飼育に挑む	**労働組合組織率戦前最高7.8%** 1.19～20　社民党大会「三反主義」を決定 1.20～ 3月末　第2期労農政治学校 1.28　上海事変
	2　『改造』に「国民社会主義の運動と無産党」	2.20　**第3回総選挙**　無産派5議席得票は半減
	3　『労農』に筆名で「クラブ問題の解決と、党･全労および排同の任務」 『中公』に「総選挙とファッショ運動の展望」	3. 5　団琢磨暗殺(血盟団事件) 3.22～23　全労大党執行委員会「運動方針解釈確定統一」(田所起草)を採択 3月下旬　鈴木、黒田、全労大党役員辞任
	4　『労農』に「新装ファッショの理論的欺瞞性」 『改造』に「敗戦の無産党」 4.26　小康状態の堺を見舞う	4　大森、河合栄治郎を批判･『自由主義論争』開始 4月ころ　鈴木、全農左派活動家と合流し労農同人改組案を打診
	5　『経済往来』に「小ブルジョア運動としての本来のファシズム」『労農』に筆名で「五人組意見書のファッショ的本質」	5　コミンテルン「32年テーゼ」 **『労農』(最終号)** **5･15事件**
	6　『改造』に「十字路に立つ無産政党」、『経済往来』に「ファシズム批判の批判」 『労農』に筆名で「大右翼結成の陰謀と党大衆の任務」	5月末か 6月初　『労農』同人会議で廃刊　同人の解体を確認
	7　『前進』創刊の辞を筆名で執筆(鈴木･大森執筆説あり) 筆名で「左翼分子は新合同党を去るべきか」	7. 5　**『前進』発刊**(11冊中3冊を除きすべて発禁に) 7.11～18　労農政治学校、テーマ･ファシズム 7.24　社民党、全労大党合同し社会**大衆党結党** 7.31　ナチス、選挙で第1党
	8　『前進』に筆名で「新合同党内で左翼分子はいかに闘うべきか」	8. 2　堺、退院し自宅療養

西暦	山川均関係		関連事項	
	10	このころから「評論界から退き、生活方法一変の計画を立てる」	10	『前進』、高橋筆名で「32年テーゼ批判」
	12	『世相を語る』	12．9	中央公論社・堺全集編纂を荒畑・大森・山川・白柳秀湖らで開始